PfundsKur '96 – Das Kochbuch

Herausgeber:
SDR 1
Jochen Heuer
Neckarstraße 230
70049 Stuttgart

© Verlagsgruppe J. Fink-Kümmerly+Frey
Zeppelinstraße 29-31, 73760 Ostfildern 1996

Konzeptidee: Georg Weisenberger, SDR, Stuttgart
Autoren: Christina Pittelkow, Stuttgart; Ewald Braden, Stuttgart
Projektleitung: Beatrice Weber, Fink-Kümmerly+Frey, Ostfildern
Redaktion: Cornelia Kläger, München
Herstellung: Ralf Rüffle, Fink-Kümmerly+Frey, Ostfildern
Cartoons: Rolf Kutschera, Oberndorf/Neckar
Umschlaggestaltung: Isabel Müller, Büro Seufferle, Stuttgart
Satz und Layout: Isabel Müller, Büro Seufferle, Stuttgart
Druck: Clausen & Bosse, Leck

ISBN: 3-7718-0759-X (SDR-Cover)
ISBN: 3-7718-0778-6 (neutral)

Alle Rechte, auch die der photomechanischen und elektronischen
Wiedergabe sowie der Übersetzung, liegen beim Verlag.

PfundsKur '96
Lust auf Leben

Ewald Braden
Christina Pittelkow

Das Kochbuch

Fink-Kümmerly+Frey

Liebe Leserin, lieber Leser,

wir laden Sie ein zu gutem Essen und Trinken. Unser PfundsKur-Kochbuch soll Ihnen dabei Ratgeber sein. Kochprofis haben es mit Liebe und Sachverstand für Sie geschrieben. Schon beim ersten Durchblättern werden Sie feststellen: In diesem PfundsKur-Kochbuch finden Sie nichts Exotisches und Extravagantes, dafür beliebte, bekannte Gerichte mit viel Geschmack, die Sie leicht nachkochen können. Die PfundsKur-Köche haben die Lieblingsspeisen unserer heimischen Küche ausgewählt. Mit einem „kleinen" Unterschied: Das PfundsKur-Kochbuch setzt die wissenschaftliche Erkenntnis, die da lautet: „Fett macht fett!" konsequent in den Rezepten um.

Sie blättern damit in einer Weltneuheit, dem ersten Kochbuch, das „Fettaugen abschöpft". Mit dem PfundsKur-Kochbuch schreiben unsere PfundsKur-Köche Ewald Braden und Christina Pittelkow hier ein neues Kapitel Kochbuch-Literatur.

Das PfundsKur-Kochbuch ist auch ein Generalangriff auf die These: Mehr Fett heißt mehr Geschmack! PfundsKur-Rezepte haben weniger Fett und schmecken besser. Gerichte, die Sie „à la Pfunds-Kur zubereiten, sind Lebensgenuß. Und Sie werden sich nach dem Essen wie neu geboren fühlen, weil PfundsKur-Gerichte auch bekömmlicher sind als fetter Braten nach Großmutters Rezept.

Das PfundsKur-Kochbuch ist aus einem Wettbewerb für Profiköche der Gemeinschaftsverpflegung entstanden. Wir danken allen Teilnehmern für ihr großes Engagement. Besonders bedanken wir uns bei Ewald Braden und Christina Pittelkow, die dieses besondere Kochbuch entwickelt haben. Es ist eine großartige Bereicherung für jede Küche. Gleichzeitig ist es ein unterhaltsames Kochbuch, das Appetit und Geist anregt. Kompetent sind die Schritte, Tips und Kniffe geschrieben, wie man mit wenig Fett vorzügliche Gerichte zubereitet. Gelungen ist die besondere Garnierung des PfundsKur-Kochbuches durch Cartoons von Rolf Kutschera. Ein Dankeschön allen, die diesen praktischen Ratgeber geschaffen haben und guten Appetit allen, die mit den PfundsKur-Rezepten aus diesem Buch verwöhnt werden. Ein Dankeschön auch all jenen Firmen, die erstmals PfundsKur-gerechte Produkte auf den Markt bringen und vertreiben.

Jochen Heuer
Leiter Baden-Württemberg-
Redaktion im SDR

Heinz Waldmüller
Projektleiter
PfundsKur

Die PfundsKur-Idee

Offenbar gibt es „ewige Wahrheiten", an die jeder glaubt. Eine solche „Wahrheit" ist die feste Überzeugung, daß die Speisen umso besser munden je fettreicher sie zubereitet werden. „Fett schmeckt einfach"– und darum sind Hausfrauen und Hausmänner, aber auch Köchinnen und Köche in der Gastronomie und Gemeinschaftsverpflegung ständig in der Versuchung, den „guten Geschmack" mit noch mehr Fett herbeizuzwingen.

Ergebnis: 40% aller deutschen Kalorien sind inzwischen Fettkalorien! Ergebnis: Gewichtsprobleme belasten die Bevölkerung! Ergebnis: oft Frust beim Essen, Kalorien bedrohen die Lust am Leben.

Die wahren Leckerbissen zur PfundsKur

Hier setzt die PfundsKur '96 an. Mit ihrem Slogan „Lust auf Leben" geht sie an die Ursachen. Und die findet man oft bereits in der Küche. Die „Wahrheit" nämlich, daß Fett den Geschmack verzaubert, ist nur eine Halbwahrheit. Natürlich stimmt es, daß der „Stich Butter im Gemüse" dem Geschmack die Krone aufsetzt. Aber – wie gesagt – der Stich Butter ist es, der unsere Zunge verwöhnt. Wer annimmt, daß zehn Stich Butter zehnmal besser schmecken, der irrt gewaltig und legt mit diesem Irr-Glauben den Grundstein für den späteren Kummer auf der Waage.

Sie halten das Kochbuch zur PfundsKur '96 in Ihren Händen. Es ist ein ganz besonderes Kochbuch, das mit allen Rezepten den klaren Beweis antritt, daß weniger Fett oft sogar mehr Geschmack bedeutet. Sie finden altbekannte Gerichte in diesem Buch. Mahlzeiten, die täglich zubereitet und gegessen werden. Aber: Ihre Geschmacksqualität ist durch den richtigen Zusatz von Fett entscheidend verbessert. Sie sollten es selbst ausprobieren. Die PfundsKur '96 plädiert in keinem Fall für eine „fettfreie Küche", im Gegenteil. Es gibt lebenswichtige Fettsäuren, die Menschen essen müssen, um gesund zu bleiben. Es geht allein darum, von den statistischen 100 Gramm Fett, die jeder Deutsche täglich verspeist, etwas herunterzukommen.

Die PfundsKur '96 ist das Trainingsprogramm „Lust auf Leben" – also keine einseitige Diät. Sie stellt das vollwertige, gesunde Essen in den Vordergrund. Sie gibt Verhaltenstips, um im Schlaraffenland schmackhaft, aber auch ausgewogen essen zu können. Das Kochbuch ist der ideale Leitfaden zur PfundsKur, um ganz praxisnah in der Küche zu erleben, wie an vielen Stellen auf einfache Art und Weise Fett eingespart werden kann, ohne daß das Eßvergnügen darunter leidet.

VORWORT

Das Fettaugen-Prinzip

Die neue PfundsKur arbeitet nach dem Prinzip der "Fettaugen". Das ist haargenau auf die modernen Erkenntnisse der Ernährungswissenschaft zugeschnitten. Wir wissen heute, daß der menschliche Körper nicht alle Kalorien in gleicher Weise verarbeitet und auch nicht verarbeiten kann! Mit Fettkalorien ist der Stoffwechsel überfordert, während er Kohlenhydratkalorien gerne mag, weil er mit ihnen gut "umgehen" kann – aus Erfahrung.

Ein Blick in die Vergangenheit

Wie ernährten sich unsere Vorfahren? Die Menschen vergangener Jahrhunderte waren ständig auf Nahrungssuche. Was auf den Tisch kam, bestand zumeist aus pflanzlichen Produkten: Kohl, Getreide, Rüben, Wurzeln, Obst – alles Kohlenhydrate. Noch in diesem Jahrhundert gab es in vielen deutschen Familien nur sonntags Fleisch. Auf diese überwiegend kohlenhydrathaltige Nahrung hat sich der menschliche Organismus über die Jahrtausende eingestellt. Magengröße, Darmlänge, aber auch Hunger- und Sättigungsregulation sind an diese kohlenhydratreiche Ernährung angepaßt.

Die fetten Jahre

In den 50er Jahren änderte sich schlagartig das Lebensmittelangebot. Plötzlich gab es Fleisch, Wurst, Käse, Butter und Eier "satt", in jeder Menge zu erschwinglichen Preisen. Die Menschen bevorzugten genau diese Lebensmittel, die zuvor knapp und selten waren. Mit dieser Änderung des Ernährungsverhaltens schraubte sich der Fettkonsum in bislang nie dagewesene Höhe. Mehr und mehr Deutsche wurden übergewichtig. Fettstoffwechselstörungen, Herzinfarkt und Schlaganfall nahmen zu.

Quintessenz

Wer abnehmen oder seine Figur im Griff halten will, der muß in unserem fettreichen Schlaraffenland seinen Blick für Fettkalorien schärfen. Fett ist aber zumeist unsichtbar in Lebensmitteln und Speisen verborgen. Das ist das Problem! Darum wurden die "Fettaugen" erfunden. Sie informieren Sie ganz klar, wieviel Fett im Essen steckt. Daher wurde bei jedem Rezept angegeben, wieviel "Fettaugen" in den Gerichten schlummern. Damit Sie endlich zählen können, wieviel Fett Sie essen. Zum Vergleich ist ebenfalls angegeben, wieviel Fettaugen in den Rezepten versteckt sind, wenn sie nach althergebrachter Weise zubereitet würden. Der Pfiff des Kochbuchs ist also, die moderne Zubereitung für den Menschen 1996 zu zeigen.

VORWORT

Machen Sie mit bei der PfundsKur '96. Das Zehn-Wochen-Programm finden Sie in dem Begleitbuch. Nutzen Sie das einmalige PfundsKur-Kochbuch, um die moderne Zubereitung kennen und schmecken zu lernen, damit Sie statt Frust nur Lust bei Tisch erleben dürfen.

Viel Spaß am Herd und guten Appetit bei Tisch!

Prof. Dr. Volker Pudel
Ernährungspsychologe
und wissenschaftlicher Leiter
der PfundsKur

Über die Autoren

Die beiden Autoren dieses Buches, Christina Pittelkow und Ewald Braden sind Spezialisten in Sachen Ernährung. Ihnen ist es gelungen, das „Fettproblem" unserer Ernährung praktisch zu lösen. Und zwar jedem auf seine Weise:

Christina Pittelkow studierte Haushalts- und Ernährungswissenschaft an der Universität Stuttgart-Hohenheim und hat an zahlreichen Fachpublikationen und Fernsehbeiträgen mitgewirkt. Sie ist Ernährungsberaterin der Landeshauptstadt Stuttgart und wird tagtäglich mit den verschiedensten Fragen rund um die gesunde Ernährung konfrontiert. Dabei gelingt es ihr immer, die neuesten theoretischen Erkenntnisse über eine gesunde Ernährung in praktische Anleitungen und köstliche Rezepte umzuwandeln. In allen PfundsKur-Rezepten hat sie die Fettaugen gezählt, damit Ihre Fettaugen-Bilanz auch wirklich stimmt!

Ewald Braden ist gelernter Koch und leitet seit einigen Jahren die Küche des Kasinos der Allianz Lebensversicherungs AG in Stuttgart. Aufgrund dieser verantwortungsvollen Aufgabe entscheidet er täglich über die gute und gesunde Ernährung von vielen Beschäftigten. Sein Anliegen ist es, köstliche und fettarme Gerichte auf der Basis des PfundsKur-Konzepts in der Gemeinschaftsverpflegung anzubieten. Und mittlerweile weiß er, daß diese Art zu kochen ankommt! Er selber ist sehr experimentierfreudig, weshalb er viele beliebte Rezepte, die ihm zum Teil Berufskollegen zur Verfügung gestellt haben, PfundsKur-gerecht überarbeitet und getestet hat. Dank raffinierter Kniffe, hat er es geschafft, aus fettreichen Klassikern, wie z. B. Gänse- und Schweinebraten, fettarme Gerichte von nicht minder köstlichem Geschmack zu kreieren.

Ewald Braden weiß aus vielen Kochkursen, die er leitet, daß das Kochen zwar häufig eine alltägliche Angelegenheit ist, die „eigentlich" leicht von der Hand gehen sollte, aber die Grundlagen des Kochens oft nicht mehr erlernt werden. Deshalb hat er so viel Wert darauf gelegt, die Zubereitung der Rezepte Schritt für Schritt zu beschreiben und ganz präzise Mengen- und Zeitangaben zu machen. Nur so sind auch wenig geübte Hobbyköche in der Lage, die köstlichen Gerichte von einfach bis raffiniert problemlos nachzukochen. Die angegebenen Tips sind eine wertvolle Fundgrube für alle, die gerne kochen. Sowohl für Anfänger als auch Fortgeschrittene.

Christina Pittelkow und Ewald Braden haben es mit den Rezepten in diesem Buch geschafft, allen Skeptikern der fettarmen Küche zu beweisen: Und es schmeckt doch!

DANK AN DIE KÖCHE

Ein herzliches Dankeschön an alle Köchinnen und Köche aus der Gemeinschaftsverpflegung in Baden-Württemberg, die zum Gelingen dieses Buches mit ihren Rezepten beigetragen haben.

Gerhard Rittberger, ANT Nachrichtentechnik Backnang
Karin Umbach/Raimund Gehls, Stadtklinik Baden-Baden
Ingrid Hess, Evangelische Akademie Bad Boll
Bernhard Kirchgessner, Fachklinik Sanaderm Bad Mergentheim
Alfons Falk, UHU-GmbH, Bühl
Rainer Dörsam, Filderklinik Filderstadt
Hans Obele, Fa. Max Widenmann Giengen/Brenz
Karl-Ludwig Goos, LBS Karlsruhe
Carmelo de Luca, Rhein-Chemie Mannheim
Jochen Hammer, Deutsche Bank Mannheim
Rainer Knecht, Fa. Interstuhl Meßstetten-Tieringen
Frau Schneider, Aufbaugymnasium Mössingen
Wencke Trotzer, AOK - Bildungszentrum Pfedelbach-Untersteinbach
Helmut Walch, AOK Bildungszentrum Pfedelbach-Untersteinbach
Berta Grimm, Kreiskrankenhaus Plochingen
H. P. Rieger, Robert Bosch GmbH Schwieberdingen
Franz Bornkessel, Mercedes Benz AG Sindelfingen
Kramer Verpflegungsdienste, Sindelfingen
Uwe Kasielke, Mercedes Benz Sindelfingen
Axel Maier, Robert Bosch GmbH Stuttgart
Uwe Claas, Statistisches Landesamt Stuttgart
Wolfgang Störl, Allianz Lebensversicherungs AG Stuttgart
Karl J. Haaf, Olgahospital Stuttgart
Johann Kopp, Daimler Benz Stuttgart
Jürgen Schwaderer, AOK - Stuttgart
Bernd Stöffler, Württembergische Versicherungsgruppe Stuttgart
Brigitte Claas, Friedrich Scharr OHG Stuttgart
Lothar Frey, Allianz Lebensversicherungs AG Stuttgart
Manfred Fischer, Württembergische Versicherungsgruppe Stuttgart
Adelheid Kalmbach, John Cranko Schule Stuttgart
Werner Brunner, Württembergische Versicherungsgruppe Stuttgart
Klaus Dähn, Allianz Lebensversicherungs AG Stuttgart
Johanna Schubert, Diakonissenkrankenhaus Stuttgart
Siglinde Rieger, WLZ Raiffeisen AG Stuttgart
Monika Romy, Allianz Lebensversicherungs AG Stuttgart
Heike Kraft, Christkönigsheim Stuttgart
Jürgen Reimann, Allianz Lebensversicherungs AG Stuttgart
Team Marienhospitel, Stuttgart
Karl Nafz, Universitäts-Klinikum Tübingen
Michal Bily, Postkantine Tübingen
Hanno Ciper, Birkle Klinik, Überlingen

INHALT

16 Rezeptinfos von A-Z

24 Grundrezepte

26 Fleischbrühe
27 Gemüsebrühe
28 Bratensoße
29 Gemüsesoße
30 Mais- und Bohnensoße
31 Weiße Soße
32 Salatsoßen
33 Reis
34 Salz- und Pellkartoffeln
35 Kartoffelpüree

36 Salate

38 Dip-Variationen
40 Spargel in Vinaigrette
41 Griechischer Salat
42 Tzatziki
43 Lauch-Rohkost

44 Kohlrabisalat
45 Karottensalat mit Ananas
46 Chicoréesalat mit Mandarinen
47 Rotkrautsalat
   mit Austernpilzen
48 Weißkrautsalat
49 Salat „Nizza"
50 Schwäbischer Kartoffelsalat
51 Nudelsalat

52 Suppen und Eintöpfe

54 Champignonrahmsuppe
55 Avocadorahmsuppe
56 Forellenrahmsüppchen
57 Spargelcremesuppe
   mit Eierstich
58 Brokkolicremesuppe
59 Spinatsuppe mit Shrimps
60 Zucchinisuppe mit Paprika
61 Fränkische Kartoffelsuppe
62 Kräutersuppe
63 Karottenpüreesuppe
64 Klare Tomatensuppe
65 Tomatencremesuppe
66 Hühnersuppe
   mit Schinkenklößchen
68 Geröstete Grießsuppe
69 Grünkernsuppe
   mit Walnüssen
70 Selleriesuppe

      mit Quarkklößchen
72 Maissuppe
73 Gazpacho
74 Hühnersuppe mit Gemüse
75 Minestrone „Classico"
76 Gemüseeintopf
      mit Brätklößchen
77 Erbseneintopf
78 Gaisburger Marsch

80 Gemüse

82 Gefüllte Champignons
      auf Zucchini

83 Karottenpuffer
      mit Quarkremoulade
84 Bohnen-Käse-Pfännle
85 Tomatenbraten
86 Rahmspinat
87 Lauchgemüse mit Weizen
88 Linsengemüse
89 Linsencurry mit Krabben
90 Rosenkohl mit Schinken
91 Krautgulasch ohne Fleisch
92 Sauerkraut
93 Bayerisch Kraut
94 Rotkraut
96 Gemüseauflauf
      „Südländische Art"
97 Blumenkohl-
      Brokkoli-Auflauf
98 Vegetarische Moussaka
99 Zucchinigratin
100 Gemüse-Pfannkuchen

INHALT

102 Maultaschen
   mit Gemüsefüllung
104 Gemüsepizza
105 Ratatouille
106 Gemüsekuchen

112 Rinderfilet „Stroganow"
113 Rostbraten mit Tomaten
114 Rinderrouladen
   „Engadiner Art"
116 Rinderrouladen
117 Rindfleischpfanne
   mit Gemüse
118 Ochsenschwanzragout
120 Ungarisches Gulasch
121 Tafelspitz
   mit Meerrettichsoße
122 Schwäbische Maultaschen
123 Schwäbische Leberknödel
124 Marinierter Kalbsbraten
125 Pikante Kalbsschnitzel
126 Kalbsschnitzel alla romana

108 Fleisch

110 Schwäbischer Sauerbraten
111 Rinderfilet in Morchelsahne

127 Kalbsrouladen
   mit Weißweinsoße
128 Kalbshaxe „Osso buco"
130 Kalbsleber
   „Venezianische Art"
131 Wirsingroulade
132 Gemüse-Brät-Maultaschen
133 Schweinebraten
134 Schweinsrouladen
135 Geschnetzeltes
   Schweinefilet
136 Schweinefleisch
   mit Weißkraut
137 Schweinefilet
   mit Currynudeln
138 Kasseler mit Maronen
139 Gefüllte Paprikaschoten
140 Gefüllte Kohlrabi
   mit Kräutersoße
141 Krautwickel
142 Fleischklößchen
   mit Tomatensoße
143 Lammkeule
   „Südländische Art"
144 Lammscheiben mit Gemüse
145 Schnitzel „Wiener Art"
146 Putenzöpfle
   in Weißweinsoße
148 Geflügelbrust
   auf Paprikapüree
149 Putenbrust mit Käse
150 Hühnerfrikassee
151 Putenstreifen
   mit Currysoße
152 Hähnchen in Weißwein
154 Marinierter Geflügelspieß

155 Rehbraten in Cognacrahm
156 Gänsebraten „Tante Anni"
158 Hirschkalbsragout
160 Rehrücken
   mit Wacholderrahm

162 Fisch

164 Lachsfilet im Gemüsemantel
165 Lachsforellenfilet in Senfsoße
166 Lachs mit Kohlrabi
167 Lachsfilets mit Gurkengemüse
168 Kabeljau in Mandelsoße
169 Kabeljau mit Speck
170 Seelachsfilet
   im Kartoffelmantel
171 Überbackenes Seelachsfilet
172 Fischfilet mit Tomaten
173 Fisch im Gemüsebett
174 Schollenröllchen mit Dillsoße
175 Steinbutt mit Karottencreme
176 Bunte Seelachspfanne
177 Goldbarsch-Schaschlik
178 Goldbarsch „Peking Art"
180 Fischcurry
181 Fischragout „Espagnol"
182 Forelle
   mit Champignonfüllung
183 Hechtfilet im Teig

13

INHALT

184 Zander mit Rieslingsoße
185 Bodenseefelchen
auf Blattspinat

186 Kartoffeln

188 Kartoffelgratin
mit Tomatensoße
189 Kartoffelpizza
190 Bäckerinkartoffeln
191 Saure Kartoffelrädle
192 Kartoffel-Gemüse-Auflauf
193 Kartoffel-Gemüse-Puffer
194 Wirsingtaschen
mit Käsesoße
196 Kartoffeln
mit Austernpilzen
197 Rösti
198 Kartoffelpfanne mit Pilzen
199 Kartoffelauflauf mit Kruste

200 Nudeln

202 Spaghetti
„Gemüsebolognese"
203 Spaghetti al Pesto
204 Makkaroni mit Zucchini
205 Bandnudeln mit Lachs
206 Gemüsenudeln
207 Krautnudeln
208 Schlemmernudeln
209 Hörnle
mit Rinderhackfleisch
210 Lasagne
211 Gemüselasagne
212 Cannelloni mit Brokkoli
213 Orientalischer
Nudelauflauf

214 Reis

216 Daniels Lieblingsessen
217 Reisgericht, indische Art
218 Risotto mit
Sonnenblumenkernen
219 Safran-Gemüse-
Reis-Pfanne
220 Reispfanne mit Pilzen
221 Käse-Reisauflauf
222 Reisbällchen
in Basilikumsoße
223 Reis-Lauch-Auflauf

224 Desserts

226 Rote Grütze
227 Apfelgrütze
mit Zimtjoghurt
228 Birnengrütze
230 Erdbeersülze
231 Apfelschnee
232 Kiwi-Champagner-Sorbet
233 Kalte Traubensuppe
234 Pflaumensorbet
235 Kirsch- und
Erdbeerkaltschale
236 Sauerkirschen mit Quark
237 Rhabarber-Joghurtcreme
238 Orangencreme
239 Joghurt-Pfirsich-Creme
240 Hirsecreme
mit Backpflaumen
241 Gebrannte Creme
242 Buttermilchcreme
mit Früchten
243 Mohnmousse
auf Rhabarbersoße
244 Joghurtmousse
245 Himbeerquark-Mousse
246 Tiramisu
247 Ofenschlupfer
248 Süßer Reisauflauf
mit Tomatensoße
250 Vanillesoufflé mit Birnen
251 Quarksoufflé
mit Pflaumenragout

252 Rezeptregister
254 Rezeptregister von A–Z

REZEPTINFOS VON A–Z

Bevor Sie die Rezepte dieses Buches Schritt für Schritt an ihrem eigenen Herd erproben, sollten Sie die folgenden Seiten erst einmal in Ruhe durchlesen. Hier finden Sie wichtige Informationen, die für das Verständnis und das Gelingen der PfundsKur-Rezepte wichtig sind. Sie können das Kapitel aber auch immer wieder als kleines Lexikon verwenden, denn alle Begriffe – bestimmte Produkte, Koch- und Gartechniken – sind von A–Z aufgeführt. Sie werden feststellen, daß es sich hierbei nicht nur um PfundsKur-spezifische Begriffe handelt, sondern auch um wertvolle praktische Informationen, die jeden Kochalltag bereichern und erleichtern können. Alle Rezepte sind für vier Personen berechnet.

Abwiegen: Geht am allerbesten mit einer Digitalwaage. Andere Waagen wiegen weniger genau. Kleinere Mengen lassen sich auch mit Eß- und Teelöffeln abmessen.

1 kleiner Eßlöffel, gestrichen voll, faßt: Öl 10 g/Mehl 8 g/Zucker 15 g.

1 Teelöffel, gestrichen voll, faßt: Öl 4 g/Mehl 3 g/Zucker 5 g.

Anbraten: Auf die richtige Zubereitung kommt es an! Bratgut, das in heißes Fett gelegt wird, brät sofort. Es bilden sich Röst- und Aromastoffe und eine leckere Kruste. So verliert das Gargut kaum Flüssigkeit und die Nährstoffe bleiben weitgehend erhalten. Insbesondere paniertes Fleisch darf niemals in kaltes Fett gelegt werden. Die Panade saugt das Fett nämlich auf. Wird die Temperatur dann erhöht, fehlt zum Braten der notwendige Fettfilm und das Fleisch brennt an! Deshalb ist es so wichtig, die richtige Fett-Temperatur zu prüfen:

Tauchen Sie das angefeuchtete Ende eines Holzlöffels in das Fett. Wenn sich kleine Bläschen um den Stiel bilden, oder es zischt, hat das Fett die richtige Brattemperatur erreicht.

Backofen: Backöfen haben nicht immer exakt die gleichen Temperaturen und Backeigenschaften. Beachten Sie die Gebrauchsanweisung für Ihren Ofen, und verlassen Sie sich auf Ihre Erfahrung. Bei Umluftherden müssen Sie in der Regel die in den Rezepten angegebene Temperatur um 20–30 Grad verringern.

Drahtlöffel: In den Rezepten ist gelegentlich von einem „Drahtlöffel" die Rede. Das ist ein idealer Küchenhelfer, um Fritiertes aus dem Fett zu heben. Er eignet sich aber auch dafür, Tomaten oder Pfirsiche in kochendes Wasser zu halten, damit sie sich anschließend leichter häuten lassen. Anstelle eines Drahtlöffels können Sie auch einen Schaumlöffel verwenden.

Ei: 1 Eigelb enthält 6 g Fett, das entspricht 2 Fettaugen.

Entfetten: siehe „Fettaugen abschöpfen".

Essig: In den Rezepten wird auf keine bestimmte Sorte hingewiesen. Achten Sie auf die unterschiedliche Würzkraft! Viele Köche bevorzugen Wein- und Balsamicoessig. Balsamico ist allerdings für bestimmte Salate, wie zum Beispiel Kartoffel- oder Weißkrautsalat, zu dunkel.

Fettaugen: Wenn nicht anders angegeben, sind Fettaugen immer für 1 Portion berechnet.

Fettaugen abschöpfen: Bei vielen Rezepten in diesem Buch wird das überschüssige Fett abgeschöpft. Das gelingt am besten mit einem Schöpflöffel. Den dann noch vorhandenen Rest kann man mit Küchenkrepp entfernen. Dabei wird der Küchenkrepp auf die Flüssigkeit gelegt und saugt, ähnlich wie ein Löschpapier, das Fett auf. Bitte gießen Sie das abgeschöpfte Fett nicht in den Ausguß und damit ins Abwasser! Denn Speiseöle bilden Schwimmschlamm in den Becken und Behältern der Kläranlage und verursachen Verstopfungen und Verkrustungen der Kanäle sowie Geruchsbelästigungen. Geben Sie das Fett zum Erkalten in ein Gefäß, dann können Sie es (mit oder ohne

Gefäß) in den normalen Restmüll geben, der verbrannt wird. Und noch ein Tip: Spülmittel einsparen (und damit ebenfalls die Umwelt schonen) können Sie, wenn Sie Fett vor dem Spülen mit Küchenkrepp aus Töpfen und Pfannen wischen.

Fette und Öle: Tauschen Sie das im Rezept vorgeschlagene Fett oder Öl ruhig gegen Ihr Lieblingsfett aus. Wenn Sie z.B. kein Olivenöl im Hause haben, nehmen Sie einfach Sonnenblumenöl. Hauptsache, Sie verändern die Menge nicht. Kleine Fettkunde: Fette und Öle können sich zersetzen und schädliche Substanzen bilden, wenn sie zu lange und/oder zu hoch erhitzt werden. Deshalb eignen sich nicht alle Fette gleich gut für Kurz- oder Langzeitbraten. Eine Orientierung gibt Ihnen die Packungsaufschrift „Zum Braten und Backen geeignet". Kaltgepreßte Öle und alle Öle mit einem hohen Anteil an mehrfach ungesättigten Fettsäuren, wie z.B. Sonnenblumenöl, Maiskeimöl, Distelöl, sollten nur kurz erhitzt werden. Sie sind ideal zum Dünsten oder zur Zubereitung von kalten Speisen. Bei starkem Erhitzen werden die wertvollen ungesättigten Fettsäuren zerstört und verlieren ihre gesundheitsfördernden Eigenschaften.

Fisch: Achten Sie beim Kauf von Fisch darauf, daß er wirklich frisch ist! Frischer Fisch hat leuchtende Farben, klare Augen, die Kiemen sind hellrot, und er ist mit einer was-

17

serklaren Schleimschicht überzogen. Das Fleisch ist fest und elastisch. Der Fisch riecht frisch und nach Seetang. Bei älteren Fischen sind Haut und Augen trübe und blasser, die Schleimschicht matt und die Kiemen bräunlich dunkelrot. Das Fleisch ist weich und der Fisch entwickelt seinen typischen Geruch. Schwieriger ist es, den Frischegrad von Fischfilets zu beurteilen, denn alle genannten Kriterien können nicht mehr herangezogen werden. Verlassen Sie sich hier lieber auf Ihre Nase: Frische Ware riecht nicht unangenehm nach Fisch!

Fleischbrühe: Fleischbrühe und Gemüsebrühe benötigen Sie für die Zubereitung vieler Rezepte. Natürlich geht nichts über selbstgemachte Brühe! Die Rezepte finden Sie auf Seite 26 und 27. Dennoch leisten Brühwürfel gute Dienste, wenn es darum geht, Gerichten noch einen letzten geschmacklichen Schliff zu verleihen und zwar ohne viel Fett und ohne großen Zeitaufwand.

Gemüse: Nur, wenn die Gemüsemenge im Rezept in Gramm angegeben ist, sollten Sie diese genau einhalten. Es handelt sich dann um geputztes Gemüse. Die anderen Mengenangaben sind nicht so genau. Es handelt sich dabei immer um durchschnittliche Größen.

Gemüsebrühe:
siehe „Fleischbrühe".

Gewürze: Verwenden Sie möglichst frisch gemahlene Gewürze. Eine Pfeffermühle mit gut funktionierendem Mahlwerk sollte in Ihrer Küche immer griffbereit sein!

Hackfleisch: Kaufen Sie nie fertiges Hackfleisch, denn es enthält zu viel Fett. Bitten Sie statt dessen Ihren Metzger, Ihnen magere Rinder- und Schweineschulter durch den Fleischwolf zu drehen.

Jodsalz: In den Rezeptzutaten ist immer nur „Salz" angegeben. Verwenden Sie möglichst Jodsalz.

Kartoffeln: Die Sorten sind in den Rezepten nicht immer genau beschrieben. Nehmen Sie festkochende Kartoffeln für Salat, Rösti und Gratins und mehligkochende Sorten für Suppen, Pürees etc.

Kräuter: Verwenden Sie möglichst immer frische Kräuter. Getrocknet sind sie kein echter Ersatz. In Öl eingelegte Kräuter sind geschmacklich zwar sehr gut, erhöhen aber die Fettaugen eines Gerichts. Wählen Sie lieber tiefgefrorene Kräuter. Egal, ob frisch, getrocknet oder tiefgefroren, Kräuter in ihrer Vielfalt, helfen Ihnen Salz einzusparen. Kräuterstengel sind übrigens kein Abfall! Abgezupfte Kräuterstengel sollten nicht achtlos weggeworfen werden. Sie verleihen Fonds und Soßen ein würziges Aroma.

Die Herzblätter von Kohlrabi sowie Selleriegrün und Fenchelgrün können Sie ausgezeichnet zum Würzen und Verfeinern des entsprechenden Gemüses verwenden. Sie sind zum Würzen von Eintöpfen oder zum Garnieren vieler Gerichte geeignet.

Mehl: Probieren Sie einmal Weizenmehl Type 1050! Dieses Mehl mit einem hohen Anteil an Ballast- und Mineralstoffen sowie Vitaminen ist gesünder als Mehl Type 405. Es läßt sich darüber hinaus viel leichter, nämlich klümpchenfrei, mit kalter Flüssigkeit anrühren, um Soßen anzudicken. Weiße Soßen werden dadurch allerdings leicht gefärbt.

Milch: Bei der Berechnung der Fettaugen wird Vollmilch mit einem Fettgehalt von 3,5 % zugrunde gelegt. Sie können zusätzlich Fett einsparen, wenn Sie Milch mit einem Fettgehalt von 1,5 % verwenden.

Mixstab: In den Rezepten wird dieses Küchengerät häufig verwendet. Mit dem Mixstab (andere Bezeichnungen sind Pürierstab, Stabmixer oder Schneidestab) können Sie direkt im Kochtopf schaumige und cremige Suppen und Soßen herstellen, ohne daß Sie ein zusätzliches Gefäß benötigen. Ein unentbehrlicher Küchenhelfer!

Muskatnuß: Sollte immer frisch gerieben verwendet werden.

Nüsse: Eignen sich sehr gut zur Geschmacksverfeinerung verschiedenster Gerichte Allerdings: 100 g Nüsse enthalten im Durchschnitt 20 Fettaugen!

Öl: siehe Fette und Öle.

Pfeffer: Frisch gemahlen entfaltet sich die Würzkraft von Pfeffer am besten. Verwenden Sie Pfeffer, ob schwarz oder weiß, ganz nach Belieben, direkt aus der Pfeffermühle.

Pizzatomaten: Gibt es in vielen Supermärkten in Dosen zu kaufen. Es handelt sich um geschälte, gewürfelte Tomaten. Die Fruchteinwaage ist häufig höher als bei ganzen geschälten Tomaten. Diese können Sie natürlich auch verwenden, indem Sie die Früchte in ein Sieb geben und anschließend in Würfel schneiden.

Sahne: Sie werden feststellen, daß die PfundsKur-Rezepte trotz reduzierter Sahnemenge sehr gut schmecken. In den Rezepten ist immer Sahne mit 30 % Fett, also Schlagsahne, gemeint. Bei allen herzhaften Gerichten können Sie diese auch gegen Schmand (20 % Fett) oder Crème fraîche (34 % Fett) austauschen. Sahne läßt sich problemlos mit dem Mixstab unter Suppen und Soßen rühren. Aufgeschlagen gibt sie jeder Suppe und Soße einen lockeren, cremigen

REZEPTINFOS VON A–Z

Geschmack und ein besonders schaumiges Aussehen.

Salz: siehe Jodsalz.

Sauerrahm: Enthält nur 10 % Fett, flockt aber leider oft in Soßen oder Suppen aus. Sauerrahm aus kontrolliert biologischem Anbau ist dagegen cremig und läßt sich sehr gut verarbeiten. Sie sparen dabei eine Menge Fettaugen: 100 g Sauerrahm mit 10 % Fett enthalten etwa 3 Fettaugen, 100 g Crème fraîche mit 34 % Fett enthalten 10 Fettaugen mehr, nämlich 13.

Schmand: Eine empfehlenswerte Alternative zu Crème fraîche. Schmand hat einen Fettgehalt von nur 20 % (100 g = 7 Fettaugen) und schmeckt cremig und gut. Als Brotaufstrich ist Schmand ein gesunder Butterersatz.

Teigwaren: Die auf den Packungen angegebenen Garzeiten sind nur ein Anhaltspunkt. Wann Teigwaren wirklich „bißfest" gegart sind, können Sie am genauesten durch tatsächliches Durchbeißen feststellen. In der Mitte sollen die gekochten Nudeln noch einen festen Kern haben. Beachten Sie bei Eierteigwaren, daß Eier Fett enthalten! (Siehe Ei).

Tomatenwürfel: siehe „Pizzatomaten".

Worcestersoße: Ein beliebtes Gewürz, das häufig, vor allem zum Abschmecken von Suppen und Soßen, aber auch zum Marinieren von Seefisch, verwendet wird. Stellen Sie sich ein Fläschchen ins Gewürzregal, und vergessen Sie nicht, die Flasche vor jedem Gebrauch kräftig zu schütteln, damit sich die abgesetzte Würze mit der Flüssigkeit verbindet.

Zitrone: Kaufen Sie unbehandelte Zitronen, damit Sie die Schale mit verwenden können. Eine Alternative zu frisch gepreßtem Zitronensaft ist konservierter Saft von guter Qualität.

Zubereitung: In den Rezepten werden Sie ungewöhnliche Zubereitungsmethoden entdecken. Probieren Sie die neuen Ideen aus, denn sie sind von Experten entwickelt worden und gelingen garantiert! Bei der Zubereitung steht die Erhaltung der Nährstoffe und des Eigengeschmacks immer an erster Stelle!

Zwiebeln: In den Rezepten wird immer von einer mittleren Größe ausgegangen. Häufig werden in Würfel geschnittene Zwiebeln verwendet. Hier ist eine Anleitung fürs richtige Zwiebelschneiden: Sie benötigen ein großes Holzbrett und ein langes, gerades, an der Spitze dünnes Messer. Beim Schälen der Zwiebel die Wurzeln nur knapp abschneiden, danach von der Wurzel zur Spitze halbieren. Die Zwiebelhälfte mit der Schnittfläche nach unten auf das Brett legen. Nun zuerst in die Richtung der Fasern mit der Messerspitze dünne Scheiben so einschneiden, daß die Zwiebelscheiben nur noch an dem Wurzelansatz zusamenhängen. Die Zwiebelhälfte drehen, je nach Größe 1 bis 2mal quer einschneiden, und dann wieder dünne Scheiben schneiden – so zerfällt die Zwiebel in feine Würfel. Es klingt mühevoll, wird aber durch Üben immer leichter. Schneiden ist besser als hacken, denn beim Rösten wird eine gehackte Zwiebel leicht bitter.

LEGENDE / ABKÜRZUNGEN / SYMBOLE

Zu jedem Rezept finden Sie Angaben über:

Fettaugenanzahl bei der klassischen Zubereitung: Sie basiert auf der Basis des Fettgehalts von Gerichten, die nach bekannten Rezepten zubereitet werden.

Fettaugenanzahl beim Pfunds-Kur-Rezept: gibt die Menge an Fettaugen an, die exakt mit einem Nährwertprogramm errechnet wurden. Übrigens: 1 Fettauge enthält 3 g Fett.

Vorbereiten: eine Zeitangabe, die sich aus den verschiedenen Vorbereitungsarbeiten (evtl. mit Vorkochen) zusammensetzt.

Garen oder Kühlen: eine Zeitangabe, die sich aus der Koch-, Brat-, und Kühlzeit zusammensetzt.

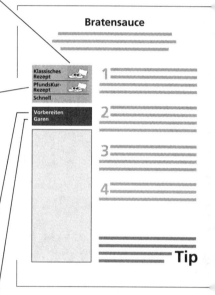

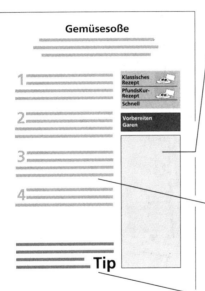

Zutaten: Die Zutatenliste ist als Einkaufsliste gestaltet und in der Reihenfolge genau nach Gebrauch aufgelistet. Es werden folgende Abkürzungen verwendet:

g - Gramm
kg - Kilogramm
cl - Zentiliter (ca. 10 g bzw. ml)
l - Liter
TL - Teelöffel
EL - Eßlöffel
TK - Tiefkühlprodukt

Zubereitung: Die Zubereitung der Gerichte ist in einzelnen Schritten beschrieben, deren Reihenfolge Sie genau befolgen sollten, damit das Rezept auch garantiert gelingt.

Tip: enthält wertvolle Tips und Tricks von Profi-Köchen.

Alle Rezepte sind, wenn nicht anders angegeben, immer für 4 Personen berechnet.

Grundrezepte

Für die Zubereitung vieler Rezepte, benötigen Sie Grundzutaten, wie Brühen, Fonds und Soßen. Diese können Sie entweder als Fertigprodukte kaufen oder aber selbst herstellen. In dem folgenden Kapitel finden Sie Rezepte für verschiedene Brühen und Soßen, die Sie gleich in größeren Mengen herstellen und im Tiefkühlgerät in kleinen Portionen einfrieren sollten. So haben Sie die entsprechende Zutat immer gleich parat, wenn Sie ein Gericht kochen.

Fleischbrühe

Eine kräftige, frisch zubereitete, herrlich duftende Fleischbrühe, ist aus einer guten Küche gar nicht wegzudenken. Nehmen Sie dazu Knochen vom Rind oder Geflügel (Hühner-, Gänse-, Entenklein) oder Kalb. Dazu paßt auch noch ein Stück Fleisch.

Klassisches Rezept 3
PfundsKur Rezept 1
Preiswert

Vorbereiten:	5 Min.
Garen:	1–3 Std.

2	kleine Zwiebeln
2	kleine Karotten
50 g	Knollensellerie
1/2	Lauchstange
evtl.	Petersilienstengel
300 g	Knochen
1 l	Wasser
	Salz, Pfeffer
	Muskat
	Liebstöckel

1 Die Zwiebeln und das Gemüse putzen, waschen und mit den Schalen in grobe Stücke schneiden. Das grob geschnittene Gemüse mit den Knochen in einen großen Topf geben und im kalten Wasser ansetzen.

2 Die Gewürze zufügen und die angesetzte Brühe bereits im kalten Zustand abschmecken. Die Flüssigkeit ohne Deckel zum Kochen bringen und leicht köcheln lassen. Den aufsteigenden Schaum mit der Schaumkelle vorsichtig abnehmen.

3 Das Ganze 1–3 Stunden bei schwacher Hitze leicht köcheln lassen. Wichtig: Wenn die Brühe zu stark kocht, wird sie trübe.

4 Die Brühe vorsichtig durch ein Haarsieb schöpfen. Also nicht aus dem Topf gießen, sondern nach und nach mit der Suppenkelle in das Sieb geben. Das Fett abschöpfen.

So entfernen Sie das Fett von der Brühe:
Das Fett von der heißen Brühe mit einer Suppenkelle abschöpfen und restliches Fett mit Küchenkrepp „aufsaugen", indem Sie das Papier vorsichtig auf die Brühe legen und sofort wieder abnehmen. Wenn die Brühe kalt ist, läßt sich das Fett leicht mit einem Löffel von der Oberfläche abheben.

Gemüsebrühe

Werfen Sie Gemüsereste, die täglich in der Küche anfallen, nicht weg! Daraus können Sie eine Gemüsebrühe herstellen, die sich 2–3 Tage im Kühlschrank hält. Oder, portionsweise abgefüllt, im Tiefkühlgerät gelagert werden kann.

1 Zwiebeln und Gemüse putzen. Mit der Schale in grobe Würfel schneiden. In einen Topf geben und das kalte Wasser dazugießen.

2 Die Gewürze unterrühren und die angesetzte Brühe bereits im kalten Zustand abschmecken. Die Flüssigkeit ohne Deckel zum Kochen bringen und leicht köcheln lassen. Den Schaum, der während des Kochens entsteht, mit der Schaumkelle abnehmen.

3 Das Ganze 20 Minuten bei schwacher Hitze köcheln lassen. Wenn die Brühe zu stark kocht, bleibt sie nicht mehr klar.

4 Die Brühe vorsichtig durch ein Haarsieb schöpfen. Also nicht aus dem Topf gießen, sondern nach und nach mit der Suppenkelle in das Sieb schöpfen.

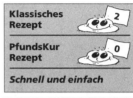

Klassisches Rezept	2
PfundsKur Rezept	0

Schnell und einfach

Vorbereiten:	5 Min.
Garen:	25 Min.

	Gemüsereste oder
2	kleine Zwiebeln
2	kleine Karotten
50 g	Knollensellerie
¹/₂	Lauchstange
evtl.	Petersilienstengel
1 l	Wasser
	Salz, Pfeffer
	Muskat
	Liebstöckel

Tip

Um der Gemüsebrühe einen kräftigen Geschmack sowie eine goldgelbe Farbe zu verleihen, können Sie die Zwiebeln folgendermaßen vorbehandeln: Zwiebeln halbieren und in einer heißen Pfanne ohne Fett mit der Schnittfläche nach unten bräunen.

Achtung! Gemüsebrühe als Fertigprodukt enthält Fett! Bitte beachten Sie die Fettangabe auf der Packung (3 g Fett = 1 Fettauge)!

GRUNDREZEPTE

Bratensoße

*Wann immer Sie Zeit haben, sollten Sie unbedingt
diese Bratensoße zubereiten. Die nicht angedickte Bratensoße
wird auch als Bratenjus bezeichnet. Sobald sie aber
angedickt ist, handelt es sich um eine Soße.*

Klassisches Rezept 5
PfundsKur Rezept 1
Für den Vorrat

Vorbereiten:	30 Min.
Garen:	1 Std.

2	kleine Zwiebeln
2	Karotten
½	Knollensellerie
500 g	gehackte Kalbs- oder Schweineknochen
5 g	Pflanzenfett
100 g	Tomatenmark
0,1 l	Rotwein
1 ½ l	Fleischbrühe
1	Lorbeerblatt
1	Nelke
	Salz, Pfeffer
	Pfefferkörner
	Pimentkörner
45 g	Mehl

1 Für das Soßengemüse Zwiebeln, Karotten und Sellerieknolle waschen und mit den Schalen grob würfeln. In einem großen Topf das Pflanzenfett erhitzen und die Knochen darin bei starker Hitze anbraten.

2 Das Gemüse zugeben und kurz mit anbraten. Tomatenmark unterrühren und kräftig anrösten. Die Temperatur nicht zurücknehmen. Wenn die Gemüse-Tomatenmark-Mischung leicht ansetzt, das Ganze immer wieder mit etwas Wasser oder Rotwein ablöschen. Dabei die Kruste am Topfboden mit einem flachen Holzlöffel lösen. Diesen Vorgang dreimal wiederholen, damit die Soße später eine schöne dunkle Farbe erhält.

3 Die Soßengrundlage mit der Brühe auffüllen, die angegebenen Gewürze zufügen und alles mindestens 1 Stunde kochen lassen. Noch besser entfaltet sich der Geschmack der Zutaten, wenn die Kochzeit 3 Stunden beträgt.

4 Die Soße bzw. den Jus durch ein Haarsieb streichen, ruhen lassen und das Fett abschöpfen. Mit Salz und Pfeffer abschmecken.

5 Zum Andicken das Mehl in etwas Rotwein oder Wasser glattrühren und mit dem Schneebesen in den kochenden Jus rühren. Weitere 10 Minuten leicht köcheln lassen.

Tip: Diese Soße können Sie portionsweise, beispielsweise in Joghurtbechern, einfrieren.

Gemüsesoße

Diese Soße ist im Nu zubereitet, schmeckt vorzüglich, und paßt einfach zu vielen Gerichten. Der geschmacklichen Vielfalt sind keine Grenzen gesetzt, denn Sie können aus fast jeder Gemüseart eine Gemüsesoße herstellen.

1 Das Gemüse waschen, putzen, je nach Sorte schälen und in feine Streifen schneiden oder auf der groben Reibe raspeln.

2 Die Gemüsebrühe, die Butter und das kleingeschnittene Gemüse in einen Topf geben. Mit Salz, Pfeffer und Muskat würzen und zugedeckt 2 Minuten köcheln lassen.

3 Das Mehl in der kalten Milch anrühren und unter ständigem Rühren in die kochende Gemüseflüssigkeit geben. Die Sauce weitere 2 Minuten köcheln lassen. Dann mit dem Mixstab fein pürieren.

4 Die Soße mit Salz, Pfeffer und Muskat abschmecken. Eventuell mit einem Spritzer Worcestersoße verfeinern.

Klassisches Rezept	4
PfundsKur Rezept	2

Gesund und einfach

Vorbereiten:	10 Min.
Garen:	10 Min.

300 g	Gemüse nach Wahl
0,2 l	Gemüsebrühe
10 g	Butter
	Salz, Pfeffer
	Muskat
30 g	Mehl
0,2 l	Milch
	Worcestersoße

Worcestersoße muß vor dem Gebrauch immer kräftig geschüttelt werden!

Probieren Sie Soßen aus folgenden Gemüsesorten: Karotten, Zucchini, Brokkoli, Kohlrabi, Rote Bete und Lauch. Vergessen Sie Ihr Lieblingsgemüse nicht!

GRUNDREZEPTE

Mais- und Bohnensoße

Sie können viele Fettaugen sparen, wenn Sie Soßen ohne Mehlschwitze zubereiten. Eine ideale Bindung ergeben Mais oder Bohnen. Es ist egal, ob Sie weiße oder rote Bohnen nehmen. Rote Bohnen färben allerdings die Soße, was Kinder oft nicht mögen.

Klassisches Rezept

PfundsKur Rezept

Schnell

Vorbereiten:	5 Min.
Garen:	10 Min.

1	Zwiebel
1 EL	Olivenöl
100 g	Mais (aus der Dose) oder Bohnen (aus der Dose)
0,2 l	Gemüsebrühe
0,1 l	Milch
	Salz, Pfeffer
	Kurkuma (Gelbwurz)
	Petersilie

1 Die Zwiebel schälen und in kleine Würfel schneiden. In einem Topf das Olivenöl erhitzen und die Zwiebelwürfel darin anbraten.

2 Den Mais oder die Bohnen und die Gemüsebrühe zufügen und alles 2 Minuten im geschlossenen Topf köcheln lassen.

3 Nun die Milch dazugießen und die Soße mit dem Mixstab fein pürieren. Zum Schluß die Mais- oder Bohnensoße mit Salz, Pfeffer, Kurkuma und Petersilie abschmecken.

Reichen Sie diese Soßen zu allen Fisch- und Fleischgerichten. Wenn Sie keinen Mixstab besitzen, dann füllen Sie die Soße zum Pürieren in den Mixer, oder drehen Sie sie einfach durch die feine Scheibe des Fleischwolfs.

tip

Weiße Soße

*Die altbekannte Mehlschwitze hat ausgedient!
Das folgende Grundrezept können Sie mit Gemüse sowie Fleischbrühe
oder Fischsud zubereiten. Wenn Sie die Soße mit Milch zubereiten,
müssen Sie pro Portion ein Fettauge berechnen.*

1 Die Zwiebel schälen und in feine Würfel schneiden. Das Mehl ohne Fett in einem Topf 2 Minuten hell anrösten. Die feingewürfelte Zwiebel dazugeben und noch 1 Minute mit dem Mehl rösten. Den Topf vom Herd nehmen und das Mehl etwa 2 Minuten abkühlen lassen.

2 Die kalte Flüssigkeit zur Mehl-Zwiebel-Mischung gießen und mit einem Schneebesen glattrühren. Das Ganze unter ständigem Rühren mit einem flachen Holzlöffel zum Kochen bringen und noch 10 Minuten leicht köcheln lassen.

3 Die Soße mit Salz, Pfeffer, Muskat und 1 Spritzer Worcestersoße abschmecken. Vor dem Servieren eventuell mit einem Mixstab schön cremig aufschlagen.

Klassisches Rezept	3
PfundsKur Rezept	0

Ganz einfach

Vorbereiten:	5 Min.
Zubereiten:	15 Min.

1	*kleine Zwiebel*
25 g	*Mehl*
$^1/_2$ l	*Flüssigkeit (Milch, Gemüse-, Fleischbrühe, Fischsud)*
	Salz, Pfeffer
	Muskat
	Worcestersoße

Diese Soße läßt sich sehr gut vorbereiten und kann im Kühlschrank bis zu 1 Woche aufbewahrt werden.

Verwenden Sie für die weiße Soße auch einmal Weizenvollkornmehl Type 1050. Dieses Mehl läßt sich ganz einfach und vor allem ohne Klümpchen verrühren. Es enthält mehr Ballaststoffe, Vitamine und Mineralstoffe als weißes Mehl. Allerdings wird die Soße dadurch etwas dunkler.

GRUNDREZEPTE

Salatsoßen

Hier sind zwei einfache Grundrezepte für Salatsoßen, die Sie ganz schnell zubereiten können. Vermengen Sie den gewaschenen und gut abgetropften Salat immer erst kurz vor dem Servieren mit der Soße!

Klassisches Rezept 4
PfundsKur Rezept 2/1
Einfach

Zubereiten: 5 Min.

Natursoße: 2
½ TL	mittelscharfer Senf
¼ TL	Salz
½ TL	Zucker
½ EL	Essig
3 EL	Wasser
	Pfeffer
2 EL	Öl

Joghurtsoße: 1
3 EL	Joghurt
¼ TL	Salz
¼ TL	Zucker
1 EL	Essig
	Pfeffer
1 EL	Öl

1 Für die Natursoße den Senf, das Salz, den Zucker, den Pfeffer, das Wasser und den Essig mit einem Schneebesen in einer Schüssel verrühren. Dann erst das Öl kräftig darunterschlagen, so daß eine Emulsion entsteht.

2 Für die Joghurtsoße den Joghurt in eine Schüssel geben und mit dem Salz, dem Zucker, dem Essig und dem Pfeffer verrühren. Zum Schluß das Öl darunterschlagen.

Ein Essig-Öl-Dressing, auch als Vinaigrette bezeichnet, ist relativ einfach zuzubereiten. Sie müssen allerdings ein paar Punkte dabei beachten: Zuerst immer alle wasserlöslichen Zutaten so lange miteinander verrühren, bis sich Zucker und Salz vollständig gelöst haben. Erst dann das Öl tropfenweise unter ständigem Rühren zugeben. Es muß sich eine milchig-trübe Emulsion bilden.

Um bei der Natursoße Fettaugen zu sparen, sollten Sie einen Teil des Öls lieber durch Milch oder Fleischbrühe ersetzen.

Wenn Sie eine Kräutervinaigrette zubereiten möchten, dann geben Sie erst kurz vor dem Anmachen die frisch gehackten Kräuter dazu, damit sie durch die Essigsäure nicht an Geschmack und Farbe verlieren.

Tip

Reis

*Reis, nach dem folgenden Rezept zubereitet, wird schön körnig und locker.
Verwenden Sie „parboiled" Langkornreis, er enthält fast so
viele Vitamine und Mineralstoffe wie Naturreis! Bei Rundkornreis
benötigen Sie 10 % weniger Flüssigkeit.*

1 In einem Topf mit feuerfesten Griffen die Butter zerlassen und den Reis darin kurz anrösten, bis die Körner glasig werden.

2 Mit der Gemüsebrühe ablöschen und mit Salz würzen. Den Reis ohne Deckel etwa 10 Minuten auf dem Herd kochen lassen, dabei ab und zu umrühren.

3 Das Lorbeerblatt auf der Schnittfläche der Zwiebelhälfte mit den Gewürznelken feststecken. Die gespickte Zwiebel zum Reis geben. Den Backofen auf 200 Grad vorheizen.

4 Sobald ein flüssiger Reisbrei entstanden ist, den Topf schließen, in den heißen Ofen stellen und den Reis darin in 15 Minuten regelrecht austrocknen lassen.

5 Zwiebel aus dem Reis nehmen und diesen mit einer Gabel auflockern. Der Reis wird auch durch längeres Warmhalten nicht weicher, da keine Flüssigkeit mehr vorhanden ist, die aufgesogen werden könnte.

Klassisches Rezept	2
PfundsKur Rezept	1

Schnell

Vorbereiten:	**5 Min.**
Garen:	**25 Min.**

10 g	Butter
200 g	Langkornreis (parboiled)
½ l	Gemüsebrühe
	Salz
½	geschälte Zwiebel
1	Lorbeerblatt
2	Nelken

Nach diesem Grundrezept können Sie viele Variationen zubereiten. Fügen Sie die Zutaten bei Schritt 4 zum Reis.

- Curryreis: 1 TL Currypulver
- Kräuterreis: verschiedene gehackte Kräuter
- Paprikareis: 1 TL Paprikapulver edelsüß
- Erbsenreis: 100 g tiefgekühlte Erbsen

Tip

GRUNDREZEPTE

Salz- und Pellkartoffeln

Die Kombination von wertvollen Kohlenhydraten, Vitaminen und Mineralstoffen macht Kartoffeln zu einem optimalen Lebensmittel. Wer einen Schnellkochtopf besitzt, sollte Kartoffeln unbedingt nach der folgenden Methode darin garen.

Klassisches Rezept 0
PfundsKur Rezept 0

Im Schnellkochtopf

Vorbereiten: 5 Min.
Garen: 25 Min.

1,2 kg	festkochende Kartoffeln
0,2 l	Wasser
1 TL	Salz
1 EL	gehackte Petersilie

1 Für Salzkartoffeln die Knollen waschen, schälen, in Viertel schneiden und in kaltes Wasser legen, bis alle Kartoffeln geschält sind. Für Pellkartoffeln die Kartoffeln gründlich waschen, eventuell mit einer Bürste säubern.

2 Wasser mit 1 TL Salz in den Schnellkochtopf geben. Den passenden Siebeinsatz hineinstellen und die Kartoffeln darauf geben.

3 Den Deckel schließen und den Einstellschieber auf „kochen" stellen. So lange kochen lassen, bis an dem Überdruckventil der 2. Ring deutlich zu sehen ist.

4 Die Garzeit hängt von Herd und Kochfeld ab. Hier eine Orientierung:
- Elektroherd: Die Platte ausschalten, den Topf darauf stehenlassen und die Kartoffeln 20 Minuten ruhen lassen.
- Glaskeramikkochfeld: Die Kartoffeln bei mittlerer Hitze 3 Minuten garen. (Es muß immer der 2. Ring zu sehen sein). 15 Minuten ruhen lassen.
- Gasherd: Die Kartoffeln bei kleiner Flamme 6 Minuten garen. (Es muß immer der 2. Ring zu sehen sein). 12 Minuten ruhen lassen.

5 Während der Ruhezeit fällt der Druck im Schnellkochtopf langsam ab, wodurch die Kartoffeln nicht platzen. Anschließend den Deckel vom Schnellkochtopf öffnen, die Kartoffeln sofort in eine Schüssel füllen, mit Petersilie bestreuen und gleich servieren.

Kartoffelpüree

Hier ist ein Rezept für ein ganz besonders feines Kartoffelpüree. Weil zuerst die Butter und dann die heiße Milch zugegeben wird, erhalten Sie ein wunderbar cremiges Püree. Es schmeckt groß und klein ganz und gar ohne Soße!

1 Die Kartoffeln waschen, schälen und in Viertel schneiden. In kaltes Wasser legen, bis alle Kartoffeln vorbereitet sind.

2 Die geviertelten Knollen, wie im Rezept Salz- und Pellkartoffeln, Seite 34, beschrieben in den Schnellkochtopf geben. Nach Anleitung der Arbeitsschritte 3–5 garen.

3 Die heißen Kartoffeln durch die Kartoffelpresse drücken. Danach die Butter mit einem Schneebesen kräftig darunterschlagen und nun die heiße Milch unter den Kartoffelbrei rühren. Mit Salz und Muskat würzen.

Klassisches Rezept 3
PfundsKur Rezept 3

Zart und cremig

Vorbereiten:	5 Min.
Zubereiten:	30 Min.

1 kg	mehligkochende Kartoffeln
	Salz
20 g	Butter
0,3 l	Milch
	Muskat

Tip

Rühren Sie Kartoffelbrei niemals mit den Quirlen des Haushaltsmixers. Die Kartoffeln würden verkleben und Sie erhalten eine unappetitliche, zähe Kartoffelmasse.

Salate

Aus frischen Gemüsen und Blattsalaten, lassen sich im Frühling und Sommer knackige Salate zubereiten. Die verschiedenen Kohlsorten, Sellerie, Möhren, Champignons, und zum Beispiel Feldsalat oder Endiviensalat sind dagegen ideale Bestandteile für Herbst- und Wintersalate. Besonders in diesen Zeiten geht es ja darum, den Vitaminhaushalt in Schuß zu halten. Als „Fettaugen-

bewußte" Esser, sollten Sie die Salate mit der PfundsKur-Salatsoße zubereiten. Verwenden Sie dafür hochwertige Öle, wie zum Beispiel Maiskeim-, Distel-, Sonnenblumen- und Olivenöl, und achten Sie auch beim Essigkauf auf eine gute Qualität. Und noch ein Tip: Essen Sie Salat als Vorspeise, denn er sättigt bereits ein wenig, so daß man von den folgenden Gerichten automatisch nicht mehr so viel ißt.

SALATE

Dip-Variationen

Gemüserohkost mit verschiedenen Dips ist eine gesunde
Schleckerei. Diese Soßen können Sie auch als Dip zu einem
Fleischfondue reichen. Die angegebenen Fettaugen beziehen sich
immer auf die Gesamtmenge.

1 Für den Oliven-Dip alle Zutaten in ein hohes Gefäß geben und mit dem Mixstab pürieren und schön schaumig schlagen.

2 Für den Knoblauch-Dip die Knoblauchzehen schälen und die halbe Zitrone auspressen. Zitronensaft, Joghurt, Schmand, Kräuter, Pfeffer und Salz in ein Gefäß geben. Den Knoblauch dazudrücken und alles mit dem Schneebesen gründlich verrrühren.

3 Für den Cocktail-Dip alle angegebenen Zutaten in ein Gefäß geben und mit dem Schneebesen gründlich verrühren.

4 Für den Senf-Dip die Zwiebel schälen und fein würfeln. Zusammen mit den übrigen Zutaten in ein Gefäß geben und mit dem Schneebesen gründlich verrühren.

5 Für den Tomaten-Dip die Tomaten häuten, halbieren, entkernen (s. Seite 65) und würfeln. Die Zwiebel und die Knoblauchzehe schälen und grob würfeln. Tomatenwürfel, Zwiebel- und Knoblauchstückchen mit den übrigen Zutaten in ein hohes Gefäß geben, mit dem Mixstab pürieren und schaumig schlagen.

Die Dips passen zu folgenden Gemüsesorten besonders gut:

- Paprikaschoten, Kohlrabi
- Fenchelknolle ,
  Frühlingszwiebel
- Radieschen, Staudensellerie
- Chicorée, Radicchio
- Karotten, Champignons

38

PfundsKur Rezept 14 *Gesund* **Zubereiten: 10 Min.**	*Oliven-Dip:* 60 g schwarze entsteinte Oliven 2 EL Gemüsebrühe 2 EL Olivenöl 2 EL Balsamicoessig	2 EL Magerquark *Salz, Pfeffer* *evtl. etwas Wasser*
PfundsKur Rezept 6 *Gesund* **Zubereiten: 10 Min.**	*Knoblauch-Dip:* 4 Knoblauchzehen $^1/_2$ Zitrone 4 EL Joghurt 4 EL Schmand	2 EL gehackte Kräuter *Salz, Pfeffer*
PfundsKur Rezept 11 *Gesund* **Zubereiten: 10 Min.**	*Cocktail-Dip:* 4 EL Joghurt 4 EL Mayonnaise 1 EL geriebener Meerrettich 2 EL Tomatenketchup	*Cognac* *Essig* *Salz, Pfeffer*
PfundsKur Rezept 7 *Gesund* **Zubereiten: 10 Min.**	*Senf-Dip:* 1 Zwiebel 2 EL Mayonnaise 2 EL Quark 4 EL Joghurt 1 EL Senf	1 EL Olivenöl *Salz, Pfeffer* *Zucker* *Essig*
PfundsKur Rezept 6 *Gesund* **Zubereiten: 15 Min.**	*Tomaten-Dip:* 2 Fleischtomaten 1 Zwiebel 1 Knoblauchzehe 2 EL Essig 2 EL Olivenöl	1 EL Tomatenketchup *Salz, Pfeffer, Basilikum*

SALATE

Spargel in Vinaigrette

*Probieren Sie diese köstliche Vorspeise in der Spargelzeit.
Wichtig dabei ist, den frisch gekochten Spargel noch
warm im Essigwasser zu marinieren,
denn dadurch schmeckt der Salat würziger.*

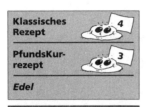

Klassisches Rezept	4
PfundsKur-rezept	3
Edel	

Vorbereiten:	**40 Min.**
Zubereiten:	**10 Min.**

2 kg	*Spargel*
	Salz
½	*Zitrone*
½ l	*Wasser*
6 EL	*Essig*
1 Bund	*Petersilie*
2	*Eier*
1	*Zwiebel*

Vinaigrette:

½ TL	*Salz*
1 TL	*Zucker*
	Pfeffer
2 EL	*Essig*
2 EL	*Olivenöl*

1 Den Spargel vom Kopf her großzügig schälen. Die unteren Enden abschneiden. In einem großen Topf reichlich Salzwasser mit der halben Zitrone zum Kochen bringen.

2 Spargelstangen ins kochende Salzwasser geben und in etwa 6 Minuten, je nach Dicke der Stangen, bißfest kochen. Mit einer Schaumkelle die Stangen aus dem Wasser heben und in eine flache Schüssel legen.

3 Das Wasser mit dem Essig verrühren und über die warmen Spargelstangen gießen. Zum Abkühlen beiseite stellen. Petersilie waschen und fein hacken. Eier hartkochen, abkühlen lassen, schälen und fein würfeln. Zwiebel schälen und in feine Würfel schneiden.

4 Für die Vinaigrette Salz, Zucker, Pfeffer und Zwiebelwürfel mit Essig und etwas Wasser kräftig verrühren. Dann nach und nach das Olivenöl unterrühren. Zum Schluß Petersilie und Eiwürfel zugeben.

5 Den abgekühlten Spargel aus dem Essigsud heben und auf Tellern anrichten. Die Vinaigrette mit einem Eßlöffel über den Stangen verteilen.

Spargel wird häufig zu weich gekocht und die Nachgarzeit vernachlässigt. Beachten Sie: Wenn die gekochte Spargelstange mit einer Gabel in der Mitte aus dem Wasser gehoben und hochgehalten wird, dürfen die beiden Enden nicht nach unten brechen.

Griechischer Salat

Diesen „Renner" unter den Sommersalaten können Sie zu jeder Jahreszeit zubereiten. Die Zutaten richten sich nach Ihrem Geschmack und dem Marktangebot. Schafskäse und Oliven sind allerdings ein Muß! Achtung: 100 g Schafskäse enthalten sieben Fettaugen!

1 Zwiebeln schälen, halbieren und in Streifen schneiden. Knoblauchzehen schälen und pressen oder fein hacken. Tomaten waschen, die grünen Stielansätze herausschneiden und die Tomaten grob würfeln.

2 Die Paprikaschoten waschen, Samen und Trennwände entfernen. Die Schotenhälften vierteln und in Streifen schneiden. Die Salatgurke waschen, halbieren und in Scheiben schneiden. Den Eisbergsalat waschen, zerkleinern und sehr gut abtropfen lassen.

3 Den Schafskäse in 1 cm große Würfel schneiden. Alle vorbereiteten Zutaten in eine große Schüssel geben. Die Kräuter waschen und hacken.

4 Für die Salatsoße Salz, Zucker, Pfeffer, Wasser und Essig so lange mit dem Schneebesen verrühren, bis sich Salz und Zucker aufgelöst haben. Dann erst das Öl nach und nach kräftig unterrühren.

5 Die Salatzutaten mit der Salatsoße begießen, locker und vorsichtig vermengen und mit den Kräutern und Oliven bestreuen.

Klassisches Rezept	9
PfundsKur Rezept	6

Beliebte Spezialität

Vorbereiten:	20 Min.
Zubereiten:	30 Min.

2	Zwiebeln
2	Knoblauchzehen
4	Tomaten
2	Paprikaschoten
1/2	Salatgurke
1/4 Kopf	Eisbergsalat
1/2 TL	Salz
1 TL	Zucker
	Pfeffer
1 EL	Wasser
2 EL	Essig
3 EL	Olivenöl
1 Zweig	Oregano
1 Bund	Dill
150 g	Schafskäse
16	Oliven

Feiner wird dieser Salat, wenn Sie die Tomaten vorher häuten (s. Seite 65).

SALATE

Tzatziki

Dieser griechische Gurkenjoghurt ist eine beliebte Beilage zum Gyros. Sie finden Tzatziki aber auch auf griechischen Vorspeisentellern, denn mit Weißbrot zusammen ist er eine erfrischende Köstlichkeit.

Klassisches Rezept 3
PfundsKur Rezept 1
Beliebte Spezialität

Vorbereiten:	40 Min.
Zubereiten:	5 Min.

1	große Salatgurke
1	Zwiebel
1 EL	Salz
3	Knoblauchzehen
150 g	Joghurt
100 g	Magerquark
1 EL	Olivenöl
1 EL	Essig
	Pfeffer
	Paprikapulver, edelsüß
	Zucker

1 Die Gurke schälen und auf einer groben Raffel in eine Schüssel reiben. Die Zwiebel schälen und fein würfeln, zu den Gurken geben. Mit dem Salz bestreuen und 15 Minuten zugedeckt marinieren. Dadurch wird der Gurke die Feuchtigkeit entzogen und das Tzatziki wird später nicht zu wäßrig.

2 Inzwischen die Knoblauchzehen schälen und durch die Presse drücken oder in ganz feine Würfel schneiden.

3 Den Joghurt, den Magerquark, das Olivenöl, den Essig und den Knoblauch in einer Schüssel schön cremig verrühren. Mit Pfeffer, Paprika und Zucker abschmecken.

4 Gurkenraspel und Zwiebelwürfel in ein Sieb geben, abspülen und gut abtropfen lassen. Unter die Knoblauchsoße mischen und das Tzatziki mindestens 20 Minuten im Kühlschrank durchziehen lassen. Bei Bedarf noch ein wenig nachwürzen. Zum Servieren mit Paprikapulver bestreuen.

Tip: Wenn Sie echten griechischen Joghurt, der aus Ziegenmilch hergestellt wird, bekommen, dann nehmen Sie davon 250 g und verzichten dafür auf den Quark.

Lauch-Rohkost

Den vorzüglichen Geschmack von rohem Lauch können Sie mit diesem Salat entdecken. Ganz wichtig ist, daß Sie die lange Marinierzeit einhalten! Sie sollte mindestens zwei Stunden, kann aber bis zu 24 Stunden betragen!

1 Die Eier hartkochen und abkühlen lassen. Dann schälen und fein würfeln.

2 Den Lauch der Länge nach halbieren, unter fließendem Wasser waschen, die ganz dunkelgrünen Teile abschneiden und den Rest in feine Ringe schneiden.

3 Die Gewürzgurken auf der groben Reibe zerkleinern. Die Äpfel waschen und mit der Schale ebenfalls grob reiben.

4 Essig mit Zucker, Salz, Pfeffer und Joghurt gut verrühren. Dann die Crème fraîche unterheben. Das Ganze abschmecken und mit Worchestersoße verfeinern.

5 Diese Marinade zum Lauch und den Äpfeln geben, gut untermischen und mindestens 2 Stunden im Kühlschrank ziehen lassen. Die Salatkräuter waschen und fein hacken.

6 Vor dem Servieren die Eiwürfel und die Gurkenstreifen unter den Salat heben. Diesen eventuell noch nachwürzen, mit den Kräutern bestreuen und servieren.

Klassisches Rezept 9
PfundsKur Rezept 4

Geheimtip am Salatbuffet

| Vorbereiten: | 20 Min. |
| Marinieren: | 2 Std. |

4	Eier
3	Lauchstangen
3	Gewürzgurken
2	Äpfel
2 EL	Essig
1 TL	Zucker
½ TL	Salz
	Pfeffer
100 g	Joghurt
50 g	Crème fraîche
	Worcestersoße
	Kräuter nach Wahl

Tip
Statt Crème fraîche und Joghurt können Sie diesen Salat auch mit 150 g Salatmayonnaise (20% Fettgehalt) anmachen.

SALATE

Kohlrabisalat

Kohlrabi ist ein gesundes Gemüse, das zu Unrecht oft verschmäht wird! Versuchen Sie einmal dieses Salatrezept – und Sie werden begeistert sein. Sogar Kinder mögen rohe Kohlrabi auf diese Weise zubereitet sehr gerne!

Klassisches Rezept 5
PfundsKur Rezept 2

Einfach genial

Vorbereiten: 10 Min.
Zubereiten: 5 Min.

600 g	Kohlrabi
40 g	Crème fraîche
1 TL	Zucker
½ TL	Salz
	Pfeffer
1 ½ EL	Essig
1 EL	Wasser
1 EL	Öl

1 Die Kohlrabi putzen und schälen. Die inneren, kleinen Blätter vom Kohlrabigrün zurückbehalten und fein hacken. Die Kohlrabi in feine Streifen schneiden oder raspeln.

2 Crème fraîche, Zucker, Salz, Pfeffer, Essig, Wasser und Öl zu einem Dressing verrühren, über die Kohlrabistreifen geben und alles gut vermengen.

3 Vor dem Servieren den Salat mit dem gehackten Kohlrabigrün bestreuen.

Tip
Wenn Sie anstatt der Crème fraîche, Salatmayonnaise mit einem Fettgehalt von 20 % verwenden, sparen Sie nochmals 1 Fettauge!

Karottensalat mit Ananas

Karottensalat, mit Zitronensaft angemacht, ist herrlich erfrischend. Dazu passen vorzüglich Früchte aller Art. Öl ist bei diesem Salat wichtig, damit das in den Karotten enthaltene Beta-Carotin vom Körper aufgenommen werden kann.

1 Die Karotten putzen, schälen und in feine Streifen schneiden oder raspeln. In eine Schüssel geben, das Salatöl dazugeben und alles gründlich miteinander mischen.

2 Die Zitronenmelisse waschen und fein hacken. Die Ananasscheiben in Stücke schneiden und mit den Karotten mischen.

3 Die Zitrone halbieren und auspressen. Den Zitronensaft mit Zucker, Salz und Pfeffer verrühren. Das Wasser und den Joghurt sowie die Crème fraîche unterrühren. Die Salatsoße zur Karotten-Ananas-Rohkost geben und vermengen. Den Salat vor dem Servieren mit der Zitronenmelisse bestreuen.

4 Wer möchte, kann Walnüsse unter den Karottensalat mischen. Diese grob hacken und erst zum Schluß unterheben. Beachten Sie jedoch, daß 1 Nuß 1 Fettauge enthält!

Klassisches Rezept	6
PfundsKur Rezept	2

Erfrischend

Vorbereiten:	20 Min.
Zubereiten:	5 Min.

600 g	Karotten
1 EL	Öl
	Zitronenmelisse
4 Scheiben	frische Ananas
1	Zitrone
1 TL	Zucker
½ TL	Salz
	Pfeffer
1 EL	Wasser
2 EL	Joghurt
50 g	Crème fraîche
	evtl. Walnüsse

Anstatt der frischen Ananas können Sie auch Ananasscheiben aus der Dose nehmen. Diese sind jedoch im Gegensatz zu den frischen sehr süß. Verwenden Sie dann für den Salat statt Zucker und Wasser 1 Eßlöffel Ananassirup.

SALATE

Chicoréesalat mit Mandarinen

*Chicorée, auch belgischer Endiviensalat genannt, enthält Bitterstoffe.
Legen Sie ihn deshalb nach dem Schneiden 15 Minuten
in warmes Wasser, damit die Chicoréeblätter ihren bitteren
Geschmack verlieren.*

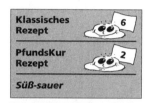

| Klassisches Rezept | 6 |
| PfundsKur Rezept | 2 |

Süß-sauer

| Vorbereiten: | 20 Min. |
| Zubereiten: | 5 Min. |

4 Stauden	Chicorée
1 Dose	Mandarinen
½ TL	Salz
1 TL	Zucker
	Pfeffer
1 EL	Essig
1 EL	Wasser
50 g	Joghurt
50 g	Crème fraîche
1 EL	Tomatenketchup

1 Die Chicoréestauden halbieren und den Strunk keilförmig aus jeder Hälfte herausschneiden. Die Blätter in 1 cm breite Streifen schneiden und zum „Entbittern" 15 Minuten in warmes Wasser legen.

2 Die Mandarinen aus der Dose in ein Sieb schütten und gut abtropfen lassen.

3 Nun eine cremige Salatsoße zubereiten. Dafür zuerst Salz, Zucker und Pfeffer mit Essig und Wasser in einer Schüssel gut verrühren. Dann Joghurt, Crème fraîche und Ketchup dazugeben und verrühren.

4 Die Chicoréeblätter aus dem Wasser nehmen und noch einmal kalt waschen. In ein Sieb geben und gut abtropfen lassen.

5 Die Salatstreifen in die Schüssel geben und mit der Salatsoße und den Mandarinen vorsichtig mischen.

**Für einen wirklich wohlschmeckenden Salat müssen Blattsalate immer so trocken wie möglich sein.
Am besten gelingt das mit Hilfe einer Salatschleuder.**

Wenn Sie eine Handvoll Feldsalat unter den Chicorée mischen, erhält der Salat einen reizvollen Farbtupfer.

Rotkrautsalat mit Austernpilzen

Rotkraut entwickelt einen besonders guten Geschmack, wenn Sie ihn längere Zeit marinieren. In diesem Rezept beträgt die Marinierzeit 40 Minuten. Sie ist in der Vorbereitungszeit enthalten!

1 Vom Rotkraut die äußeren Blätter entfernen. Kohlkopf vierteln und den Strunk herausschneiden. Das Kraut in feine Streifen schneiden oder hobeln. Mit Zucker, Salz und Essig mindestens 40 Minuten marinieren.

2 Die Austernpilze gründlich waschen, so daß zwischen den Lamellen kein Sand mehr haften bleibt. Die Pilze in 8 Portionen aufteilen, salzen und pfeffern.

3 Die Zwiebel schälen und fein würfeln. Die Äpfel halbieren, vom Kerngehäuse befreien und mit der Schale in Scheiben schneiden. Das Fruchtgelee leicht erwärmen und mit dem Öl und dem Essig zum Rotkraut geben. Mit Pfeffer abschmecken.

4 Die Austernpilze im Mehl wenden. Die Margarine in einer Pfanne erhitzen und die Pilze bei mittlerer Hitze auf beiden Seiten je 2 Minuten knusprig goldbraun braten.

5 Den Rotkohlsalat auf Tellern anrichten, mit den frisch gebratenen Austernpilzen garnieren und sofort servieren.

Klassisches Rezept 6
PfundsKur Rezept 4
Raffiniert

| Vorbereiten: | 1 Std. |
| Zubereiten: | 15 Min. |

1 kleiner	Rotkrautkopf
1 TL	Zucker
1 TL	Salz
1 EL	Essig
300 g	Austernpilze
	Pfeffer
1	Zwiebel
2	Äpfel
1 EL	Fruchtgelee
2 EL	Öl
1 EL	Wasser
1 EL	Essig
3 EL	Mehl
30 g	Margarine

Für Salate und zum Kochen sollten Sie immer säuerliche Äpfel verwenden, z.B. Gravensteiner oder Glockenäpfel.

Röstfrische Austernpilze schmecken auch ganz köstlich zu einem knackigen Eisbergsalat. Tip

47

SALATE

Weißkrautsalat

*Weißkraut, als Gemüse oder Salat, ergibt in Kombination
mit Bauchspeck einen wunderbar herzhaften Geschmack.
Den Weißkrautsalat können Sie im Kühlschrank aufbewahren,
sollten ihn aber immer zimmerwarm essen.*

Klassisches Rezept	5
PfundsKur Rezept	3

Herzhaft

Vorbereiten:	**20 Min.**
Zubereiten:	**5 Min.**

1 kleiner	Weißkrautkopf
1 EL	Salz
1	Zwiebel
50 g	Bauchspeck
1 EL	Öl
1 ½ EL	Essig
1 TL	Zucker
	Pfeffer
	Kümmelsamen

1 Vom Weißkraut die äußeren Blätter entfernen. Den Krautkopf vierteln und den Strunk herausschneiden. Das Kraut in feine Streifen schneiden oder hobeln. Einsalzen und 15 Minuten ziehen lassen.

2 Die Zwiebel schälen und fein würfeln. Den Bauchspeck ebenfalls fein würfeln. In einer beschichteten Pfanne das Öl erhitzen und den Speck mit den Zwiebeln darin anbraten.

3 Das marinierte Weißkraut kräftig mit Essig, Zucker und Pfeffer würzen. Zum Schluß den gebratenen Speck und die Zwiebeln zum Kraut geben und untermischen. Mit Kümmel bestreuen und servieren.

Chinakohl können Sie nach demselben
Rezept zubereiten. Marinieren Sie ihn aber
nicht mit Salz, sondern verrühren Sie
alle Zutaten für die Marinade, und vermischen
Sie den Kohl damit.

Schwarzwälder Schinken ist eine
fettsparende Alternative zu Speck.

Salat „Nizza"

Dieser Salat, den es in vielfältigen Variationen gibt, ist ein Klassiker aus der französischen Küche. Wichtige Zutaten sind dabei aber immer Kartoffeln, grüne Bohnen, Tomaten und Sardellen.

1 Die Kartoffeln waschen und als Pellkartoffeln kochen. Schälen und abkühlen lassen. Die Bohnen waschen, putzen und mit der Gemüsebrühe in einen Topf geben. Mit Salz und Pfeffer würzen. Den Topf mit dem Deckel verschließen und die Bohnen 3 Minuten kurz und kräftig dünsten. Die Bohnen im Topf ohne Deckel abkühlen lassen.

2 Zwiebel und Knoblauchzehen schälen und in feine Würfel schneiden. Tomaten waschen, Stielansätze herausschneiden und Tomaten grob würfeln. Sardellen halbieren.

3 Salz, Zucker, Pfeffer, Wasser und Essig mit dem Schneebesen in einer Schüssel verrühren, bis sich Salz und Zucker aufgelöst haben. Öl nach und nach kräftig unterrühren.

4 Die Kartoffeln kleinschneiden und zusammen mit den Bohnen, den Zwiebeln und Knoblauchwürfeln sowie Oliven und Kapern in eine Schüssel geben. Mit der Salatsoße locker vermischen. Zum Abrunden etwas Bohnenbrühe zugeben. Den Salat 30 Minuten zugedeckt durchziehen lassen. Vor dem Servieren die Tomatenwürfel mit den Sardellenfilets locker unter den Salat heben.

Viele Köche empfehlen, Gemüse nach dem Blanchieren im Eiswasser abzuschrecken, damit es nicht nachgart und seine Farbe behält. Es geht aber auch so: Dünsten Sie Gemüse kürzer als notwendig, und kalkulieren Sie dabei die Nachgarzeit ein.

Klassisches Rezept 8
PfundsKur Rezept 4

Französische Spezialität

Vorbereiten:	30 Min.
Zubereiten:	30 Min.

300 g	Kartoffeln
400 g	grüne Bohnen
0,2 l	Gemüsebrühe
	Salz, Pfeffer
1	Zwiebel
2	Knoblauchzehen
4	Tomaten
8	Sardellenfilets
8	Oliven
1 EL	Kapern

Salatsoße:

1/2 TL	Salz
1 TL	Zucker
	Pfeffer
1 EL	Wasser
2 EL	Essig
3 EL	Olivenöl

SALATE

Schwäbischer Kartoffelsalat

*Auch dieser Salat läßt sich PfundsKur-gerecht zubereiten.
Natürlich schwört jeder auf seine eigene Zubereitung! Aber versuchen
Sie trotzdem einmal dieses Rezept. Wichtig ist, daß Sie warme
Fleischbrühe und Zucker verwenden.*

Klassisches Rezept 5
PfundsKur Rezept 2

Schwäbischer Klassiker

Vorbereiten: 1 Std.
Zubereiten: 10 Min.

1 kg	festkochende Kartoffeln
1	Zwiebel
0,3 l	Fleischbrühe
3–4 EL	Weinessig
1 Bund	Schnittlauch
1 TL	Salz
1 TL	Zucker
2 EL	Öl
	Pfeffer

1 Die Kartoffeln in der Schale garen. Inzwischen die Zwiebel schälen und in feine Würfel schneiden. Mit der Fleischbrühe und dem Weinessig in einen Topf geben und einmal aufkochen lassen. Dieser Zubereitungsschritt ist wichtig, damit die Zwiebeln etwas weich werden. Die Zwiebeln in der Brühe zum Abkühlen beiseite stellen.

2 Die Pellkartoffeln schälen und auf Handwärme abkühlen lassen. Den Schnittlauch waschen und in feine Röllchen schneiden.

3 Die abgekühlten Kartoffeln in dünne Scheiben schneiden oder hobeln. Salz, Zucker, Pfeffer und Öl dazugeben. Die lauwarme Fleischbrühen-Marinade über die gewürzten Kartoffelscheiben gießen.

4 Nun den Kartoffelsalat vorsichtig vermengen und etwas ruhen lassen. Mit Schnittlauch bestreuen und servieren.

Wenn die Kartoffeln unterschiedlich groß sind, dann stechen Sie die größeren in rohem Zustand mit einer Gabel an. Die Kartoffeln garen dann gleichmäßig durch. **Tip**

Nudelsalat

*Ein beliebter Salat, der besonders gut zu Gegrilltem paßt.
Nudelsalat enthält häufig sehr viel Schinken und Käse.
Hier ist eine fettsparende Variante, die beweist, daß
Nudelsalat auch ohne Schinken schmeckt!*

1 Einen großen Topf mit Salzwasser zum Kochen bringen und die Nudeln darin bißfest garen. Die gefrorenen Erbsen in einem geschlossenen Topf mit der Gemüsebrühe nur 1 Minute dünsten und abkühlen lassen.

2 Die Gewürzgurken der Länge nach vierteln und in Scheiben schneiden. Die Paprikaschote waschen, von Samen und Trennwänden befreien und das Fruchtfleisch in 1 cm große Würfel schneiden. Den Edamer würfeln, die Petersilie waschen und fein hacken.

3 Für die Salatsoße die Zwiebel schälen und fein reiben. Mit Essig, Zucker, Salz, Pfeffer und dem Joghurt in einer Schüssel gut verrühren. Den Schmand unterheben und die Soße nach Belieben abschmecken.

4 Die Nudeln in einen Durchschlag schütten und mit kaltem Wasser übergießen, so daß sie noch lauwarm sind. Die Salatsoße unter die Nudeln mengen und den Salat zum Durchziehen etwa 30 Minuten kaltstellen.

5 Anschließend alle anderen Zutaten zufügen. Vorsichtig unterheben, nachwürzen und mit der Petersilie bestreuen.

Hierfür eignen sich die Nudelsorten Hörnle, Spirelli oder Farfalle. Der Salat zieht besonders gut durch, wenn Sie die Soße mit den noch lauwarmen Nudeln vermengen. Tip

Klassisches Rezept 8
PfundsKur Rezept 4

Leicht und erfrischend

Vorbereiten:	30 Min.
Zubereiten:	10 Min.

200 g	Nudeln
	Salz
100 g	TK-Erbsen
0,1 l	Gemüsebrühe
3	Gewürzgurken
1	rote Paprikaschote
100 g	Edamer
1 Bund	Petersilie

Salatsoße:

1	Zwiebel
2 ½ EL	Essig
1 TL	Zucker
½ TL	Salz
	Pfeffer
100 g	Joghurt
100 g	Schmand

Suppen und Eintöpfe

Suppen, ob dick oder dünn, heiß oder kalt, werden fast immer als Auftakt zu einem klassischen Menü gereicht. Aber genauso gut sind sie ein stärkender Imbiß zu jeder Tages- und Nachtzeit. Das weit verbreitete Vorurteil, Eintöpfe seien langweilig, altmodisch oder nicht „fein genug", kommt wahrscheinlich daher, daß Eintöpfe zu fast allen Zeiten die Grundlage einer einfachen Alltagsküche bildeten. Doch Eintöpfe sind vielseitig und abwechslungsreich! Was bei uns banal als „Eintopf" bezeichnet wird,

klingt in der ausländischen Küche viel liebevoller: „Baeckoffa", „Cassoulet" oder „Gulasch". Sie sind letztlich nichts anderes als Eintopfgerichte, die in einem Topf garen und dort eine ganze Zeit unbeaufsichtigt vor sich hinschmurgeln können. Stellen Sie doch einmal ein Eintopfgericht in den Mittelpunkt einer Einladung! Nicht nur, weil es Nerven, Zeit und Geschirr spart, sondern, weil es einfach für Gast und Gastgeber gemütlicher werden kann.

Champignonrahmsuppe

Für diese Suppe können Sie weiße oder braune Champignons verwenden. Waschen Sie die Pilze nur zwei bis dreimal kurz in kaltem Wasser. Lassen Sie sie auf keinen Fall im Wasser liegen, damit sich die Lamellen nicht damit vollsaugen.

Klassisches Rezept 5
PfundsKur Rezept 2
Ganz einfach

Vorbereiten:	10 Min.
Zubereiten:	35 Min.

100 g	Champignons
1	Zwiebel
0,7 l	Gemüsebrühe
30 g	Mehl
0,1 l	Milch
60 g	Sahne
	Salz, Pfeffer
	Kerbel
	Worcestersoße

1. Die Champignons nur ganz kurz waschen und in Scheiben schneiden. Die Zwiebel schälen und fein würfeln.

2. Die kleingeschnittene Zwiebel und die Hälfte der Champignons mit der Gemüsebrühe in einen Topf geben und zugedeckt 20 Minuten bei schwacher Hitze köcheln lassen.

3. Anschließend die Suppe mit dem Mixstab pürieren. Oder die Pilze mit einem Schaumlöffel aus der Brühe heben und mit einem ganz scharfen Messer fein hacken.

4. Das Mehl mit der Milch verrühren und in die kochende Champignonbrühe rühren. 10 Minuten leicht köcheln lassen. Dabei die Suppe mit einem flachen Holzlöffel umrühren und darauf achten, daß am Topfboden nichts von der Flüssigkeit ansetzt.

5. Die Suppe mit der Sahne, Salz, Pfeffer, Kerbel und Worcestersoße abschmecken.

6. Zum Schluß die restlichen Champignonscheiben roh unter die Suppe ziehen, die Suppe einmal umrühren und heiß servieren.

Tip: Wer keinen Mixstab besitzt, kann die Pilze auch durch den Fleischwolf drehen oder im Mixer zerkleinern. Am praktischsten ist aber auf jeden Fall der Mixstab!

Avocadorahmsuppe

*Hier ist ein Rezept für eine ungewöhnliche Suppe,
die Sie erst kurz vor dem Servieren fertigstellen sollten.
Wenn Sie die Suppe zu lange warm halten, lösen sich die ätherischen
Öle aus der Avocado, und die Suppe wird bitter.*

1 Zwiebel schälen und in feine Würfel schneiden. In einem großen Topf das Mehl 2 Minuten leicht rösten. Zwiebelwürfel dazugeben und kurz mitrösten. Den Topf vom Herd nehmen und die angeröstete Mehl-Zwiebel-Mischung 2 Minuten abkühlen lassen.

2 Die Mehl-Zwiebel-Mischung mit der kalten Brühe auffüllen. Mit einem Schneebesen glattrühren und unter ständigem Rühren mit einem flachen Holzlöffel zum Kochen bringen. Mit Salz, Pfeffer und Worcestersoße würzen. 10 Minuten leicht köcheln lassen.

3 In der Zwischenzeit die Avocado halbieren, den Stein entfernen und das Fruchtfleisch mit einem Löffel aus der Schale lösen. 1 Drittel vom Avocadofleisch in feine Würfel schneiden. Den Rest grob zerkleinern und zusammen mit der Milch in ein hohes Gefäß geben. Mit dem Mixstab fein pürieren.

4 Avocadopüree mit dem Mixstab in die Suppe rühren. Die Avocadorahmsuppe auf 4 Teller verteilen und mit den Avocadowürfeln garnieren. Sofort servieren.

**Avocados müssen reif sein. Das erkennen
Sie an der leicht bräunlichen Schale. Außerdem
fühlt sich eine vollreife Frucht rundum weich
an und gibt auf leichten Fingerdruck nach.
Feste, unreife Früchte reifen schnell nach, wenn Sie
diese auf die Heizung legen oder zusammen mit
Bananen oder Äpfeln aufbewahren.**

Klassisches Rezept	9
Pfunds Kur Rezept	6
Exklusiv	

| Vorbereiten: | 5 Min. |
| Garen: | 15 Min. |

1	Zwiebel
30 g	Mehl
3/4 l	Geflügelbrühe
	Salz, Pfeffer
	Worcestersoße
1	Avocado
0,1 l	Milch

55

Forellenrahmsüppchen

Eine ungewöhnliche, exquisite Suppe mit dem unnachahmlichen Geschmack von geräucherten Forellen. Mit Wacholderholz geräucherte Forellen, verleihen dem Fischfleisch ein besonders feines Aroma.

Klassisches Rezept 8
PfundsKur Rezept 4
Unkompliziert

| Vorbereiten: | 10 Min. |
| Garen: | 25 Min. |

2	geräucherte Forellenfilets
1	Zwiebel
100 g	Knollensellerie
20 g	Mehl
½ l	Gemüsebrühe
0,2 l	Weißwein
	Salz, Pfeffer
100 g	Sahne

1 Die Haut von den geräucherten Forellenfilets abziehen und in Streifen schneiden. Das Forellenfleisch würfeln und in den Kühlschrank stellen. Zwiebel und Sellerie schälen und in feine Würfel schneiden oder raspeln.

2 Das Mehl in einem Topf ohne Fett 2 Minuten hell anrösten. Vom Herd nehmen und das Mehl 2 Minuten erkalten lassen. Zwiebel, Sellerie und Forellenhaut dazugeben.

3 Mit der kalten Gemüsebrühe und dem Weißwein auffüllen. Alles mit dem Schneebesen glattrühren und die Suppe unter ständigem Rühren mit einem flachen Holzlöffel zum Kochen bringen. Mit Salz und Pfeffer würzen und 20 Minuten köcheln lassen.

4 Die Sahne steifschlagen und die Forellensuppe mit einem Mixstab schaumig rühren. Dabei die Hälfte der geschlagenen Sahne vorsichtig unter die Suppe rühren.

5 Die Forellenwürfel auf 4 vorgewärmte Teller verteilen, die restliche Schlagsahne gleichmäßig darüber verteilen und mit der heißen Rahmsuppe übergießen.

Tipp: Tauschen Sie bei dieser Suppe Knollensellerie gegen Staudensellerie aus, das schmeckt besonders edel!

Spargelcremesuppe mit Eierstich

Werfen Sie die Spargelschalen, die beim nächsten Spargelessen anfallen, nicht weg! Daraus können Sie eine köstliche Suppe bereiten. Selbst der Spargelsud ist eine wunderbare Suppengrundlage.

1 Für den Eierstich soviel Milch wie Eiermenge verwenden: Die Eier aufschlagen, in einen Meßbecher geben und mit der gleichen Menge Milch auffüllen. Die Eiermilch mit Salz, Pfeffer sowie Muskat würzen und mit einem Schneebesen kräftig verquirlen.

2 Die Eiermilch durch ein ganz feines Haarsieb (Teesieb) in Tassen füllen und im heißen Wasserbad zugedeckt 30 Minuten knapp unter dem Siedepunkt stocken lassen. Tassen aus dem Wasserbad nehmen und den Eierstich abkühlen lassen. Aus den Tassen nehmen und in Würfel schneiden.

3 Für die Suppe die Spargelschalen waschen, in einen Topf geben, das Wasser dazugießen und 15 Minuten kochen. Mit dem Gemüsebrühwürfel, Salz und Pfeffer würzen. Gegebenenfalls den fertigen Spargelsud erhitzen und die Gewürze zufügen.

4 Die Spargelbrühe durch ein Haarsieb in einen anderen Topf gießen und wieder zum Kochen bringen. Das Mehl mit der Milch anrühren und in die kochende Suppe gießen, um diese damit zu binden. Anschließend alles 10 Minuten köcheln lassen.

5 Die Spargelsuppe mit Salz, Pfeffer sowie Worcestersoße abschmecken und mit der Sahne verfeinern. Mit dem Mixstab cremig aufschäumen. Auf 4 Teller verteilen, mit den Eierstichwürfeln garnieren und servieren.

Klassisches Rezept	6
PfundsKur Rezept	3
Pfiffig	

Vorbereiten:	40 Min.
Garen:	35 Min.

Eierstich:	
2	Eier
	Milch
	Salz, Pfeffer
	Muskat
Suppe:	
	Spargelschalen und
0,7 l	Wasser oder
0,7 l	Spargelsud
1	Gemüsebrühwürfel
	Salz, Pfeffer
30 g	Mehl
0,1 l	Milch
	Worcestersoße
60 g	Sahne

SUPPEN UND EINTÖPFE

Brokkolicremesuppe

*Brokkoli enthält relativ viel Beta-Carotin sowie
Vitamin C und Folsäure, außerdem den Mineralstoff Calcium.
Kochen Sie Brokkoli nur kurz, damit seine wertvollen Inhaltsstoffe
weitgehend erhalten bleiben.*

Klassisches Rezept	6
PfundsKur Rezept	3
Gesund	

Vorbereiten:	10 Min.
Garen:	25 Min.

250 g	Brokkoli
1	Zwiebel
0,7 l	Gemüsebrühe
30 g	Mehl
0,1 l	Milch
100 g	Sahne
	Salz, Pfeffer
	Worcestersoße

1 Den Brokkoli putzen, waschen und ganz kleine Röschen abschneiden. Diese bilden die gesunde Suppeneinlage.

2 Blätter und Blättchen von den dünnen Stielen zupfen und beiseite legen. Dünne und mittlere Stiele kleinschneiden. Die dicken Stiele sollte man nicht verwenden. Die Zwiebel schälen und würfeln.

3 Die kleingeschnittenen Stiele und Blättchen mit den Zwiebelwürfeln in einen Topf geben. Die Brühe zufügen und alles etwa 15 Minuten im geschlossenen Topf kochen.

4 In der Zwischenzeit das Mehl mit der kalten Milch verrühren. Nach 15 Minuten Garzeit die Suppe mit dem Mixstab fein pürieren und das angerührte Mehl unterrühren.

5 Die Suppe bei schwacher Hitze 8 Minuten köcheln lassen. Dabei gelegentlich umrühren. Sahne nach und nach zugießen und die Suppe mit dem Mixstab aufschäumen. Die Brokkoliröschen in die Suppe geben und alles nochmals 2 Minuten kochen lassen.

Auf diese Weise können Sie auch andere Kohlsorten mit Röschen, z.B. Blumenkohl oder Romanesco zubereiten. Garnieren Sie die Suppe mit gerösteten Mandeln oder Pinienkernen (Fettauge sei wachsam!). Diese lassen sich ohne Fett in einer Pfanne rösten. Tip

Spinatsuppe mit Shrimps

Diese Suppe beweist, daß Spinat und Shrimps eine leckere Kombination ergeben. Sie ist ganz einfach zubereitet und schmeckt anstelle von Shrimps auch mit orangegelbem Lachskaviar (Keta-Kaviar) sehr gut.

1 Die Kartoffeln waschen, schälen und in dünne Scheiben hobeln. Den Spinat putzen, waschen und grob hacken.

2 Die Gemüsebrühe in einem Topf erhitzen, die Kartoffelscheiben hineingeben und 15 Minuten darin garen. 2 Minuten vor Ende der Garzeit den Spinat zufügen.

3 Die Suppe mit Salz, Pfeffer, frisch gemahlener Muskatnuß und Knoblauch abschmecken. Mit dem Mixstab fein pürieren. Zum Schluß die Crème fraîche in die Spinatsuppe geben und mit dem Schneebesen oder dem Mixstab schaumig rühren.

4 In vorgewärmte Suppentassen oder Teller jeweils 1 Eßlöffel Shrimps füllen und die heiße Suppe darüber schöpfen.

Klassisches Rezept	5
PfundsKur Rezept	2
Raffiniert	

Vorbereiten:	**10 Min.**
Garen:	**15 Min.**

150 g	Kartoffeln
250 g	frischer Spinat
0,7 l	Gemüsebrühe
	Salz, Pfeffer
	Muskat
	Knoblauchpulver
80 g	Crème fraîche
80 g	Shrimps

Tip: Zum Erwärmen der Shrimps genügt es, sie kurz vor dem Servieren mit der heißen Flüssigkeit zu übergießen. Durch Kochen werden sie nämlich hart und trocken.

Zucchinisuppe mit Paprika

*Zucchini schmecken bißfest gegart am besten.
Geben Sie deshalb, wie im Rezept beschrieben, die rohen Zucchiniraspel
erst kurz vor Ende der Garzeit in die Suppe. Sie verleihen
der Suppe den richtigen Pfiff.*

Klassisches Rezept 5

PfundsKur Rezept 2

Raffiniert

Vorbereiten: 10 Min.
Garen: 25 Min.

200 g	Kartoffeln
600 g	Zucchini
1	Zwiebel
3/4 l	Gemüsebrühe
	Salz, Pfeffer
	Majoran
1	rote Paprikaschote
10 g	Butter
20 g	Sahne

1 Kartoffeln waschen, schälen und in 1 cm dicke Würfel schneiden. Die Zucchini putzen und waschen. Die Hälfte in Scheiben und die übrigen in feine Streifen schneiden oder raspeln. Zwiebel schälen und fein würfeln.

2 Die Gemüsebrühe in einen Topf geben und zum Kochen bringen. Die Kartoffelwürfel zusammen mit den gewürfelten Zwiebeln und den Zucchinischeiben zufügen. Alles 15 Minuten leicht köcheln lassen. Mit Salz, Pfeffer und Majoran würzen.

3 Inzwischen die Paprikaschote putzen, waschen und das Fruchtfleisch in Würfel schneiden. Die Butter in einem Töpfchen erhitzen und die Paprikawürfel mit wenig Gemüsebrühe darin 2 Minuten dünsten.

4 Die weichgekochten Kartoffeln und Zucchini in der Suppe mit einem Mixstab fein pürieren. Sahne zugeben und abschmecken.

5 Kurz vor dem Servieren die fein geraspelten Zucchinistreifen in die Suppe rühren. 1 Minute leicht köcheln lassen. Die Paprikawürfel auf 4 angewärmte Teller verteilen und die heiße Suppe darüber schöpfen.

Stellen Sie sich beim Kochen eine hohe Schüssel oder einen Meßbecher mit heißem Wasser neben den Herd. Darin können Sie Holzlöffel und Schöpfer, die Sie benötigen, aufbewahren. Auch der Mixstab läßt sich so nach jedem Gebrauch gut reinigen. *tip*

Fränkische Kartoffelsuppe

Kartoffelsuppe ist immer ein beliebtes, schnelles Gericht. Für diese Suppe benötigen Sie keinen Speck. Wenn Sie nicht auf Wurst verzichten möchten, so beachten Sie die zusätzlichen Fettaugen: Ein Wiener Würstchen (70 g) enthält sechs Fettaugen!

1 Die Zwiebeln schälen und fein würfeln. In einem großen Topf das Sonnenblumenöl erhitzen und die Zwiebeln darin anbraten.

2 Kartoffeln und Karotten waschen, schälen und in grobe Würfel schneiden. Zu den Zwiebeln geben und das Ganze mit der Fleischbrühe auffüllen. Die Suppe mit Salz, Pfeffer und reichlich Thymian würzen.

3 Die Knoblauchzehen schälen und grob würfeln. In den Topf zur Suppe geben und alles so lange kochen, bis die Kartoffeln gar sind. Das dauert etwa 25 Minuten.

4 In der Zwischenzeit die Sonnenblumenkerne ohne Fett in einer Pfanne rösten.

5 Die Suppe mit dem Mixstab pürieren. Die gefrorenen Erbsen dazugeben und etwa 5 Minuten mitkochen. Die Suppe mit etwas Worcestersoße abschmecken.

6 Die Kartoffelsuppe auf 4 Teller verteilen, mit den gerösteten Sonnenblumenkernen bestreuen und einen Klecks Crème fraîche daraufgeben. Sofort servieren.

Verwenden Sie möglichst frischen Thymian! Wenn Sie getrockneten nehmen, achten Sie darauf, daß er nicht überlagert ist sowie dunkel und gut verschlossen aufbewahrt wurde. Der Geschmack dieser Suppe hängt wesentlich vom Thymian ab. *Tip*

Klassisches Rezept 8
PfundsKur Rezept 4
Herzhaft

Vorbereiten: 15 Min.
Garen: 35 Min.

3	Zwiebeln
1 EL	Sonnenblumenöl
300 g	mehligkochende Kartoffeln
200 g	Karotten
0,7 l	Fleischbrühe
	Salz, Pfeffer
	Thymian
5	Knoblauchzehen
3 EL	Sonnenblumenkerne
100 g	TK-Erbsen
	Worcestersoße
20 g	Crème fraîche

SUPPEN UND EINTÖPFE

Kräutersuppe

Die Basis für diese Suppe bilden Kartoffeln. Nehmen Sie mehligkochende, denn sie enthalten viel Stärke. Garnieren Sie die Suppe mit eßbaren Kräuterblüten, zum Beispiel Borretsch, Ringelblume, Kapuzinerkresse oder Gänseblümchen.

Klassisches Rezept 4

PfundsKur Rezept 2

Schnell

Vorbereiten: 10 Min.
Garen: 15 Min.

300 g	Kartoffeln
1	Zwiebel
1	Knoblauchzehe
1 Bund	Schnittlauch
1 Bund	Petersilie
1 Handvoll	Kerbel
1	Liebstöckel
1	Estragonzweig
mehrere	Oreganozweiglein
¾ l	Gemüsebrühe
	Salz, Pfeffer
40 g	Sahne
evtl.	Kräuterblüten

1 Die Kartoffeln waschen, schälen und in Würfel schneiden. Die Zwiebel und den Knoblauch schälen. Die Zwiebel fein würfeln und den Knoblauch pressen oder hacken.

2 Die Kräuter waschen. Den Schnittlauch in Röllchen schneiden und die übrigen Kräuter ohne harte Stengel hacken.

3 Die Kartoffeln mit den Zwiebeln, dem Knoblauch und der Gemüsebrühe in einen Topf geben. 10 Minuten kochen. Ein wenig von den gehackten Kräutern zum Garnieren beiseite legen. Die restlichen nach 5 Minuten Kochzeit in die Suppe geben.

4 Wenn die Kartoffeln gar sind, die Suppe mit dem Mixstab pürieren und bei Bedarf mit wenig Salz und Pfeffer nachwürzen.

5 Die Sahne leicht schlagen. Die Suppe in Teller oder Suppentassen füllen, etwas leicht geschlagene Sahne darauf geben und mit den restlichen Kräutern und eventuell einer schönen Kräuterblüte garnieren.

Diese Suppe können Sie auch zubereiten, wenn es keine frischen Kräuter gibt. Verwenden Sie dann 1 Packung gemischte tiefgefrorene Kräuter.

Besonders raffiniert schmeckt die Kräutersuppe, wenn Sie gehackte Wildkräuter zufügen, wie z.B. Bärlauch.

Tip

Karottenpüreesuppe

Eine farbenfrohe, köstliche Kombination aus Karotten und Kartoffeln, die vor allem bei kleinen Kindern gut ankommt, aber auch bei allen anderen, die vielleicht mal keinen rechten Appetit haben.

1 Die Zwiebel schälen und in feine Würfel schneiden. Die Karotten waschen, schälen und in feine Streifen schneiden oder raspeln. 1 Viertel der zerkleinerten Karotten als Suppeneinlage beiseite stellen.

2 In einem großen Topf die Butter erhitzen und die Zwiebelwürfel darin andünsten. Die restlichen Karottenstreifen dazugeben und kurze Zeit in der Butter mitrösten.

3 Zwiebeln und Karotten mit der Gemüsebrühe auffüllen und zum Kochen bringen. 10 Minuten leicht köcheln lassen.

4 Die Kartoffeln waschen, schälen und auf einer Raspel in feine Streifen reiben. In die kochende Karottensuppe geben und diese weitere 10 Minuten köcheln lassen. Mit Salz, Pfeffer und Liebstöckel würzen.

5 Die Sahne dazugießen und die Suppe mit dem Mixstab fein pürieren und aufschäumen. Die restlichen Karottenstreifen als Einlage in die Suppe geben und 5 Minuten darin ziehen lassen. Zum Schluß mit Zucker und Worcestersoße abschmecken.

Klassisches Rezept	6
PfundsKur Rezept	2
Gesund	

Vorbereiten:	**10 Min.**
Garen:	**30 Min.**

1	Zwiebel
3	Karotten
10 g	Butter
0,8 l	Gemüsebrühe
100 g	Kartoffeln
	Salz, Pfeffer
	Liebstöckel
60 g	Sahne
	Worcestersoße
	Zucker

Tip: Wenn Sie Gemüsebrühwürfel verwenden, müssen Sie diese nicht vorher im Wasser auflösen. Füllen Sie das Gericht einfach nur mit Wasser auf und geben Sie die erforderliche Brühwürfelmenge dazu.

SUPPEN UND EINTÖPFE

Klare Tomatensuppe

*Wenn die Tomaten im Sommer reif sind, sollten Sie diese Suppe zubereiten.
Während der Garzeit können Sie sich um andere Dinge kümmern.
Geben Sie ein paar frische Tomatenwürfel zum Schluß in die Suppe und
garnieren Sie sie mit Gorgonzola-Croûtons.*

Klassisches Rezept 3
PfundsKur Rezept 2
Raffiniert

Vorbereiten: 5 Min.
Garen: 55 Min.

8	reife Tomaten
1	Knoblauchzehe
3/4 l	Fleischbrühe
1 EL	Tomatenmark
	Salz, Pfeffer
1	Thymianzweig
1	Basilikumzweig
40 g	Gorgonzola
2 Scheiben	Toastbrot
1 EL	Butter

1 Tomaten waschen und in grobe Würfel schneiden. Knoblauch schälen und hacken. Brühe in einem Topf zum Kochen bringen.

2 Die Tomatenwürfel mit dem Tomatenmark und dem gehackten Knoblauch in einem zweiten Topf mischen. Salz und Pfeffer sowie den Basilikum- und Thymianzweig dazugeben.

3 Vorsichtig die heiße Fleischbrühe zu der Tomatenmischung gießen und die Suppe 45 Minuten knapp unter dem Siedepunkt im geschlossenen Topf ziehen lassen. Achtung: Die Suppe darf nicht kochen!

4 Inzwischen den Gorgonzola fein würfeln. Das Toastbrot würfeln und in einer Pfanne mit der Butter und dem Käse rösten.

5 Die klare Tomatensuppe vorsichtig durch ein feines Haarsieb geben und durchlaufen lassen. In die Teller verteilen, mit den Croûtons bestreuen und sofort servieren.

Tip

Damit die Tomatensuppe während des Garens wirklich nicht kocht, können Sie die Tomaten mit den anderen Zutaten in ein oder zwei Einmachgläser füllen und die heiße Brühe darüber geben. Die verschlossenen Gläser in ein Wasserbad stellen und am Siedepunkt ziehen lassen. Diese Methode ist sicherer, als das Garen direkt im Topf. Außerdem brauchen Sie die Suppe dann nicht ständig im Auge zu behalten.

Tomatencremesuppe

*Die Basis für diese Suppe besteht aus frischen Tomaten.
Im Sommer lohnt es sich dafür, Tomatenpüree aus aromatischen
Früchten herzustellen und einzufrieren. Ersatzweise können
Sie für die Suppe auch Tomaten aus der Dose verwenden.*

1 Die Tomaten an der oberen Seite kreuzförmig einritzen und den Strunk herausschneiden. Mit einem Drahtlöffel die Tomaten etwa 5–10 Sekunden in kochendes Wasser halten, dann die Haut abziehen. Die Tomaten halbieren, die Kerne herausdrücken und das Tomatenfleisch in Würfel schneiden.

2 Die Zwiebel schälen und fein würfeln. Karotte und Sellerie waschen, putzen, schälen und in feine Würfel schneiden.

3 Die Butter in einem großen Topf erhitzen und das zerkleinerte Gemüse darin anbraten. Die Tomatenwürfel dazugeben und ebenfalls in der Butter kurz mitbraten.

4 Die Fleischbrühe zum Gemüse in den Topf gießen. Mit Salz, Pfeffer und Zucker würzen und je 1 Zweig Thymian, Rosmarin und Liebstöckel zufügen. Dann die Suppe im geschlossenen Topf bei kleiner Hitze etwa 15 Minuten leicht köcheln lassen.

5 Die Kräuterzweige entfernen und mit dem Mixstab oder im Mixer die Suppe pürieren. Mit der Crème fraîche verfeinern. Mit gezupften Basilikumblättchen garnieren.

Klassisches Rezept	11
PfundsKur Rezept	5

Sehr beliebt

Vorbereiten:	15 Min.
Garen:	20 Min.

800 g	reife Tomaten
1	Zwiebel
1	Karotte
1/4	Knollensellerie
20 g	Butter
0,6 l	Fleischbrühe
	Salz, Pfeffer
	Zucker
1	Thymianzweig
1	Liebstöckelzweig
1	Rosmarinzweig
100 g	Crème fraîche
einige	Basilikumblättchen

Tip
Sahne oder Milch gerinnt manchmal, wenn sie an Tomatensuppe oder -soße gegeben wird. Hier hilft der Mixstab. Durch die schnelle Umdrehung des Schneidemessers wird auch Geronnenes wieder schön cremig.

65

SUPPEN UND EINTÖPFE

Hühnersuppe mit Schinkenklößchen

Eine klare Brühe mit Milch zu verfeinern, mag Ihnen ungewöhnlich vorkommen, ist aber gerade bei dieser Suppe das Interessante. Pfiffig bei diesem Rezept sind die Schinkenklößchen, die Sie problemlos am Vortag zubereiten können.

Klassisches Rezept 6
PfundsKur Rezept 4
Raffiniert

Vorbereiten: 10 Min.
Garen: 45 Min.

1	Karotte
1/4	Knollensellerie
1/2	Lauchstange
1	Zwiebel
1/2	Bund Petersilie
1	Hähnchenkeule
0,8 l	Wasser
	Salz, Pfeffer, Muskat Liebstöckel
0,1 l	Milch

Klößchen:

1	Milchbrötchen vom Vortag
30 g	gekochter Schinken
20 g	Butter
1	Ei
	Salz, Muskat
	evtl. 1–2 EL Semmelbrösel

1. Karotten und Sellerie putzen, waschen, schälen und in mittlere Würfel schneiden. Die Schalen beiseite legen. Den Lauch waschen, das Grüne zu den Gemüseschalen geben, das Weiße in Ringe schneiden.

2. Die Zwiebel waschen und mit der Schale in grobe Würfel schneiden. Die Petersilie von den Stengeln zupfen, waschen und fein hacken. Stengel nicht wegwerfen!

3. Die Hähnchenkeule mit den Gemüseresten, Zwiebelwürfeln und Petersilienstengeln in einen Topf geben und mit dem Wasser aufgießen. Die Gewürze unterrühren und die Suppe bereits im kalten Zustand abschmecken. Zum Kochen bringen und 30 Minuten bei schwacher Hitze köcheln lassen.

4. Für die Klößchen das Milchbrötchen in Würfel schneiden und in wenig lauwarmem Wasser einweichen. Den gekochten Schinken in ganz feine Würfelchen schneiden. Das Brötchen kräftig ausdrücken.

5. Butter und Ei schaumig rühren, dann nach und nach das eingeweichte, gut ausgedrückte Brötchen und die Schinkenwürfel zugeben. Mit Salz und Muskat würzen. Wenn die Klößchenmasse zu feucht ist, diese mit 1–2 EL Semmelbrösel binden.

6 Nach der angegebenen Garzeit die Hähnchenkeule aus der Brühe nehmen und in kaltes Wasser legen. Die Brühe durch ein Haarsieb in einen Topf gießen, 0,1 l Milch und das kleingeschnittene Gemüse dazugeben. 10 Minuten leicht köcheln lassen. Bei Bedarf etwas nachwürzen.

7 Aus der Klößchenmasse mit 2 Teelöffeln Klößchen formen und in die köchelnde Hühnersuppe legen. Einmal kräftig aufkochen lassen, dann mit 2 Eßlöffeln kalter Milch ablöschen. Den Herd ausschalten und die Suppe noch 5 Minuten ziehen lassen.

8 Die Hähnchenkeule enthäuten, das Fleisch in Würfel schneiden und in die Suppe geben. Die Suppe auf 4 Teller verteilen, mit der Petersilie bestreuen und servieren.

Tip: Legen Sie gekochtes Geflügel immer in kaltes Wasser, dann läßt sich die Haut besser ablösen.

SUPPEN UND EINTÖPFE

Geröstete Grießsuppe

*Eine beliebte, köstliche Suppe, die Sie mit Eierstich
(s. Seite 57 „Spargelcremesuppe") verfeinern können.
Diese einfache Suppe ist schnell zubereitet und erhält durch den
gerösteten Grieß ihren interessanten Geschmack.*

Klassisches Rezept	6
PfundsKur Rezept	2

Einfach

Vorbereiten:	5 Min.
Garen:	15 Min.

1	Zwiebel
10 g	Öl
30 g	Hartweizengrieß
0,8 l	Fleischbrühe
	Salz, Pfeffer
	Muskat
1 Bund	Schnittlauch
10 g	Butter

1 Die Zwiebel schälen und in feine Würfel schneiden. Das Öl in einem ausreichend großen Topf erhitzen und den Grieß darin langsam hellbraun rösten.

2 Bevor der Grieß eine hellbraune Farbe angenommen hat, die Zwiebelwürfel zufügen und kurz im Öl mitrösten.

3 Den Grieß mit der kalten Fleischbrühe auffüllen und mit Salz, Pfeffer und frisch gemahlener Muskatnuß würzen. So lange bei schwacher Hitze köcheln lassen, bis der Grieß weich ist. Das dauert etwa 10 Minuten.

4 Den Schnittlauch waschen und in feine Röllchen schneiden. Kalte Butterstückchen mit dem Schneebesen unter die Grießsuppe rühren. Die Suppe mit dem Schnittlauch bestreuen und servieren.

Tip: Wenn Sie statt der selbstgemachten Fleischbrühe, aus Extrakt hergestellte Brühe verwenden, sollten Sie die Suppe mit frisch geraspeltem Gemüse verfeinern. Dafür eignen sich zum Beispiel Lauch-, Karotten- und Selleriestreifen, die Sie bei Schritt 3 des Rezepts zur Suppe geben.

Grünkernsuppe mit Walnüssen

Diese Suppe können Sie sehr schnell zubereiten. Variieren Sie die Gemüsesorten nach der Jahreszeit und verwenden Sie am besten frisch geschroteten Grünkern (aus dem Bioladen oder dem Reformhaus) oder Grünkerngrieß.

1 Die Zwiebel schälen und in feine Würfel schneiden. Die Walnüsse grob hacken. Die Petersilie waschen und fein hacken.

2 In einem Topf die Butter erhitzen und die Zwiebelwürfel darin glasig dünsten. Den Grünkernschrot bzw. -grieß zugeben und etwa 2 Minuten mitrösten.

3 Die kalte Gemüsebrühe auf einmal zum Grünkernschrot gießen, mit dem Schneebesen glattrühren und zum Kochen bringen. 10 Minuten leicht köcheln lassen und dabei mit einem flachen Holzlöffel umrühren, damit nichts am Topfboden ansetzt.

4 Die Suppe mit Salz und Pfeffer abschmecken. Mit Crème fraîche und den Walnüssen verfeinern. Zum Schluß mit Petersilie bestreuen und sofort servieren.

Klassisches Rezept	7
PfundsKur Rezept	5
Köstlich	

Vorbereiten:	**5 Min.**
Garen:	**15 Min.**

1	*Zwiebel*
4	*Walnüsse*
	Petersilie
15 g	*Butter*
60 g	*Grünkernschrot oder -grieß*
0,8 l	*Gemüsebrühe*
	Salz, Pfeffer
50 g	*Crème fraîche*

Diese Suppe können Sie auch mit anderen geschroteten Getreidekörnern zubereiten, allerdings paßt der nussige Grünkerngeschmack am besten dazu.

SUPPEN UND EINTÖPFE

Selleriesuppe mit Quarkklößchen

*Knollensellerie verleiht Brühen und Soßen nicht nur
einen guten Geschmack. Als Hauptzutat bildet die gesunde Knolle
eine köstliche Suppenbasis und Quarkklößchen geben der Suppe
einen besonderen Pfiff.*

Klassisches Rezept 7
PfundsKur Rezept 4

Pfiffig

Vorbereiten: 15 Min.
Garen: 25 Min.

Suppe:	
250 g	Knollensellerie
1	Zwiebel
0,7 l	Gemüsebrühe
20 g	Mehl
0,1 l	Milch
	Salz, Pfeffer
	Worcestersoße
50 g	Sahne

Quarkklößchen:	
10 g	Butter
0,1 l	Milch
30 g	Mehl
100 g	Magerquark
	Petersilie
1	Ei
	Salz, Muskat

1 Den Sellerie putzen, waschen, schälen und in feine Streifen schneiden oder raspeln. Etwas vom Blattgrün fein hacken und für die Garnitur beiseite stellen. Die Zwiebel schälen und in feine Würfel schneiden.

2 Die Gemüsebrühe mit den Selleriestreifen und den Zwiebelwürfeln in einen Topf geben und zum Kochen bringen. In 15 Minuten bei schwacher Hitze weichkochen.

3 Das Mehl mit der Milch verrühren und in die kochende Suppe rühren. Die Suppe weitere 5 Minuten kochen lassen. Mit Salz, Pfeffer und Worcestersoße abschmecken. Zugedeckt beiseite stellen.

4 Für die Quarkklößchen Butter und Milch zusammen in einem Topf aufkochen und unter ständigem Rühren mit einem Holzlöffel das Mehl zugeben. So lange rühren, bis sich der Teig vom Topfboden löst. Den so entstandenen festen Brandteig vom Herd nehmen und etwas abkühlen lassen.

5 Den Quark in ein Tuch geben und auspressen. Petersilie waschen und hacken. Anschließend den Quark und das Ei zum Brandteig geben und vermengen. Das geht ganz leicht mit den Knethaken des Handmixers.

6 Den Teig mit den Gewürzen und der Petersilie abschmecken. Reichlich Salzwasser in einem großen Topf zum Kochen bringen. Mit 2 Eßlöffeln Nocken vom Quarkteig abstechen. Diese ins kochende Salzwasser legen und leicht köcheln lassen, bis die Klößchen an der Oberfläche schwimmen. Weitere 5 Minuten ziehen lassen.

7 Die Selleriesuppe mit dem Mixstab fein pürieren. Dabei die Sahne zufügen. Die Quarkklößchen auf 4 Teller verteilen, die Suppe darüber schöpfen und mit dem Selleriegrün bestreuen. Sofort servieren.

Diese Suppe können Sie auch mit Staudensellerie auf die gleiche Art zubereiten. Die Quarkklößchen eignen sich auch als Einlage in Fruchtsuppen. Lassen Sie dann einfach Gewürze und Petersilie weg und geben Sie statt dessen etwas Zucker und abgeriebene Zitronenschale dazu. Tip

SUPPEN UND EINTÖPFE

Maissuppe

*Eine raffinierte, deftige Suppe mit einem besonderen Geschmack.
Den Bauchspeck können Sie auch weglassen, er verleiht der Suppe jedoch
ein feines Aroma. Wenn Sie die Suppe dünner mögen, dann verwenden
Sie nur eine Kartoffel.*

Klassisches Rezept 7
PfundsKur Rezept 3
Einfach

Vorbereiten:	15 Min.
Garen:	25 Min.

50 g	Bauchspeck
1	Zwiebel
1	Karotte
2	Kartoffeln
¼ l	Milch
½ l	Gemüsebrühe
	Salz, Pfeffer
1 Dose	Maiskörner
	Petersilie

1 Den Bauchspeck in feine Würfel schneiden. Die Zwiebel und Karotte putzen, schälen und fein würfeln. Die Kartoffeln waschen, schälen und grob raspeln.

2 Die Speckwürfel in einem großen Topf anrösten. Nach 2 Minuten die Zwiebeln, Karotten und Kartoffeln dazugeben und alles mit der Milch und der Gemüsebrühe ablöschen. Mit Salz und Pfeffer würzen.

3 Nach 5 Minuten die Hälfte der Maiskörner mit der Flüssigkeit in die Suppe geben. Die Suppe weitere 10 Minuten bei schwacher Hitze leicht köcheln lassen. In der Zwischenzeit die Petersilie waschen und hacken.

4 Die Suppe mit dem Mixstab fein pürieren und mit Pfeffer und Salz abschmecken. In 4 Teller füllen und mit den restlichen Maiskörnern sowie der Petersilie bestreuen.

Tip: Wenn Sie tiefgefrorene Maiskörner verwenden, müssen Sie die Suppe sowohl vor dem Pürieren, als auch danach, jeweils 5 Minuten länger kochen.

Gazpacho

Eine kalte Gemüsesuppe, die aus dem Süden Spaniens stammt und genau das richtige für heiße Sommertage ist. Wenn Sie die Suppe originalgetreu servieren möchten, füllen Sie sie mit Eiswürfeln in Trinkgläser!

1 Die Gurke waschen, schälen, halbieren und die Kerne mit einem Löffel herauskratzen. Die Paprikaschote waschen, Samen und Trennwände entfernen. Gurke und Paprika grob schneiden. Zwiebel und Knoblauchzehe schälen und in Würfelchen schneiden.

2 Die Tomaten oben kreuzförmig einritzen, den Strunk herausschneiden, dann etwa 10 Sekunden mit einem Drahtlöffel in kochendes Wasser halten und häuten. Die Tomaten halbieren, die Kerne herausdrücken und das Tomatenfleisch in grobe Würfel schneiden. 3 Scheiben Toastbrot im Wasser einweichen.

3 2 Drittel der Gurken- und Tomatenstücke sowie die Paprikastücke, Zwiebelwürfel und Knoblauch in ein hohes Gefäß geben. Brühe, Essig, Salz, Pfeffer und Tabascosoße zufügen. Mit dem Mixstab alles fein pürieren.

4 Unter ständigem Rühren mit dem Mixstab nach und nach das eingeweichte Toastbrot mit dem Wasser zugeben. Zum Schluß das Öl untermixen. Die Gazpacho mit Salz und Pfeffer abschmecken und mindestens 1 Stunde in den Kühlschrank stellen.

5 Die restlichen Gurken- und Tomatenstücke in Würfel schneiden. Zum Servieren 3 Scheiben Toastbrot im Toaster kräftig rösten und noch warm in Würfel schneiden. Toastbrot und Gemüsewürfel in Schälchen füllen und getrennt zur Gazpacho reichen.

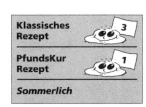

Klassisches Rezept	3
PfundsKur Rezept	1

Sommerlich

Vorbereiten:	20 Min.
Kühlzeit:	1 Std.

200 g	Salatgurke
1 kleine rote Paprikaschote	
1	Zwiebel
1	Knoblauchzehe
200 g	Tomaten
6 Scheiben Toastbrot	
0,1 l	Wasser
0,1 l	Fleischbrühe
1 EL	Essig
	Salz, Pfeffer
	Tabascosoße
1 EL	Olivenöl

Hühnersuppe mit Gemüse

Verwenden Sie statt eines Suppenhuhns lieber ein Hähnchen oder eine Poularde. Das Fleisch ist saftiger und die Garzeit kürzer. Werfen Sie die Zwiebel- und Gemüseschalen nicht weg, denn die Brühe erhält durch die Zugabe der Schalen ein kräftiges Aroma.

Klassisches Rezept 5
PfundsKur Rezept 2
Ein Genuß

Vorbereiten:	20 Min.
Garen:	40 Min.

2	Karotten
1/2	Sellerieknolle
1	Zwiebel
1	Lauchstange
	Petersilie
1 1/2 l	Wasser
1 Hähnchen (ca. 1200 g)	
	Salz, Pfeffer
	Muskat
	Liebstöckel
1	Brühwürfel
400 g	Kartoffeln

1 Karotten, Sellerie und Zwiebeln waschen und schälen. Schalen nicht wegwerfen. Lauch der Länge nach halbieren, waschen und den dunkelgrünen Teil zu den Schalen geben. Stengel von der Petersilie entfernen, ebenfalls zu den Schalen geben.

2 Hähnchen mit den Schalen in einen großen Topf mit kaltem Wasser geben. Salz, Pfeffer, Muskat, Liebstöckl und den Brühwürfel zufügen. Zum Kochen bringen und bei schwacher Hitze 30 Minuten köcheln lassen. Den dabei entstehenden Schaum abschöpfen.

3 Inzwischen Karotten und Sellerie in Streifen, Lauch in Ringe und Zwiebeln in Würfel schneiden. Petersilie waschen und hacken.

4 Kartoffeln waschen, schälen und in 2 cm große Würfel schneiden. In einem kleinen Topf in Salzwasser garen. Auf ein Sieb schütten und beiseite stellen.

5 Hähnchen aus der Brühe nehmen. Sofort in eine Schüssel mit kaltem Wasser legen, damit sich die Haut leicht abziehen läßt. Brühe entfetten und durch ein Haarsieb gießen. Eventuell nachwürzen.

6 Haut vom Hähnchen entfernen und Fleisch von den Knochen lösen. Das feingeschnittene Gemüse 5 Minuten in der Hühnerbrühe schwach köcheln lassen. Kartoffeln und Fleischstückchen zugeben. Mit Petersilie bestreuen.

Minestrone „Classico"

Diesen italienischen Gemüseeintopf können Sie das ganze Jahr über servieren. Verwenden Sie immer Gemüse der Saison. Wichtig ist, daß Sie den Parmesankäse, den Sie dazu reichen, frisch reiben!

1 Die getrockneten Bohnen über Nacht in kaltem Wasser einweichen. Am nächsten Tag in einem Topf mit Salzwasser 30 Minuten weich kochen. Das Kochwasser wegschütten und die Bohnen beiseite stellen.

2 Zwiebeln und Knoblauch schälen. Mit dem Speck klein würfeln. Kartoffeln schälen und in etwa 1x1 cm große Würfel schneiden.

3 Den Lauch putzen, waschen und in Ringe schneiden. Die Karotten und die Zucchini putzen, waschen und klein würfeln. Die Wirsingblätter waschen und in Streifen schneiden.

4 Tomaten 5–10 Sekunden mit einem Drahtlöffel in kochendes Wasser halten. Haut abziehen, Kerne entfernen, Tomatenfleisch würfeln. Die Butter in einem großen Topf zerlassen. Speck, Zwiebeln und Knoblauch dazugeben und anrösten. Die Kartoffelwürfel und die blanchierten Bohnen zufügen und mit der Fleischbrühe auffüllen. Bei schwacher Hitze 20 Minuten köcheln lassen.

5 Den Reis in die Suppe geben und 5 Minuten mitgaren lassen. Alle kleingeschnittenen Gemüse und die Erbsen sowie die Kräuter zufügen und die Minestrone weitere 10 Minuten leicht köcheln lassen.

6 Den Parmesan reiben. Die Minestrone mit Salz und Pfeffer abschmecken. Mit Parmesan bestreuen und servieren.

Klassisches Rezept 8
PfundsKur Rezept 6

Italienische Spezialität

Einweichen: über Nacht
Vorbereiten: 15 Min.
Garen: 1 Std. 5 Min.

75 g	weiße oder rote Bohnen
2	Zwiebeln
1	Knoblauchzehe
100 g	Bauchspeck
2	Kartoffeln
1	Lauchstange
2	Karotten
1	Zucchini
50 g	Wirsing
3	Fleischtomaten
1 EL	Butter
50 g	blanchierte grüne Bohnen
1 l	Fleischbrühe
70 g	Reis
50 g	Erbsen
	Petersilie, Basilikum
50 g	Parmesan
	Salz, Pfeffer

75

Gemüseeintopf mit Brätklößchen

Für diesen Eintopf können Sie verschiedene Gemüsesorten verwenden. Schneiden Sie das Gemüse in gleich große Stückchen, damit es gleichmäßig durchgart. Wenn es ganz schnell gehen soll, verwenden Sie Suppengemüse aus der Tiefkühltruhe.

Klassisches Rezept	5
PfundsKur Rezept	2

Schnell

Vorbereiten:	25 Min.
Garen:	15 Min.

1	Lauchstange
200 g	Knollensellerie
2	Karotten
3/4 l	Fleischbrühe
100 g	TK-Erbsen
1 Dose	Mais
	Salz, Pfeffer
	Muskat
1 Bund	Schnittlauch
	Brätklößchen:
	Petersilie
etwas	Estragon
150 g	Kalbsbrät

1 Lauchstange putzen, der Länge nach aufschlitzen, waschen und in Ringe schneiden. Sellerie und Karotten putzen, waschen, schälen und in dünne Scheiben schneiden.

2 In einem großen Topf die Fleischbrühe zum Kochen bringen. Lauch-, Sellerie- und Karottenstückchen zufügen und alles bei schwacher Hitze etwa 7 Minuten zugedeckt leicht köcheln lassen.

3 Inzwischen die Brätklößchen zubereiten. Dafür die Petersilie waschen, fein hacken und zusammen mit etwas Estragon unter die Kalbsbrätmasse kneten. Mit 2 Teelöffeln aus der Masse Klößchen formen. Diese direkt in die Gemüsesuppe geben und 2 Minuten bei schwacher Hitze darin ziehen lassen.

4 Nun die gefrorenen Erbsen in die Suppe geben, weiterkochen und nach weiteren 2 Minuten den abgetropften Mais. Den Eintopf mit Salz, Pfeffer und Muskat abschmecken.

5 Den Schnittlauch waschen, in Röllchen schneiden und kurz vor dem Servieren den Eintopf damit bestreuen.

Tip: Die Brätklößchen können Sie auch weglassen und statt dessen frische Pfifferlinge oder Champignonscheiben in den Eintopf geben.

Erbseneintopf

Hülsenfrüchte sättigen und schmecken gut. Ein wenig Speck hebt den Geschmack. Halbe, grüne, geschälte Erbsen müssen nicht eingeweicht werden. Ganze Erbsen müssen Sie in viel Wasser etwa eine Stunde einweichen. Das Einweichwasser wegschütten!

1 Die Erbsen waschen, mit der Fleischbrühe in einen Topf geben, zum Kochen bringen und etwa 30 Minuten leicht köcheln lassen.

2 In der Zwischenzeit die Zwiebel schälen und würfeln. Karotten und Sellerie putzen, waschen, schälen und ebenfalls fein würfeln.

3 Speck und Zwiebelwürfel in einer beschichteten Pfanne anbraten, in die Erbsensuppe geben und verrühren. Für weitere 20 Minuten köcheln lassen.

4 Anschließend Karotten, Sellerie und Lauch dazugeben. Den Eintopf nochmals 10 Minuten kochen. Inzwischen die Petersilie waschen, hacken und in ein Schälchen füllen.

5 Die Toastbrotscheiben im Toaster kräftig rösten, in Würfel schneiden und ebenfalls in ein Schälchen geben.

6 Den Eintopf mit Pfeffer, Salz sowie Zucker abschmecken. Röstbrotwürfel und Petersilie zum Eintopf reichen.

Klassisches Rezept	8
PfundsKur Rezept	4

Deftig

Vorbereiten:	**20 Min.**
Garen:	**1 Std.**

400 g	*grüne, geschälte halbe Erbsen*
1 l	*Fleischbrühe*
1	*Zwiebel*
2	*Karotten*
1/2	*Knollensellerie*
1/2	*Lauchstange*
60 g	*Bauchspeck*
1 Bund	*Petersilie*
2 Scheiben	*Toastbrot*
	Salz, Pfeffer
	Zucker

Auf diese Art können Sie auch einen Linsen- oder Bohneneintopf zubereiten. Allerdings müssen die Bohnen unbedingt über Nacht eingeweicht werden.

Röstbrotwürfel aus Weizen- oder Roggenmischbrot schmecken besonders würzig. Wenn Sie die Brotscheiben im Toaster rösten, benötigen Sie kein Fett.

SUPPEN UND EINTÖPFE

Gaisburger Marsch

Selbst dieser schmackhafte schwäbische Eintopf läßt sich mit weniger Fettaugen zubereiten. Spätzle gehören unbedingt dazu. Wenn Sie das Gericht im Schnellkochtopf kochen, beträgt die Garzeit nur 50 Minuten!

Klassisches Rezept 10
PfundsKur Rezept 5

Klassisch

| Vorbereiten: | 15 Min. |
| Garen: | 1 Std. 30 Min. |

3	Zwiebeln
2	Karotten
1/2	Knollensellerie
1/2	Lauchstange
500 g	Rinderknochen
1 1/2 l	Wasser
	Salz, Pfeffer
	Muskat
500 g	Rinderbug (Blatt)
10 g	Butter
1 Bund	Schnittlauch
400 g	Kartoffeln
	Spätzle:
300 g	Mehl
2	Eier
1 TL	Salz
	wenig Wasser (3–4 Eischalen-hälften)

1 1 ungeschälte Zwiebel halbieren und mit den Schnittflächen nach unten in einer Pfanne ohne Fett anrösten. Dadurch erhält die Brühe später eine schöne Farbe.

2 Karotten, Sellerie und Lauch putzen und waschen. Karotten und Sellerie sowie eine halbe Lauchstange in grobe Würfel schneiden.

3 Knochen, Gemüse und Zwiebelhälften mit dem kalten Wasser in einen Topf geben und alles zum Kochen bringen. Mit Salz, Pfeffer und Muskat würzen. Den entstandenen Schaum von der Oberfläche schöpfen.

4 Das Rindfleisch in die kochende Flüssigkeit geben, den Deckel vom Topf schließen und das Fleisch etwa 1 1/2 Stunden bei schwacher Hitze garen.

5 Die beiden übrigen Zwiebeln schälen und in Ringe schneiden. In einer Pfanne die Butter erhitzen und die Zwiebeln darin goldgelb rösten. Den Schnittlauch waschen und in feine Röllchen schneiden.

6 Die Kartoffeln waschen, schälen und in etwa 1 cm große Würfel schneiden. Die Kartoffelwürfel in Salzwasser garen.

7 Aus Mehl, Eiern, Salz und Wasser mit dem Holzlöffel einen zähen Spätzleteig schlagen, bis er Blasen wirft. Den Teig entweder in kochendes Salzwasser vom Brett schaben oder mit der Spätzlepresse hineindrücken.

8 Sobald die Spätzle oben schwimmen, diese sofort mit dem Schaumlöffel herausnehmen und in kaltes Salzwasser legen. Die gut durchgekühlten Spätzle in einen Durchschlag schütten und sehr gut abtropfen lassen.

9 Das Fleisch nach der Garzeit aus dem Topf nehmen und auf ein Schneidbrett legen. Die Brühe vorsichtig durch ein Haarsieb schöpfen und entfetten (s. Seite 26). Das Fleisch in 2 cm große Würfel schneiden.

10 Die Spätzle, die Fleisch- und Kartoffelwürfel in die heiße Brühe geben und den Gaisburger Marsch mit Röstzwiebeln und Schnittlauch garnieren.

Wenn Sie für den Eintopf Brustfleisch bevorzugen, müssen Sie nach dem Garen das verbliebene Fett vom Fleisch schneiden. Außerdem wird die Brühe fetter und Sie müssen zum Schluß mehr Fett abschöpfen.

Gemüse

Gemüse wird immer beliebter! Und das ist auch gut so, denn es liefert wichtige Vitamine und Mineralstoffe, Kohlenhydrate und Ballaststoffe in Verbindung mit wenig Energie. Außerdem enthält Gemüse auch noch viele andere Substanzen, die unsere Gesundheit schützen. Ernährungsexperten empfehlen, daß jeder täglich eine große Portion Gemüse (etwa 200 g) und eine Portion Salat (etwa 75 g) verzehren sollte. Aber das allein genügt noch nicht. Wichtig ist, daß Sie saisongerechtes Gemüse kaufen und dieses auch schonend zubereiten. Verzichten Sie beispielsweise auf Tomaten im Winter und kochen Sie in den kalten Monaten lieber

Kohlgerichte. Für die Küchenpraxis gibt es ein paar Regeln, an die Sie sich bei der Zubereitung von Gemüse halten sollten, um wertvolle Inhaltsstoffe zu schonen:

- *Dünsten Sie Gemüse immer nur in wenig Flüssigkeit und im fest geschlossenen Topf.*
- *Waschen Sie das Gemüse, bevor Sie es zerkleinern, und lassen Sie das zerkleinerte Gemüse nicht unnötig lange offen liegen.*
- *Bevorzugen Sie tiefgekühltes Gemüse, wenn Sie kein frisches bekommen können. Es wird vor dem Einfrieren nur blanchiert und hat im Vergleich zum Dosengemüse, das gekocht wird, einen weitaus höheren Vitamingehalt.*

GEMÜSE

Gefüllte Champignons auf Zucchini

Hier ist eine köstliche Alternative zu den beliebten Champignons in Rahm! Leider enthalten diese sehr viele Fettaugen, weshalb Sie während der PfundsKur lieber dieses Rezept mit Zucchini und Mozzarella wählen sollten. Probieren Sie es einfach aus!

Klassisches Rezept	9
PfundsKur Rezept	5

Läßt sich vorbereiten

Vorbereiten:	20 Min.
Garen:	20 Min.

12–16	große Champignons
	Salz
etwas	Zitronensaft
1	Zwiebel
1	Knoblauchzehe
2	Frühlingszwiebeln
15 g	Olivenöl
150 g	gekochter Schinken
einige	Basilikumblättchen
	Pfeffer
2	Zucchini
160 g	Mozzarella

1 Die Champignons kurz waschen und den Stiel vorsichtig herausdrehen. Mit Salz und wenig Zitronensaft marinieren.

2 Zwiebel und Knoblauch schälen und fein hacken, Frühlingszwiebeln putzen und waschen. Beide Zwiebelsorten getrennt fein würfeln. Geputzte Champignonstiele hacken und Schinken fein würfeln. Basilikumblättchen in Streifen schneiden.

3 Für die Füllung 10 g Öl in einer Pfanne erhitzen und die Zwiebel- und Knoblauchwürfel darin glasig dünsten. Frühlingszwiebeln und gehackte Champignonstiele dazugeben und kurz garen. Schinken zufügen und alles mit Salz und Pfeffer sowie dem Basilkum würzen.

4 Zucchini waschen, putzen und in etwa 1 cm dicke Scheiben schneiden. (Es sollen so viele Scheiben wie Champignonköpfe entstehen.) Mit wenig Salz bestreuen.

5 Ein Backblech oder eine feuerfeste Form mit dem restlichen Olivenöl einpinseln. Die Zucchinischeiben darauflegen. Auf jede Scheibe 1 Champignonkopf mit der Öffnung nach oben setzen. Ofen auf 150 Grad vorheizen.

6 Die Füllung in die Champignons geben. Mozzarella in so viele dünne Scheiben wie Champignons schneiden und auf die Füllung legen. Im Ofen etwa 15 Minuten garen.

Karottenpuffer mit Quarkremoulade

*Eine gesunde Alternative für alle, die gerne Kartoffelpuffer essen.
Statt der Quarkremoulade paßt auch ganz vorzüglich Tzatziki.
Legen Sie die Puffer nach dem Backen unbedingt auf Küchenkrepp,
damit überschüssiges Fett abtropfen kann.*

1 Die Karotten putzen, waschen und auf der feinen Reibe in eine Schüssel raspeln. Die Eier, den Magerquark und die Haferflocken zufügen und mischen.

2 Die Petersilie waschen und hacken, 1 EL gehackte Petersilie für die Remoulade abnehmen. Die Karottenmasse mit Salz, Pfeffer, Muskat und Petersilie würzen.

3 Für die Remoulade die Essiggurke, die Kapern und die Sardellenfilets fein hacken. Den Quark in eine Schüssel geben.

4 Die gehackten Zutaten sowie den Senf, Pfeffer, Salz, Estragon und Petersilie zum Quark geben und darunterrühren.

5 Aus der Karottenmasse 4 große oder 8 kleine Puffer formen und diese auf beiden Seiten mit dem Sesamsamen bestreuen.

6 In einer beschichteten Pfanne immer 1 EL Öl für eine Portion Puffer erhitzen und die Puffer nacheinander darin backen. Auf Küchenkrepp legen und im Ofen warm stellen, bis alle Puffer fertig gebacken sind.

Diese Masse eignet sich auch als Grundlage für eine süße Variante. Nehmen Sie dann einfach anstelle der Gewürze 1 EL Honig, etwas gemahlenen Zimt und den Saft von 1/2 Zitrone. Dazu paßt wunderbar mit Honig und Zitronensaft abgeschmeckter Joghurt.

Klassisches Rezept	15
PfundsKur Rezept	8
Raffiniert	

Vorbereiten:	25 Min.
Garen:	15 Min.

Karottenpuffer:	
500 g	Karotten
2	Eier
50 g	Magerquark
100 g	zarte Haferflocken
1 Bund	Petersilie
	Salz, Pfeffer
	Muskat
4 EL	Olivenöl
2 EL	Sesamsamen

Remoulade:	
1 große	Essiggurke
1 EL	Kapern
2	Sardellenfilets
200 g	Magerquark
1 TL	mittelscharfer Senf
	Salz, Pfeffer
	Estragon

Bohnen-Käse-Pfännle

*Um den köstlichen Geschmack der grünen Bohnen zu erhalten,
werden die Bohnen nur kurz in wenig Gemüsebrühe gedünstet.
Diese vitaminschonende Garmethode eignet sich
übrigens für alle Gemüsesorten.*

Klassisches Rezept	7
PfundsKur Rezept	4
Raffiniert	

Vorbereiten:	20 Min.
Garen:	15 Min.

500 g	grüne Bohnen
etwas	Bohnenkraut
0,2 l	Gemüsebrühe
	Salz, Pfeffer
100 g	Parmesan
2	Zwiebeln
20 g	Butter
1 Dose	Pizzatomaten

1 Die Bohnen putzen, waschen und je nach Länge, halbieren oder in Stücke schneiden. Das Bohnenkraut hacken.

2 Die geputzten Bohnen mit der Gemüsebrühe in einen Topf geben. Salzen, pfeffern und bei geschlossenem Deckel 3 Minuten dünsten. Danach noch 2 Minuten ohne Deckel kochen lassen, damit das Wasser verdampft. Bis zur weiteren Verwendung beiseite stellen.

3 Den Parmesan reiben. Die Zwiebeln schälen und in feine Würfel schneiden. Butter in einer großen Pfanne erhitzen und die feingeschnittenen Zwiebeln darin leicht bräunen.

4 Die Pizzatomaten mit dem Saft dazugeben und alles 5 Minuten schmoren. Mit Salz und Pfeffer abschmecken.

5 Nun die gedünsteten Bohnen zufügen, umrühren und das Gemüse mit dem geriebenen Parmesan bestreuen. Die Pfanne mit dem Deckel schließen und bei kleiner Hitze in weiteren 5 Minuten garen lassen.

6 Als Beilage zum Bohnen-Käse-Pfännle eignen sich besonders gut Pellkartoffeln. Diese können auch zum Schluß mit dem Käse in die Pfanne gegeben und erhitzt werden.

Nicht jeder mag den Geschmack von Parmesan! Dieses Gericht schmeckt auch mit Edamer gut – dabei sparen Sie sogar 1 Fettauge pro Portion.

Tomatenbraten

Für alle, die vegetarische Gerichte mögen, ist dies eine herrliche Alternative zum klassischen Hackbraten. Der Tomatenbraten wird mit Tomatenmark hergestellt, und ist ganz leicht zuzubereiten.

1 Das Toastbrot in Würfel schneiden. Den Edamer-Käse reiben. Die Petersilie waschen, trocken schwenken und hacken. Die Zwiebel schälen und in feine Würfel schneiden. Ein Backblech mit Backpapier auslegen.

2 Die Margarine in einer kleinen Pfanne erhitzen und die feingeschnittenen Zwiebeln darin glasig dünsten.

3 Die Toastbrotwürfel mit den Zwiebeln, dem Tomatenmark, der Kondensmilch, dem Eigelb und dem Käse in eine Schüssel geben und alles gründlich vermischen.

4 Die Brotmasse mit Salz, Pfeffer, Kümmel, Majoran und Thymian würzen und die gehackte Petersilie zufügen. Alles zu einem glatten, geschmeidigen Teig verarbeiten.

5 Den Backofen auf 200 Grad vorheizen. Aus dem Teig einen kleinen Braten formen und diesen auf das mit Backpapier belegte Backblech legen. In den heißen Ofen schieben und 30 Minuten darin backen.

Klassisches Rezept	8
PfundsKur Rezept	4

Vegetarisch

Vorbereiten:	**15 Min.**
Garen:	**30 Min.**

150 g	*Dreikorntoast*
80 g	*Edamer (30 % F.i.T.)*
	Petersilie
1	*Zwiebel*
20 g	*Margarine*
120 g	*Tomatenmark*
60 ml	*Kondensmilch (4 % Fett)*
1	*Eigelb*
	Salz, Pfeffer
	gemahlener Kümmel
	Majoran, Thymian

Dazu schmeckt eine Gemüsesoße (s. Tip S. 99). Schneiden Sie den Tomatenbraten am besten mit einem elektrischen Messer auf. Wenn Sie ihn mit einem Messer in Scheiben schneiden, zerfällt er leicht. Sie können den Braten auch in einer Kasten- oder Auflaufform backen. Tip

GEMÜSE

Rahmspinat

*Für Rahmspinat müssen Sie nicht unbedingt viel Rahm
an den Spinat geben, damit er sahnig schmeckt. In diesem Rezept
sorgt die fettärmere Milchsoße für den cremigen Pfiff und
so kommt Spinat auch bei Kindern gut an.*

| Klassisches Rezept | 4 |
| Pfundskur Rezept | 2 |

Schmeckt Kindern

| Vorbereiten: | 10 Min. |
| Garen: | 25 Min. |

450 g	TK-Spinat
1	Zwiebel
1	Knoblauchzehe
25 g	Mehl
0,4 l	Milch
½	Gemüsebrühwürfel
	Salz, Pfeffer
	Muskat
	Worcestersoße
50 g	Sahne

1 Den tiefgefrorenen Spinat zum Auftauen aus der Packung nehmen und auf einen Teller legen. Die Zwiebel schälen und fein würfeln. Die Knoblauchzehe schälen und zu der zerkleinerten Zwiebel pressen.

2 Das Mehl in einem nicht zu kleinen Topf ohne Fett in 2 Minuten hell rösten. Die feingeschnittenen Zwiebeln und den Knoblauch dazugeben und 1 Minute weiterrösten. Danach kurz beiseite stellen.

3 Die kalte Milch auf einmal zugießen und alles mit einem Schneebesen glattrühren. Die Soße bei schwacher Hitze unter ständigem Rühren mit einem Holzlöffel etwa 5 Minuten köcheln, dabei mit dem halben Brühwürfel, Salz, Pfeffer und Muskat würzen. Die Soße wird sehr dickflüssig!

4 Den Spinat, der ruhig noch etwas gefroren sein kann, in die Soße legen und so lange köcheln lassen, bis ein cremiger Spinat entstanden ist. Zum Schluß mit der Sahne verfeinern und sofort servieren.

Tip
Kaufen Sie keinen fertigen Rahmspinat!
Er ist teuer und schmeckt nicht
so gut wie dieser Rahmspinat,
den Sie schnell selber zubereiten können.

Lauchgemüse mit Weizen

Der nussige Geschmack von frisch geschrotetem Getreide kommt bei diesem Rezept optimal zur Geltung. Wenn Sie keine Getreidemühle haben, lassen Sie sich den Weizen beim Biohändler oder im Reformhaus schroten.

1 Den Weizenschrot in 0,4 l Gemüsebrühe 10 Minuten kochen, und etwa 20 Minuten bei ganz schwacher Hitze quellen lassen.

2 Den Sellerie und die Kartoffeln waschen, schälen und fein raspeln. Die Zwiebel schälen und fein würfeln. Die Kartoffeln unter den lauwarmen Schrot mischen und mit allen Gewürzen abschmecken. Die Butter in einer Pfanne erhitzen und die Zwiebeln und den Sellerie darin glasig dünsten. Zum Weizenbrei geben und unterrühren. Den Backofen auf 200 Grad vorheizen.

3 Die beiden Käsesorten reiben. Die Getreide-Gemüse-Mischung in eine Auflaufform geben. Mit dem Käse bestreuen und im heißen Backofen auf der mittleren Einschubleiste 15 Minuten backen.

4 Inzwischen für das Lauchgemüse den Lauch aufschlitzen, waschen und mit dem Grün in 1 cm breite Streifen schneiden. Die restliche Gemüsebrühe, Salz und Pfeffer in einen Topf geben und den Lauch im geschlossenen Topf 4 Minuten dünsten. Lauchgemüse und Getreideauflauf zusammen servieren.

Versuchen Sie diesen leckeren Auflauf mit verschiedenen Getreidesorten. Als Beilage paßt auch „Tomaten mit Hüttenkäse". Das ist eine interessante Variante zu „Tomaten mit Mozzarella". Hüttenkäse hat weniger Fett und schmeckt einfach toll.

Klassisches Rezept	8
PfundsKur Rezept	4
Korngesund	

Vorbereiten:	30 Min.
Garen:	20 Min.

100 g	geschroteter Weizen
0,4 l	Gemüsebrühe
100 g	Knollensellerie
200 g	Kartoffeln
1	Zwiebel
10 g	Butter
	Salz, Pfeffer
	Liebstöckl
	Paprikapulver, edelsüß
	Muskat, Currypulver
	Kurkuma (Gelbwurz)
50 g	Parmesan
50 g	Bergkäse
10 g	Butter

Lauchgemüse:

2–3	Lauchstangen
0,2 l	Gemüsebrühe
	Pfeffer, Salz

GEMÜSE

Linsengemüse

*Sie müssen die Linsen weder einweichen, noch benötigen Sie viel Speck,
um bei diesem Gericht einen guten Geschmack zu erhalten.
Wenn Sie allerdings dazu 1 Paar Saitenwürstle oder Wienerle essen,
vergessen Sie nicht: 100 g davon enthalten 10 Fettaugen!*

| Klassisches Rezept | 8 |
| PfundsKur Rezept | 4 |

Preiswert und köstlich

| Vorbereiten: | 15 Min. |
| Garen: | 1 Std. 30 Min. |

250 g	Linsen
1 Bund	Suppengrün
2	Zwiebeln
50 g	Bauchspeck
1 TL	Schweineschmalz
2 EL	Tomatenmark
0,5 l	Wasser
0,5 l	Fleischbrühe
10 g	Mehl
2 EL	Rotwein
	Salz, Pfeffer
1	Lorbeerblatt
	Essig
	Zucker

1 Die Linsen waschen und in einen Topf schütten. Das Suppengrün waschen, putzen, schälen und kleinschneiden oder in feine Streifen raspeln. Zu den Linsen geben. Die Zwiebeln schälen und fein würfeln. Den Speck in feine Würfel schneiden.

2 Das Schmalz in einer Pfanne erhitzen und die feingeschnittenen Zwiebeln und den Speck darin kräftig anbraten. Das Tomatenmark zufügen und noch einige Zeit mitbraten.

3 Die angebratenen Zutaten in den Topf zu den Linsen geben und alles mit dem Wasser auffüllen. Das Lorbeerblatt zufügen. Das Linsengemüse im geschlossenen Topf etwa 20 Minuten leicht köcheln.

4 Die Brühe dazugießen und die Linsen weitere 60 Minuten im geschlossenen Topf kochen lassen. Das Lorbeerblatt entfernen.

5 Das Mehl mit dem Rotwein anrühren und unter ständigem Rühren die Linsen damit binden. 10 Minuten leicht köcheln lassen. Mit Salz, Pfeffer, Essig und Zucker abschmecken.

Mit der doppelten Menge Flüssigkeit (1 l Wasser und 1 l Fleischbrühe) erhalten Sie einen wohlschmeckenden Eintopf.

Linsencurry mit Krabben

Hülsenfrüchte kommen bei uns viel zu selten auf den Tisch. In diesem Rezept erhalten sie durch die Kombination der Gewürze und Früchte eine völlig neue Geschmacksnote. Dieses Linsencurry beweist, wie reizvoll die asiatische Küche ist.

1 Die Linsen waschen und in der Gemüsebrühe 50 Minuten garen. Die Linsen abgießen. Dabei 1/4 l von der Brühe auffangen und diese beiseite stellen.

2 Die Frühlingszwiebeln waschen, putzen und in Ringe schneiden. Das Öl in einem großen Topf erhitzen und die Zwiebelringe darin anrösten. Mit Curry und dem Mehl bestäuben und mit der abgekühlten Linsenbrühe, der Sojasoße und dem Essig ablöschen. Zu einer sämigen Soße kochen und 5 Minuten bei schwacher Hitze köcheln lassen.

3 Den Apfel schälen, in Viertel schneiden, vom Kerngehäuse befreien und würfeln. Die Ananasscheiben in kleine Stückchen schneiden. Apfel- und Ananasstückchen unter die gut abgeschmeckte Soße rühren.

4 Nun die gekochten Linsen in die Soße geben. Das Ganze mit Pfeffer und Salz abschmecken und die Krabben hinzufügen. Das Linsengericht kochend heiß servieren. Dazu paßt wunderbar ein asiatischer Reis, zum Beispiel indischer Basmati-Reis.

Klassisches Rezept 4
PfundsKur Rezept 2
Exotisch

| Vorbereiten: | 10 Min. |
| Garen: | 1 Std. 10 Min. |

200 g	Linsen
1 l	Gemüsebrühe
1 Bund	Frühlingszwiebeln
1 EL	Sonnenblumenöl
4 TL	Currypulver
10 g	Mehl
2 EL	Essig
4 EL	Sojasoße
1	Apfel
2 Scheiben	Ananas
200 g	Krabben
	Salz, Pfeffer

Tip: Einen besonders raffinierten Geschmack bekommt dieses Gericht, wenn Sie 40 g frische, gewürfelte Ingwerwurzel zufügen.

GEMÜSE

Rosenkohl mit Schinken

*Frischer Rosenkohl ist ein herrliches Wintergemüse.
Tiefgefroren können Sie ihn das ganze Jahr über erhalten.
Probieren Sie einmal dieses köstliche PfundsKur-Rezept,
das besonders vitaminschonend zubereitet wird.*

Klassisches Rezept 5
PfundsKur Rezept 4

Ideal im Winter

Vorbereiten:	15 Min.
Garen:	15 Min.

800 g	Rosenkohl
1	Zwiebel
100 g	gekochter Schinken
10 g	Butter
0,2 l	Gemüsebrühe
	Salz, Pfeffer
100 g	Edamer

1 Den Rosenkohl waschen, von den äußeren Blättchen befreien und den Strunk abschneiden. Die großen Röschen halbieren und bei den anderen den Strunk am unteren Ende kreuzweise einschneiden.

2 Die Zwiebel schälen und fein würfeln. Den gekochten Schinken in Streifen schneiden.

3 Die Butter mit der Gemüsebrühe in einem flachen Topf erhitzen. Die Zwiebelwürfel und den Rosenkohl zugeben. Das Gemüse mit Salz und Pfeffer würzen und den Topf mit dem Deckel verschließen.

4 Den Rosenkohl 4 Minuten dünsten. Er ist dann noch nicht ganz gar, zieht aber im geschlossenen Topf noch nach. Dazu den Topf vom Herd nehmen.

5 Den Käse reiben. Die Schinkenstreifen unter den Rosenkohl mischen, mit dem Käse bestreuen und den Rosenkohl zugedeckt noch einmal 1 Minute aufkochen. Dazu passen am besten Salzkartoffeln.

Tip
Nach diesem Rezept schmeckt der Rosenkohl auch ganz ohne Schinken und Käse. Wenn Sie ihn als Beilage reichen, genügen etwa 600 g Rosenkohl für 4 Personen.

Krautgulasch ohne Fleisch

Ein wohlschmeckendes Krautgericht zu dem Sie eigentlich kein Fleisch benötigen. Sie können Fleischwurst dazu reichen. Aber: 100 g enthalten 10 Fettaugen! Reichen Sie am besten Salzkartoffeln zum Krautgulasch.

1 Den Weißkrautkopf halbieren, vom Strunk befreien und das Kraut in etwa 2 cm große Würfel oder Rauten schneiden.

2 Die Paprikaschoten halbieren, Samen und Trennwände entfernen und die Schoten in etwa 2 cm große Streifen schneiden. Die Zwiebeln schneiden und würfeln.

3 Das Pflanzenfett in einem großen Topf erhitzen und die Zwiebeln darin glasig dünsten. Das Tomatenmark zufügen, kräftig anrösten und mit der Gemüsebrühe auffüllen.

4 Das Weißkraut und die Paprikawürfel in den Topf geben und mit den Gewürzen abschmecken. Den Topf schließen und das Kraut bei schwacher Hitze 35 Minuten garen.

5 Wenn das Kraut weich ist, aber noch ein klein wenig Biß hat, das Weizenvollkornmehl darüber streuen, unter das Gemüse rühren und noch einmal 5 Minuten leicht köcheln.

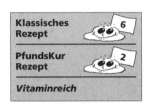

Klassisches Rezept	6
PfundsKur Rezept	2
Vitaminreich	

Vorbereiten:	**15 Min.**
Garen:	**45 Min.**

800 g	Weißkraut
2	rote Paprikaschoten
2	grüne Paprikaschoten
2	Zwiebeln
20 g	Pflanzenfett
3 EL	Tomatenmark
¾ l	Gemüsebrühe
20 g	Weizenvollkornmehl
	Salz, Pfeffer
	Paprikapulver, edelsüß
	Thymian
	gemahlener Kümmel
	Worcestersoße

Wenn Sie anstelle von Weizenvollkornmehl normales Weizenmehl Type 405 verwenden, müssen Sie es mit etwas kalter Flüssigkeit anrühren und dann zum Gemüse geben, sonst entstehen Klümpchen. **Tip**

GEMÜSE

Sauerkraut

Sauerkraut ist bekanntermaßen sehr gesund. Es enthält fast doppelt so viel Vitamin C wie Äpfel und verliert auch durch mehrmaliges Aufwärmen höchstens 30 % dieses Vitamins. Waschen Sie Sauerkraut auf keinen Fall!

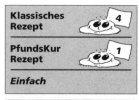

Klassisches Rezept 4

PfundsKur Rezept 1

Einfach

Vorbereiten:	5 Min.
Garen:	45 Min.

3	Zwiebeln
2	Lorbeerblätter
2 EL	Wacholderbeeren
2 EL	Kümmelsamen
1 EL	Pfefferkörner
1 EL	Pimentkörner
2	Nelken
10 g	Schweineschmalz
0,5 l	Fleischbrühe
750 g	Sauerkraut
1	Apfel
1	rohe Kartoffel
evtl.	Zucker und Weißwein

1 Die Zwiebeln schälen, halbieren und in Scheiben schneiden. Lorbeerblätter, Wacholderbeeren, Kümmel, Pfeffer- und Pimentkörner sowie Nelken in einen Gewürzbeutel füllen und verschließen (s. Seite 95).

2 Das Schweineschmalz in einem großen Topf erhitzen und die Zwiebeln darin glasig dünsten. Sofort mit der Fleischbrühe ablöschen.

3 Das Sauerkraut dazugeben aber nicht unterrühren, sondern mit einer Gabel etwas lösen und auf der Brühe verteilen. Den Gewürzbeutel zum Kraut geben und auf einer Seite bis tief in die Flüssigkeit eintauchen.

4 Den Topf mit dem Deckel schließen und das Kraut bei kleiner Hitze ca. 30 Minuten kochen lassen. Dabei nicht umrühren!

5 Den Apfel schälen, vom Kerngehäuse befreien und in Spalten schneiden. Apfelspalten auf dem Sauerkraut verteilen und dieses weitere 10 Minuten kochen.

6 Die rohe Kartoffel schälen und fein reiben. Den Gewürzbeutel entfernen. Das Sauerkraut im Topf etwas auf die Seite schieben, die Kartoffel in die kochende Flüssigkeit rühren, um das Kraut zu binden.

7 Alles noch einmal kräftig verrühren und nach Belieben mit etwas Zucker und einem Schuß Weißwein abschmecken.

Bayerisch Kraut

Ein besonderer Leckerbissen ist es, wenn Weißkraut als Bayerisch Kraut zubereitet wird. Einen unverwechselbaren Geschmack bekommt das Kraut dadurch, daß zuerst eine Handvoll davon mit den Zwiebeln und dem Zucker karamelisiert wird.

1 Den Weißkrautkopf vom Strunk befreien und mit dem Hobel oder einem schweren Messer in feine Streifen schneiden.

2 Das Kraut mit Salz bestreuen und kurz durchziehen lassen. Die Zwiebeln schälen, halbieren und in Streifen schneiden.

3 Lorbeerblätter, Wacholderbeeren, Kümmel, Pfefferkörner, Piment und Nelken in ein Gewürzsäckchen füllen (s. Seite 95).

4 Schweineschmalz in einem Topf erhitzen. Die Zwiebeln, eine Handvoll Kraut und den Zucker zugeben und bei starker Hitze so lange rösten, bis der Zucker karamelisiert und Kraut und Zwiebeln leicht bräunen. (Die Fleischbrühe zum Ablöschen bereithalten.) Sofort mit der Brühe ablöschen.

5 Das restliche Weißkraut zufügen und untermischen. Den Gewürzbeutel auf einer Seite in das Kraut (in die Flüssigkeit) tauchen. Zudecken und bei schwacher Hitze 30 Minuten kochen lassen. Dabei nicht umrühren!

6 Die rohe Kartoffel schälen und fein reiben. Den Gewürzbeutel aus dem Kraut entfernen. Das Bayerisch Kraut im Topf etwas auf die Seite schieben und die rohe Kartoffel in die kochende Flüssigkeit rühren, um das Kraut damit zu binden. Noch einmal kräftig verrühren und das Kraut eventuell mit einem Schuß Weißwein abschmecken.

Klassisches Rezept 4
PfundsKur Rezept 1

Hausmannskost

| Vorbereiten: | 25 Min. |
| Garen: | 45 Min. |

1 kg	Weißkraut
1 EL	Salz
3	Zwiebeln
1 EL	Zucker
2	Lorbeerblätter
2 EL	Wacholderbeeren
2 EL	Kümmelsamen
1 EL	Pfefferkörner
1 EL	Piment
2	Nelken
10 g	Schweineschmalz
0,5 l	Fleischbrühe
1	rohe Kartoffel
evtl.	Weißwein

GEMÜSE

Rotkraut

Das Marinieren mit Zucker, Salz und Essig verleiht Rotkraut seinen guten Geschmack und wird oft von vielen (Hobby)köchen vernachlässigt! Rotkohl ist ein preiswertes Wintergemüse, enthält viel Vitamin C und läßt sich gut aufwärmen.

Klassisches Rezept 4

PfundsKur Rezept 1

Klassisch

Vorbereiten:	1 Std.
Garen:	50 Min.

1 kg	Rotkraut
1 EL	Zucker
1 EL	Salz
2 EL	Weinessig
3	Zwiebeln
10 g	Schweineschmalz
2	Lorbeerblätter
2 EL	Wacholderbeeren
2 EL	Kümmelsamen
1 EL	Pfefferkörner
1 EL	Pimentkörner
2	Nelken
0,5 l	Fleischbrühe
1	Apfel
1	rohe Kartoffel
evtl.	etwas Rotwein oder Essig

1 Das Rotkraut vom Strunk befreien, mit dem Hobel oder einem Messer in feine Streifen schneiden und in eine Schüssel geben.

2 Zucker, Salz und Essig zufügen und das Kraut kräftig vermischen. Dann die Schüssel abdecken und das Rotkraut mindestens 30 Minuten stehenlassen, damit es einen guten, aromatischen Geschmack bekommt.

3 Inzwischen die Lorbeerblätter, die Wacholderbeeren, den Kümmel, die Pfeffer- und Pimentkörner sowie die Nelken in einen Gewürzbeutel füllen. Die Zwiebeln schälen und in Scheiben schneiden. Das Schweineschmalz in einem großen Topf erhitzen und die Zwiebeln darin glasig dünsten. Sofort mit der Fleischbrühe ablöschen.

4 Das Rotkraut in den Topf geben, aber nicht unterrühren, sondern nur auf der Brühe verteilen. Den Gewürzbeu- tel auf einer Seite bis tief in die Flüssigkeit tauchen.

5 Den Topf verschließen und das Rotkraut bei kleiner Hitze etwa 30 Minuten kochen lassen. Dabei nicht umrühren!

6 In der Zwischenzeit den Apfel schälen, vom Kerngehäuse befreien und in Spalten schneiden. Auf dem Rotkraut verteilen und das Kraut weitere 10 Minuten kochen.

7 Die rohe Kartoffel schälen und fein reiben. Den Gewürzbeutel aus dem Rotkraut entfernen. Das Kraut im Topf etwas auf die Seite schieben und die rohe Kartoffel in die kochende Flüssigkeit rühren, um dem Kraut eine schöne Bindung zu verleihen.

8 Alles kräftig verrühren, abschmecken und bei Bedarf mit Wein oder Essig abrunden.

Ein Stoffsäckchen für die Gewürze läßt sich leicht herstellen: Nehmen Sie ein rechteckiges Stück Leinen oder einen festen Baumwollstoff (10 x 20 cm groß). Befestigen Sie gleich beim Zusammennähen eine Kordel zum Zubinden in der Naht. Dieser Gewürzbeutel sollte immer frisch gewaschen bereitliegen. Wenn Sie keinen Gewürzbeutel griffbereit haben, dann nehmen Sie einfach eine Filtertüte. Die läßt sich ganz problemlos zwischen Topfwand und Kraut einklemmen. Tip

GEMÜSE

Gemüseauflauf „Südländische Art"

Das ist einer von vielen beliebten Aufläufen, der mit vielen verschiedenen Gemüsesorten schmeckt. Nehmen Sie, was auf dem Markt gerade angeboten wird. Auberginen und Tomaten sollten allerdings immer dabeisein.

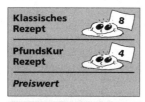

Klassisches Rezept	8
PfundsKur Rezept	4
Preiswert	

Vorbereiten:	**10 Min.**
Garen:	**35 Min.**

350 g	Kartoffeln
1–2	Auberginen (ca. 350 g)
1	Paprikaschote
1	Zwiebel
10 g	Olivenöl
1/4 l	Gemüsebrühe
100 g	Mozzarella
40 g	Gouda
1 Dose	Pizzatomaten
	Salz, Pfeffer
	Basilikum, Oregano

1 Die Kartoffeln waschen, schälen und in Würfel schneiden. Auberginen und Paprika waschen, putzen und in 1 cm große Würfel schneiden. Die Zwiebel schälen und würfeln.

2 In einem großen Schmortopf das Olivenöl erhitzen und die Zwiebeln darin anbraten. Mit der Gemüsebrühe ablöschen. Die Kartoffeln dazugeben, den Topf schließen und alles bei mittlerer Hitze schmoren.

3 Nach 10 Minuten die vorbereiteten Gemüsewürfel zugeben und weitere 10 Minuten schmoren. In der Zwischenzeit die beiden Käsesorten getrennt reiben. Den Ofen auf 200 Grad vorheizen.

4 Nach der Garzeit die Pizzatomaten unter das Gemüse rühren. Den Schmortopf vom Herd nehmen und das Gemüse mit geriebenen Gewürzen und Kräutern abschmecken. Den geriebenen Gouda unterheben.

5 Das Ganze in eine feuerfeste Form füllen, mit dem Mozzarella bestreuen und im heißen Backofen etwa 15 Minuten backen.

Zum Überbacken eignet sich Mozzarella-Käse sehr gut. Er ist fettarm und ideal für Pizza, Lasagne und Aufläufe. Immer auf der groben Reibe raspeln. *tip*

Blumenkohl-Brokkoli-Auflauf

*Ein Gemüseauflauf, der leicht und schnell zuzubereiten ist.
Garen Sie das Gemüse nur ganz kurz, denn durch das anschließende
Backen im Ofen wird es weich genug. Dazu paßt magerer, gekochter
Schinken. (50 g pro Portion enthalten zwei Fettaugen.)*

1 Blumenkohl und Brokkoli waschen, putzen und in kleine Röschen schneiden. Die Strunkabschnitte beiseite legen. Die Zwiebel schälen und fein würfeln.

2 Gemüsebrühe mit Olivenöl, Blumenkohl- und Brokkoliröschen und Zwiebeln in einen Topf geben, salzen und pfeffern. Bei geschlossenem Deckel 2 Minuten garen und das Gemüse zum Abkühlen beiseite stellen. Den Ofen auf 200 Grad vorheizen.

3 Die Strünke von Blumenkohl und Brokkoli bis auf die harten Teile kleinschneiden und in ein hohes Gefäß geben. Eier und Sahne zufügen und mit dem Mixstab aufschäumen. Nach und nach das Mehl dazugeben und darunterrühren. Diese Soufflémasse mit Salz und Pfeffer würzen.

4 Das inzwischen lauwarme Gemüse in eine Auflaufform geben, die Soufflémasse darüber verteilen und den Gemüseauflauf im heißen Backofen 20 Minuten backen.

5 Die frischen Kräuter waschen und hacken. Den Auflauf damit bestreuen. Dazu passen sehr gut Salzkartoffeln.

Klassisches Rezept	5
PfundsKur Rezept	3
Raffiniert	

Vorbereiten:	**15 Min.**
Garen:	**20 Min.**

500 g	Brokkoli
1	kleiner Blumenkohl
1	Zwiebel
0,1 l	Gemüsebrühe
1 TL	Olivenöl
	Salz, Pfeffer
2	Eier
50 g	Sahne
20 g	Mehl
	frische Kräuter nach Wahl

Tip: Zu Blumenkohl oder Brokkoli passen auch sehr gut geröstete Mandeln oder Semmelbrösel. Beides können Sie ohne Fett anrösten. Berücksichtigen Sie aber, daß 100 g Mandeln 18 Fettaugen enthalten!

GEMÜSE

Vegetarische Moussaka

Moussaka, ein beliebtes Gericht aus der griechischen Küche, wird normalerweise mit Hackfleisch zubereitet. Auf dieses wird in diesem Rezept verzichtet, so sparen Sie gleich ein paar Fettaugen und brauchen während der Pfundskur auf diesen Klassiker nicht zu verzichten.

Klassisches Rezept 7
PfundsKur Rezept 4
Läßt sich vorbereiten

Vorbereiten:	20 Min.
Garen:	1 Std.

700 g	Kartoffeln
2	Zwiebeln
2	Karotten
1/2	Lauchstange
1/4	Knollensellerie
120 g	frische Champignons
20 g	Olivenöl
10 g	Margarine
1/2 Tube	Tomatenmark
0,3 l	Gemüsebrühe
	Salz, Pfeffer
2 kleine	Auberginen
1/4 l	weiße Soße
100 g	Edamer

1 Die Kartoffeln waschen, schälen und in 1/2 cm dicke Scheiben schneiden. Die Zwiebeln, die Karotten, den Knollensellerie und die halbe Lauchstange putzen und waschen.

2 Zwiebeln, Karotten und Sellerie schälen und in grobe Würfel schneiden. Lauch in Streifen schneiden. Champignons putzen, kurz in kaltem Wasser waschen und in Scheiben schneiden.

3 In einer Pfanne das Öl erhitzen und die Kartoffeln darin anbraten. Beiseite stellen.

4 In einem Topf die Margarine erhitzen und Zwiebeln, Champignons und Gemüse kurz darin andünsten. Tomatenmark zufügen, alles umrühren und mit der Gemüsebrühe auffüllen. Das Ganze zum Kochen bringen und 5 Minuten bei schwacher Hitze köcheln lassen. Mit Salz und Pfeffer würzen.

5 Die Auberginen waschen, vom Stiel befreien und in 1/2 cm dicke Scheiben schneiden.

6 Den Edamer auf der groben Raspel reiben und unter die heiße weiße Soße rühren. Den Ofen auf 160 Grad vorheizen.

7 In eine feuerfeste flache Form abwechselnd Gemüse, Kartoffeln, Auberginen und Gemüse schichten. Zum Schluß das Ganze mit der Käsesoße bedecken. Im Backofen auf der unteren Schiene 1 Stunde backen.

Zucchinigratin

Zucchini sind nicht nur als Gemüsebeilage sehr beliebt, sondern auch als Hauptgericht. Wichtig ist, daß Sie Zucchini immer kürzer garen als anderes Gemüse, denn schön knackig schmecken sie am besten.

1 Die Zucchini waschen, putzen und grob raspeln. Zwiebeln und Knoblauch schälen. Die Zwiebeln fein würfeln. Den Schinken in Streifen oder Würfel schneiden. Petersilie und Dill waschen und hacken.

2 Butter in einer Pfanne erhitzen und den Schinken mit den Zwiebeln darin kurz anrösten. Die Knoblauchzehen dazupressen.

3 Die Eier mit der Sahne und der Milch in einer Schüssel verquirlen. Das Mehl unterrühren. Den Ofen auf 220 Grad vorheizen.

4 Zwiebel und Schinkenwürfel zur Eiersahne geben und vermischen. Die feingehackten Kräuter zufügen und das Ganze mit Pfeffer und Salz abschmecken.

5 Zucchiniraspel in eine feuerfeste Form geben und die Eiersahne darüber gießen. Im heißen Backofen 15 Minuten backen.

6 In der Zwischenzeit den Käse reiben. Den Auflauf aus dem Ofen nehmen, mit dem Käse bestreuen und weitere 5 Minuten backen.

Klassisches Rezept	12
PfundsKur Rezept	7

Ungewöhnlich

Vorbereiten:	**30 Min.**
Garen:	**25 Min.**

800 g	Zucchini
2	Zwiebeln
2	Knoblauchzehen
175 g	gekochter Schinken
je ½	Bund Petersilie und Dill
10 g	Butter
3	Eier
50 g	Sahne
0,1 l	Milch
3 EL	Mehl
	Salz, Pfeffer
100 g	Edamer

Tip: Zu Aufläufen paßt besonders gut eine Gemüsesoße. Raspeln Sie dafür 200 g Gemüse in ¼ l kochende weiße Soße. Lassen Sie das Gemüse 3 Minuten mitkochen. Dann mit dem Mixstab fein pürieren und mit Pfeffer und Salz abschmecken.

GEMÜSE

Gemüse-Pfannkuchen

Egal, ob mit Schinken, Hackfleisch, Innereien, Quark oder Marmelade gefüllt, Pfannkuchen oder Flädle sind immer beliebt. In diesem Rezept sind die Pfannkuchen mit Gemüse gefüllt. Dazu schmeckt am besten ein frischer Salat.

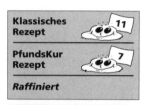

Klassisches Rezept	11
PfundsKur Rezept	7

Raffiniert

Vorbereiten:	30 Min.
Garen:	30 Min.

200 g	Mehl Type 405
150 g	Weizenmehl Type 1050
3	Eier
0,5 l	Milch
40 g	Öl
	Salz
1 Prise	Zucker

Füllung:

1	Zwiebel
2	Karotten
150 g	Knollensellerie
1	Lauchstange
0,1 l	Gemüsebrühe
15 g	Mehl
0,1 l	Milch
	Salz, Pfeffer
	Estragon

1 Aus beiden Mehlsorten, den Eiern, der Milch und dem Öl einen Pfannkuchenteig herstellen. Mit Salz und 1 Prise Zucker würzen. 30 Minuten ruhen lassen.

2 Inzwischen für die Gemüsefüllung die Zwiebel schälen und fein würfeln. Karotten und Sellerie waschen, schälen und in feine Streifen schneiden oder raspeln. Lauch putzen, waschen und in feine Ringe schneiden.

3 Das kleingeschnittene Gemüse und die Zwiebelwürfel mit der Gemüsebrühe in einen Topf geben. Alles mit Salz, Pfeffer und Estragon würzen, zudecken, erhitzen und insgesamt nur 4 Minuten dünsten.

4 Das Mehl mit der Milch verrühren, zum Gemüse gießen, aufkochen lassen um das Gemüse damit zu binden. Eventuell noch etwas mit Salz und Pfeffer nachwürzen.

5 Aus dem Teig, wie im nächsten Schritt beschrieben, 4 große oder 8 kleine Pfannkuchen backen. Dafür eine beschichtete oder gußeiserne Pfanne ohne Fett erhitzen.

6 Mit einer Schöpfkelle etwas Teig in die obere Pfannenhälfte geben, und den Teig durch leichtes Schräghalten der Pfanne über den ganzen Pfannenboden verteilen. Dadurch wird der Pfannkuchen schön dünn. Auf beiden Seiten goldgelb ausbacken.

7 Auf jeden frisch gebackenen Pfannkuchen etwas Gemüse verteilen, den Pfannkuchen aufrollen, auf eine Platte legen und sofort im Backofen warm stellen, bis alle Pfannkuchen fertiggebacken sind.

Tip

Wenn Sie, wie in diesem Rezept, das Öl in den Pfannkuchenteig geben, sparen Sie die Hälfte an Fett beim Backen. Nur beim ersten Pfannkuchen müssen Sie eventuell noch ein paar Tropfen Öl in die Pfanne geben. Dann aber ist die Pfanne „eingelaufen", wie die Köche sagen, und Sie können fettarme Pfannkuchen backen.

Maultaschen mit Gemüsefüllung

Maultaschen ganz ohne Fleisch, haben häufig eine trockene Füllung.
Um so mehr werden Sie staunen, wie lecker diese Maultaschen schmecken!
Allerdings müssen Sie hier die Taschen rundum fest verschließen!

Klassisches Rezept	8
PfundsKur Rezept	3

Vegetarisch

Vorbereiten:	35 Min.
Garen:	5 Min.

1	Zwiebel
200 g	Lauchstange
200 g	Sellerie
200 g	Karotten
0,2 l	Gemüsebrühe
	Salz, Pfeffer
150 g	Knödelbrot
100 g	Magerquark
50 g	Crème fraîche
1	Ei
je 1 EL	gehackte Petersilie und Schnittlauch
	Muskat
	Estragon, Kerbel
evtl.	Semmelbrösel
400 g	Nudelteig

1 Die Zwiebel schälen und in feine Würfel schneiden. Das geputzte und genau abgewogene Gemüse in feine Streifen oder Stifte schneiden bzw. fein raspeln.

2 Die Gemüsebrühe in einen Topf geben. Gemüse und Zwiebelwürfel zufügen und im geschlossenen Topf 4 Minuten dünsten. Mit Salz und Pfeffer würzen.

3 Alles auf ein Sieb schütten und die Gemüsebrühe zur späteren Verwendung auffangen. Das Gemüse gut abtropfen und erkalten lassen. Es ist ganz wichtig, daß das Gemüse für die Füllung nicht zu feucht ist.

4 Das kalte Gemüse in eine Schüssel geben. Knödelbrot, Magerquark, Crème fraîche und Ei sowie die Kräuter, Muskat, Pfeffer und Salz zufügen und alles mit einem Holzlöffel zu einer festen Masse verarbeiten. Nochmals abschmecken und die Füllung eventuell mit etwas Semmelbrösel binden.

5 Vom Nudelteig immer eine 20 cm breite Bahn abschneiden. Mit einem Eßlöffel die Füllung auf die untere Teighälfte im Abstand von etwa 10 cm geben. Die Ränder mit Wasser oder Eiweiß bepinseln, die andere Teighälfte über die Füllung klappen und die offenen Teigränder fest zusammendrücken.

6 In einem großen Topf Salzwasser zum Kochen bringen. Inzwischen die gefüllten Teigstreifen in Portionen schneiden oder ausrädeln. Im kochenden Salzwasser etwa 5 Minuten leicht köcheln lassen. Maultaschen mit einem Schaumlöffel herausheben und am besten in einer heißen Gemüsebrühe servieren.

Tip: Knödelbrot erhalten Sie bei Ihrem Bäcker. Sie können es aber auch selbst herstellen, indem Sie Brötchen vom Vortag in feine Würfel schneiden und trocknen lassen.

Maultaschen mit Gemüsefüllung – stillgestanden!

GEMÜSE

Gemüsepizza

*Eine italienische Pizza war ein einfaches Fladenbrot,
das ursprünglich mit Knoblauch und Kräutern belegt wurde.
Daraus haben sich mittlerweile unzählige Varianten entwickelt.
Hier ist eine vegetarische Version!*

| Klassisches Rezept | 12 |
| PfundsKur Rezept | 4 |

Gesund und lecker

| Vorbereiten: | 50 Min. |
| Garen: | 15 Min. |

Teig:

200 g	Weizenmehl Type 1050
20 g	frische Hefe
0,1 l	Wasser
	Zucker
1 EL	Olivenöl
1 Prise Salz	

Belag:

100 g	Champignons
1 kleine Zucchini	
1 kleine Aubergine	
1 kleine rote Paprikaschote	
4	Fleischtomaten
150 g	Edamer oder Mozzarella
	Salz, Pfeffer
2	Oreganozweige
½ Bund Petersilie	
½ Bund Basilikum	
	Öl für das Blech

1 Das Mehl in eine große Schüssel geben und in die Mitte eine Mulde drücken. Die Hefe hineinbröckeln und mit 1 Prise Zucker, lauwarmem Wasser und etwas Mehl zu einem Vorteig rühren. Mit einem Tuch bedecken und 15 Minuten an einem warmen Ort gehenlassen.

2 In der Zwischenzeit die Champignons, Zucchini, Aubergine und Paprikaschote waschen, putzen und in Scheiben bzw. Streifen schneiden. Die Tomaten und Kräuter waschen. Tomaten vom Strunk befreien, in Scheiben schneiden und die Kräuter hacken. Den Käse grob reiben.

3 Den Vorteig mit 1 EL Olivenöl und dem restlichen Mehl zu einem glatten, elastischen Teig verarbeiten, etwas salzen und nochmals etwa 20 Minuten ruhen lassen.

4 Mit etwas Öl das Backblech bepinseln. Den Teig ausrollen und auf das Blech legen. Den Ofen auf 280 Grad vorheizen.

5 Den Teig mit den Tomatenscheiben belegen. Dann mit Salz und den Kräutern würzen. Nun das restliche Gemüse und die Champignons darauf verteilen, salzen und pfeffern.

6 Den Käse auf das Gemüse streuen und die Pizza im heißen Backofen auf der unteren Schiene 10–15 Minuten backen.

Ratatouille

Damit die Ratatouille ein kulinarisches Erlebnis wird, muß das Gemüse in gleichmäßige Stücke geschnitten und genau in der Reihenfolge wie im Rezept angegeben, in den Schmortopf gegeben werden. Dieses Gemüsegericht schmeckt auch kalt sehr gut.

1 Die Auberginen und Zucchini putzen, waschen und getrennt in 2 cm große Würfel schneiden. Jeweils in ein Schälchen füllen und beiseite stellen. Zwiebeln und Knoblauch schälen und fein würfeln.

2 Die Paprika halbieren, Samen und Trennwände entfernen. Die Hälften waschen, trockentupfen, auf ein Backblech legen und so lange im heißen Ofen liegen lassen, bis die Haut Blasen wirft und sich abziehen läßt. Schoten in 1 cm große Würfel schneiden.

3 Die Tomaten oben kreuzförmig einritzen und den Strunk herausschneiden. Etwa 10 Sekunden mit einem Drahtlöffel in kochendes Wasser halten. Anschließend häuten, halbieren, die Kerne herausdrücken und das Fruchtfleisch in 1 cm große Würfel schneiden.

4 In einem großen Schmortopf das Öl erhitzen. Auberginen darin etwa 10 Minuten anbraten. Dann nach und nach das übrige Gemüse zugeben. Basilikum waschen und hacken. Das Gemüse mit Salz, Pfeffer und der Hälfte des Basilikums würzen.

5 Den Topf schließen und das Gemüse bei schwacher Hitze 10 Minuten sanft schmoren lassen. Mit dem restlichen Basilikum bestreuen und servieren.

Klassisches Rezept	5
PfundsKur Rezept	3

Aus der Provence

Vorbereiten:	**15 Min.**
Garen:	**25 Min.**

2	Auberginen
2	Zucchini
2	Zwiebeln
4	Knoblauchzehen
1	rote Paprikaschote
2	gelbe Paprikaschoten
3	Fleischtomaten
4 EL	Olivenöl
	Salz, Pfeffer
1 Bund	Basilikum

Gemüsekuchen

Wenn Sie Mürbeteig durch Quark-Öl-Teig ersetzen, sparen Sie viele Fettaugen ein. Zusätzlich wird anstelle von Crème fraîche in diesem Rezept Dickmilch und Quark verwendet. Und so entsteht ein herzhafter Kuchen für ein leichtes und köstliches Essen!

Klassisches Rezept 8
PfundsKur Rezept 4
Sommerlich

Vorbereiten:	40 Min.
Garen:	40 Min.

Teig:
200 g	Mehl
½ TL	Backpulver
100 g	Quark
2	Eier
1 EL	Olivenöl
1 TL	Salz

Belag:
1	Lauchstange
200 g	Brokkoli
1	Zucchini oder Aubergine
1	Tomate
0,2 l	Gemüsebrühe
	Salz, Pfeffer
200 g	Blattspinat
80 g	Dickmilch
80 g	Magerquark

1 Mehl und Backpulver in eine große Schüssel geben, in die Mitte eine Mulde drücken und Quark, Eier, Öl und Salz hineingeben. Alles zu einem geschmeidigen Teig kneten, kurz kaltstellen.

2 In der Zwischenzeit Lauch, Brokkoli und Zucchini oder Aubergine waschen, putzen und in gleichmäßig dicke Scheiben schneiden. Die Tomate mit heißem Wasser überbrühen und häuten. Halbieren und die Kerne herauskratzen. Das Tomatenfleisch in kleine Würfel schneiden und beiseite stellen.

3 Die Lauch-, Brokkoli-, Zucchini- bzw. Auberginenscheiben mit der Brühe in einen Topf geben. Salz und Pfeffer zufügen und das Gemüse im geschlossenen Topf 2 Minuten dünsten. In ein Sieb schütten, abtropfen und abkühlen lassen und beiseite stellen.

4 Den Blattspinat kurz waschen und eventuelle harte Stiele entfernen. Tropfnaß in einen Topf geben und kurz dämpfen, bis er zusammenfällt. Auf ein Sieb geben und die Flüssigkeit gut ausdrücken.

5 Ein Backblech mit Backpapier auslegen. Den Teig auf einem bemehlten Brett ausrollen und auf das Blech legen. Mit Semmelbröseln bestreuen.

6 Zuerst den gut ausgedrückten Blattspinat, dann die abgekühlten, gut abgetropften Gemüsescheiben auf dem Teig verteilen. Den Backofen auf 180 Grad vorheizen.

7 Die Dickmilch und den Quark mit dem Ei verrühren, mit den Gewürzen abschmecken und die Soße über das Gemüse geben.

8 Den Gemüsekuchen mit dem geriebenen Emmentaler und den Tomatenwürfeln bestreuen. Das Blech in den heißen Backofen schieben und auf der unteren Schiene etwa 40 Minuten backen.

Frischer Blattspinat entwickelt seinen Geschmack am allerbesten, wenn Sie ihn in einen leeren Topf ohne Flüssigkeit geben. Mit Salz, Pfeffer und Muskat würzen und dann mit geschlossenem Deckel 3 Minuten dünsten.

Einen ausgerollten Teig einfach über das Nudelholz rollen, dann läßt er sich ganz leicht auf das Kuchenblech zurückrollen. **Tip**

1	Ei
	Salz, Pfeffer
	Estragon
	Muskat
	Oregano
	Paprikapulver, edelsüß
50 g	geriebener Emmentaler

Außerdem:

	Backpapier
2 EL	Semmelbrösel

Fleisch

Trotz Schreckensmeldungen, wie „Östrogene im Kalbfleisch, Chemie im Schweinefleisch und BSE-Erreger im Rindfleisch", sind in dem folgenden Kapitel zahlreiche Fleischrezepte für die PfundsKur zusammengestellt. Und zwar mit der Empfehlung der Ernährungswissenschaftler, zwei- bis dreimal in der Woche Fleisch zu essen. Denn: Fleischeiweiß gehört, zusammen mit Milch- und Eiereiweiß, zu den wertvollsten tierischen Eiweißlieferanten. Fleisch ist darüber hinaus ein wichtiger Eisenlieferant. Fleisch ist nicht

nur reich an Eisen, sondern das Eisen wird vom Körper auch besonders leicht aufgenommen. Fleisch enthält außerdem viele wichtige Vitamine. Daß Fleisch ein fettes Nahrungsmittel ist, trifft heute nur noch auf wenige Teilstücke zu. Frischfleisch ist überwiegend mager, und Sie werden bei den folgenden Rezepten genügend Tips und Tricks finden, wie Sie zusätzliches Fett einsparen können.
Also: Keine Angst vor Fleischgerichten bei der PfundsKur!

FLEISCH

Schwäbischer Sauerbraten

Bereiten Sie Ihren nächsten Sauerbraten nach dieser neuen Garmethode zu. Ganz ohne Anbraten! So sparen Sie Fett und erhalten wunderbar saftiges Fleisch. Übrigens können Sie den Sauerbraten auch in 40 Minuten im Schnellkochtopf (2. Ring) garen.

Klassisches Rezept 9
PfundsKur Rezept 5
Herzhaft

Vorbereiten: 25 Min.
Zubereiten: 1 Std. 40 Min.

800 g	eingelegter Sauerbraten
	Salz, Pfeffer
1/2	Knollensellerie
2	Karotten
2	Zwiebeln
10 g	Pflanzenfett
2 EL	Tomatenmark
etwas	Sauerbraten-Marinade
1	Lorbeerblatt
20	Wacholderbeeren
20	Pfefferkörner
10 g	Mehl
0,1 l	Rotwein
60 g	Joghurt
60 g	Sahne
	Zucker

1 Das Fleisch aus der Beize nehmen, salzen und pfeffern. Sellerie und Karotten putzen und waschen. Zwiebeln schälen und mit dem Gemüse in grobe Würfel schneiden.

2 Das Fett in einem Topf erhitzen. Das Gemüse mit den Zwiebeln zufügen und bei starker Hitze kräftig darin anrösten. Tomatenmark dazugeben und weiterrösten. Wenn die Masse am Topfboden ansetzt, mit wenig Beize ablöschen. Diesen Vorgang 2–3mal wiederholen. Danach mit der Fleischbrühe auffüllen und vorsichtig etwas Beize zugeben, damit die Soße nicht zu sauer wird.

3 Das Fleisch ohne es anzubraten, in die kochende Soße legen. Lorbeerblatt, Wacholderbeeren und Pfefferkörner zufügen. Den Topf schließen und das Fleisch in 1 Stunde 20 Minuten bei schwacher Hitze garen.

4 Den Braten aus dem Topf nehmen und zugedeckt im 80 Grad heißen Backofen warm halten. Soße mit dem Gemüse durch ein Haarsieb in einen Topf streichen. Kurz stehenlassen, entfetten und aufkochen.

5 Das Mehl mit dem Wein kalt anrühren und die kochende Soße damit binden. 5 Minuten kochen lassen, danach mit Joghurt und Sahne verfeinern. Mit dem Mixstab aufschlagen. Mit etwas Zucker abschmecken. Das Fleisch quer zur Faser in Scheiben schneiden, mit der Soße bedecken und servieren.

Rinderfilet in Morchelsahne

Ein schnelles, besonders feines Gericht. Weichen Sie die getrockneten Spitzmorcheln etwa 2 Stunden vor der Zubereitung ein. Anstelle der Morcheln können Sie auch getrocknete Steinpilze verwenden.

1 Die Morcheln in 1/4 l Wasser etwa 2 Stunden einweichen. Nicht vorher waschen, sonst geht das Aroma verloren! Die Pilze aus dem Wasser nehmen und unter fließendem Wasser gut auswaschen, um den Sand zu entfernen. Das Einweichwasser durch eine Filtertüte gießen, um alle Schmutzteilchen zu entfernen und aufzufangen.

2 Die Zwiebel schälen und in feine Würfel schneiden. Die eingeweichten Morcheln, je nach Größe, halbieren oder vierteln.

3 Die Filets mit Salz und Pfeffer würzen. Das Fett in einer Pfanne erhitzen und das Fleisch auf jeder Seite 1 1/2 Minuten braten. Aus der Pfanne nehmen und im 80 Grad heißen Backofen warm stellen.

4 Die Zwiebeln in die Pfanne geben und unter ständigem Rühren glasig dünsten. Morcheln zufügen und 1 Minute weiterbraten.

5 Mit dem Einweichwasser, Sherry und Wein ablöschen. Bei starker Hitze kochen lassen, um die Flüssigkeit auf die Hälfte zu reduzieren. 1/4 l Bratensoße erhitzen, zu der reduzierten Flüssigkeit geben und nur einmal kurz aufkochen lassen.

6 Sahne steif schlagen. Rinderfilets auf einer Platte oder auf dem Teller anrichten. Die Schlagsahne in die Soße geben, einmal kurz umrühren und das Fleisch damit umgießen.

Klassisches Rezept 12
PfundsKur Rezept 7
Läßt sich vorbereiten

Vorbereiten: 2 Std. 10 Min.
Garen: 10 Min.

30 g	getrocknete Spitzmorcheln
1	Zwiebel
4 Scheiben Rinderfilet (à 140 g)	
	Salz, Pfeffer
20 g	Pflanzenfett
2 cl	Sherry
2 cl	Weißwein
1/4 l	Bratensoße
100 g	Sahne

111

FLEISCH

Rinderfilet „Stroganow"

*Ein delikates Gericht, das schnell zubereitet ist. Zwiebeln,
Crème fraîche, Senf und Tomaten sind charakteristische Zutaten.
Mit Champignons und Gewürzgurken können Sie das Ganze verfeinern.
Nehmen Sie stets Rinderfilet.*

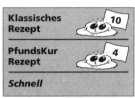

Klassisches Rezept	10
PfundsKur Rezept	4

Schnell

Vorbereiten:	15 Min.
Garen:	10 Min.

400 g	Rinderfilet
1	Zwiebel
2	Gewürzgurken
100 g	Champignons
2	Tomaten
20 g	Olivenöl
1 EL	mittelscharfer Senf
1 EL	Tomatenketchup
1/4 l	Bratensoße
50 g	Crème fraîche
	Salz, Pfeffer
	Paprikapulver, edelsüß

1 Das Fleisch von Fett und Sehnen befreien. Das Filet zuerst in 1 cm dicke Scheiben, dann in 1 cm breite Streifen schneiden.

2 Die Zwiebel schälen und in feine Würfel schneiden. Gewürzgurken und Champignons in Scheiben schneiden. Die Tomaten häuten (s. Seite 65), von den Kernen befreien und in Würfel schneiden.

3 In einem großen Topf 10 g Olivenöl erhitzen und die Zwiebeln darin anrösten. Dann die Gewürzgurken, Champignons und Tomatenwürfel dazugeben. Mit dem Senf und dem Tomatenketchup würzen und mit der Bratensoße ablöschen. 5 Minuten leicht kochen lassen. Die Soße mit Crème fraîche verfeinern und mit Salz und Pfeffer abschmecken.

4 Das Fleisch salzen, pfeffern und im restlichen Öl bei starker Hitze 1 Minute anbraten. Dabei öfters wenden.

5 Nun das Fleisch in die fertige Soße geben und auf keinen Fall mehr kochen! Noch 2 Minuten in der Soße ziehen lassen und das Filetgulasch sofort servieren.

Tip
Nehmen Sie zum Anbraten unbedingt eine große Pfanne, sonst zieht das Fleisch Wasser und fängt an zu kochen. Bei kleinen Pfannen in mehreren Portionen.

Rostbraten mit Tomaten

*Der Rostbraten, vom Metzger auch Rumpsteak genannt,
wird aus dem Rinderrücken geschnitten.
Am Rand muß eine Fett-Sehnenschicht sein, die Sie nach dem
Braten entfernen, um Fettaugen zu sparen.*

1 Bei dem Rostbraten die Fett-Sehnenschicht 2mal einschneiden, damit sich das Fleisch beim Braten nicht wölbt. (Kann man vom Metzger vorbereiten lassen.) Das Fleisch mit Salz und Pfeffer würzen und mit 1 EL Olivenöl marinieren. Beiseite stellen.

2 Zwiebeln schälen und in feine Würfel schneiden. Knoblauchzehen schälen, fein würfeln oder pressen. Oliven entsteinen und vierteln, Oregano hacken. Dosen mit den Pizzatomaten öffnen oder die Tomaten häuten und würfeln (s. Seite 65).

3 Eine Pfanne ohne Fett erhitzen. Rostbraten bei starker Hitze auf jeder Seite 1 Minute darin braten. Das Öl vom Marinieren genügt zum Anbraten! Fleisch aus der Pfanne nehmen, auf einem Teller im 80 Grad heißen Ofen zum „Entspannen" warm stellen.

4 Das restliche Olivenöl in die noch heiße Pfanne geben. Zwiebeln und Knoblauch zufügen und darin glasig dünsten. Pizzatomaten bzw. Tomatenwürfel und Oliven dazugeben und weitere 4 Minuten mitschmoren lassen. Mit Salz, Pfeffer, Oregano und 1/2 Fleischbrühwürfel würzen. Mit 1 winzigen Prise Zucker abrunden. Rostbraten und Soße zusammen servieren. Wichtig! Die Rostbraten dürfen auf keinen Fall in der Soße kochen, sonst werden sie zäh.

Klassisches Rezept	8
PfundsKur Rezept	5
Einfach	

Vorbereiten:	**10 Min.**
Garen:	**10 Min.**

4 Scheiben	Rostbraten (à 150 g)
	Salz, Pfeffer
2 EL	Olivenöl
2	Zwiebeln
4	Knoblauchzehen
8	Oliven
einige	Oreganozweige
2 Dosen	Pizzatomaten
	oder
700 g	Tomaten
1/2	Fleischbrühwürfel
	Zucker

FLEISCH

Rinderrouladen „Engadiner Art"

Würzige Rouladen zählen zu den beliebtesten Gerichten deutscher Hausmannskost. Der Phantasie sind bei der Füllung keine Grenzen gesetzt. In diesem Schweizer Rezept wird kein Speck verwendet, die Rouladen werden anstelle dessen durch Käse schön saftig.

Klassisches Rezept	14
PfundsKur Rezept	9

Läßt sich vorbereiten

Vorbereiten:	35 Min.
Garen:	30 Min.

Füllung:

150 g	kleine Pfifferlinge (frisch oder TK)
½	Lauchstange
80 g	roher Schinken
4	kleine Tomaten
1	Zwiebel
10 g	Olivenöl
Salz, Pfeffer, Basilikum	

Rouladen:

4	Rinderrouladen aus der Oberschale (à 140 g)
	Salz, Pfeffer
4 TL	mittelscharfer Senf
100 g	Appenzeller oder Emmentaler
2	Schweinenetze
10 g	Olivenöl

1 Pilze, Lauch und Schinken fein würfeln. Tomaten häuten, entkernen und ebenfalls klein würfeln (s. Seite 65). Das Olivenöl in einer großen Pfanne erhitzen und die gewürfelten Zutaten darin andünsten. Mit Salz, Pfeffer und Basilikum würzen. Auskühlen lassen.

2 Die Rouladen vorsichtig klopfen, mit Salz und Pfeffer würzen und mit Senf bestreichen. Die inzwischen abgekühlte Füllung gleichmäßig auf dem Fleisch verteilen.

3 Käse würfeln und auf die Rouladen streuen. Das Fleisch an den Seiten jeweils ca. 1 cm einschlagen und zusammenrollen. Die Schweinenetze in eine Schüssel mit Wasser legen.

4 Schweinenetze vorsichtig in 4 gleich große Stücke schneiden. Die Rouladen damit umwickeln. Das Olivenöl in einem Schmortopf erhitzen und die Rouladen kurz darin rundum anbraten. Den Ofen auf 220 Grad vorheizen.

5 Die Rouladen herausnehmen und beiseite stellen. Zwiebel, Karotten und Sellerie mit den Schalen in grobe Würfel schneiden. In den Schmortopf geben und im verbliebenen Fett anrösten. Tomatenmark zugeben und kräftig mitrösten. Mit der Fleischbrühe aufgießen. Lorbeerblatt, Nelken und Pfefferkörner zufügen.

6 Die Rouladen in die Soße schichten, den Topf mit dem Deckel verschließen, in den vorgeheizten Backofen stellen und das Fleisch etwa 20 Minuten darin garen.

7 Die Rouladen aus dem Topf nehmen. Die Soße durch ein Haarsieb streichen und eventuell andicken: Dazu 20 g Mehl mit wenig Rotwein oder Wasser glattrühren, in die kochende Soße geben und alles 5 Minuten leicht köcheln lassen.

Soße:	
1	Zwiebel
2	Karotten
½	Knollensellerie
3 EL	Tomatenmark
¾ l	Fleischbrühe
1	Lorbeerblatt
4	Nelken
1 EL	Pfefferkörner

Legen Sie das Rouladenfleisch zum Klopfen zwischen Klarsichtfolie. Auf diese Weise reißt es nicht ein.

Schweinenetze können Sie beim Metzger vorbestellen.

Selbstverständlich können Sie Rouladen wie gewohnt binden oder mit einer Rouladenklammer bzw. einem Holzspieß zusammenhalten.

115

FLEISCH

Rinderrouladen

Rinderrouladen sind in vielen Ländern beliebt, aber ganz besonders im Schwabenland! Bei diesem Rezept benötigen Sie keinen Speck, aber eine bereits fertige Soße. Wichtig: Braten Sie die Rouladen nicht an!

Klassisches Rezept 14
PfundsKur Rezept 8

Läßt sich vorbereiten

Vorbereiten:	15 Min.
Garen:	40 Min.

4	Rinderrouladen aus der Oberschale (à 140 g)
	Salz, Pfeffer
4 TL	mittelscharfer Senf
2	Zwiebeln
1	Karotte
10 g	Butter
2	Essiggurken
4 Scheiben roher Schinken	
1/2 l	Bratensoße
80 g	Schmand oder Sauerrahm

1 Das Rouladenfleisch vorsichtig klopfen. Mit Salz und Pfeffer würzen, mit Senf bestreichen. Die Zwiebeln schälen und fein würfeln. Karotte waschen und schälen.

2 Die Butter in einer kleinen Pfanne erhitzen und die Zwiebelwürfel darin goldgelb dünsten. Gurken und Karotte in Stifte schneiden.

3 Zwiebeln auf die Rouladen verteilen. Die Schinkenscheiben, Karotten- und Gurkenstifte auf das untere Ende der Rouladen legen.

4 Die Längsseiten der Rouladen ein wenig nach innen schlagen, damit die Füllung nicht ausläuft. Die Rouladen aufrollen. Den Backofen auf 180 Grad vorheizen.

5 Die Rouladen eng nebeneinander in einen kleinen Schmortopf setzen. Dadurch ist Festbinden oder Feststecken überflüssig! Bratensoße aufkochen und heiß über das Fleisch gießen. Die Rouladen zugedeckt im heißen Ofen 40 Minuten schmoren.

6 Rouladen aus dem Topf nehmen und die Soße mit Schmand oder Sauerrahm verfeinern. Mit dem Mixstab schön cremig rühren.

Probieren Sie Rouladen mal mit einer Schafskäsefüllung. Dafür 150 g gewürfelten Schafskäse, 2 feingehackte Knoblauchzehen und 8 gehackte Oliven mischen. Mit Thymian gewürzt ergibt dies eine besonders raffinierte Variante. Tip

Rindfleischpfanne mit Gemüse

Die Kombination von magerem Rindfleisch, das in nur etwas wertvollem Pflanzenöl gebraten wird, und viel Gemüse läßt dieses schnelle Gericht zu einem gesunden Genuß werden. Der hohe Gemüseanteil sorgt außerdem dafür, daß alles schön saftig wird.

1 Chinakohl, Karotten, Fenchel und Lauch waschen und putzen. Karotten schälen. Das Gemüse in feine Streifen schneiden. Die Champignons kurz waschen und in dünne Scheiben schneiden. Die Zwiebel schälen und fein würfeln. Die frischen Sojasprossen in ein Sieb geben, abspülen und gut abtropfen lassen.

2 Das Fleisch in 1 cm breite Streifen schneiden. Mit Salz und Pfeffer würzen. In einem großen Topf das Öl erhitzen und das Fleisch darin bei starker Hitze anbraten.

3 Die Hitze etwas reduzieren. Die Zwiebelwürfel, das kleingeschnittene Gemüse, die Pilzscheiben und die abgespülten Sojasprossen zum Fleisch geben. Unter häufigem Wenden in etwa 20 Minuten garen. Dabei nach und nach die Gemüsebrühe dazugießen.

4 Die Rindfleisch-Gemüse-Pfanne mit Salz, Pfeffer, Curry und Knoblauchpulver abschmecken und am besten mit Reis servieren.

Klassisches Rezept	9
PfundsKur Rezept	4
Einfach	

Vorbereiten:	**10 Min.**
Garen:	**25 Min.**

1/2	Chinakohl
2	Karotten
1	kleine Fenchelknolle
1	kleine Lauchstange
100 g	Champignons
1	Zwiebel
50 g	frische Sojasprossen
400 g	Rindfleisch aus der Keule
	Salz, Pfeffer
2 EL	Sonnenblumenöl
0,4 l	Gemüsebrühe
	Currypulver
	Knoblauchpulver

Tip
Je nach Marktangebot und Geschmack können Sie für dieses Gericht verschiedene Gemüsesorten verwenden.

FLEISCH

Ochsenschwanzragout

*Ein deftiges, herzhaftes Ragout, in seiner fettarmen Variante,
das mit den Knochen serviert wird. Bitten Sie Ihren Metzger darum,
den Ochsenschwanz in 4–6 gleichmäßige Stücke zu schneiden,
dann haben Sie gleich einzelne Portionen.*

| Klassisches Rezept | 9 |
| PfundsKur Rezept | 5 |

Nicht alltäglich

| Vorbereiten: | 25 Min. |
| Garen: | 2 Std. |

1,2 kg	Ochsenschwanz
	Salz, Pfeffer
	Currypulver
	Paprikapulver
1 EL	Öl oder
	10 g Pflanzenfett
4	Zwiebeln
2	Karotten
½	Knollensellerie
100 g	Tomatenmark
1 l	Fleischbrühe
1	Lorbeerblatt
1	Nelke
	Pfefferkörner
	Pimentkörner
30 g	Mehl
0,2 l	Rotwein

1 Den Ochsenschwanz mit Salz, Pfeffer, Paprika und Curry würzen. In einem großen Topf das Fett erhitzen und das Fleisch darin kräftig anbraten. Das Fleisch aus dem Topf nehmen und beiseite legen.

2 Zwiebeln, Karotten, Sellerie schälen und in grobe Würfel schneiden. Zwiebeln, Gemüse und Tomatenmark in dem Topf, in dem das Fleisch angebraten wurde, bei starker Hitze kräftig anrösten.

3 Die Temperatur nicht zurücknehmen, auch wenn die Gemüse-Tomatenmark-Mischung leicht ansetzt. Das Ganze immer wieder mit etwas Wasser oder Rotwein ablöschen. Auf diese Weise löst sich die Kruste am Topfboden, und es entsteht eine schöne dunkle, kräftige Soßengrundlage.

4 Die Soßenbasis mit der Fleischbrühe auffüllen und glattrühren. Das angebratene Fleisch, Lorbeerblatt, Nelke, Pfeffer- und Pimentkörner zugeben und alles 2 Stunden im geschlossenen Topf köcheln lassen.

5 Anschließend die Ochsenschwanzstücke aus dem Topf nehmen und in eine vorgewärmte Schüssel geben. Die Soße durch ein Haarsieb in einen Topf streichen. Dabei das Gemüse mit einem Löffel durchdrücken.

6 Die Soße unbedingt etwas ruhen lassen, damit sich das Fett an der Oberfläche absetzen kann. Dieses Fett mit einer Soßenkelle vorsichtig abschöpfen. Mit Küchenkrepp den letzten Rest Fett abnehmen.

7 Die Soße wieder zum Kochen bringen. Das Mehl in Rotwein anrühren und in die kochende Soße rühren, um sie zu binden. 5 Minuten leicht köcheln lassen, mit Pfeffer und Salz abschmecken und über das Fleisch geben.

Sie können dieses Rezept auch im Schnellkochtopf garen. Die Kochzeit (2. Ring) beträgt dann nur 50 Minuten anstelle von 2 Stunden.

Nach dem gleichen Rezept können Sie eine Ochsenschwanzsuppe zubereiten. Verwenden Sie dann nur die halbe Fleischmenge und lösen Sie das gegarte Fleisch von den Knochen, um es anschließend in mundgerechte Würfel zu schneiden.

FLEISCH

Ungarisches Gulasch

Ungarisches Gulasch muß scharf und feurig sein! An dieses Gericht gehören viele Zwiebeln. Kaufen Sie das Fleisch am Stück, so können Sie das Fett besser erkennen und wegschneiden. Am besten eignet sich das Blatt von der Rinderschulter.

Klassisches Rezept 12
PfundsKur Rezept 5

Läßt sich aufwärmen

Vorbereiten:	10 Min.
Garen:	1 Std. 35 Min.

2–3	Streifen Zitronenschale
½ TL	Kümmelsamen
½ TL	Butter
400 g	Zwiebeln
20 g	Schweineschmalz
500 g	Rinderschulter (Blatt)
	Salz, Pfeffer
2 TL	Paprikapulver, edelsüß
50 g	Tomatenmark
10 g	Mehl
½ l	Fleischbrühe

1 Aus Zitronenschale, Kümmel und Butter eine Gewürzmischung zubereiten (s. Tip). Zwiebeln schälen und grob würfeln. Fleisch in mundgerechte Würfel schneiden.

2 In einem großen Topf das Schmalz erhitzen und die Zwiebeln darin etwa 5 Minuten anbraten. Die Rindfleischwürfel mit Salz und Pfeffer würzen und dazugeben. Die Hitze nicht reduzieren sonst zieht das Fleisch Wasser.

3 Alles 5 Minuten schmoren lassen, dann mit Paprikapulver bestreuen, Tomatenmark untermischen und kräftig weiterrösten. Wenn die Masse am Topfboden ansetzt, mit wenig Wasser ablöschen und mit einem flachen Holzlöffel den Bratensatz lösen. 2–3mal wiederholen, bis alles kräftig gebräunt ist.

4 Mit Mehl bestäuben, mit der kalten Fleischbrühe auffüllen, mit dem Schneebesen glattrühren und unter ständigem Rühren (mit dem Holzlöffel) zum Kochen bringen.

5 Die Gewürzmischung dazugeben. Den Topf schließen und das Fleisch 70 Minuten garen.

Im Schnellkochtopf gart das Gulasch in nur 35 Minuten (1. Ring)! Geben Sie für das Gulaschgewürz die Butter, den Kümmelsamen und 2–3 Streifen ganz dünn abgeschälte Zitronenschale (das geht am besten mit dem Sparschäler) auf ein Holzbrett, und hacken Sie alles mit einem großen Messer fein. **Tip**

Tafelspitz mit Meerrettichsoße

Bei dieser Variante des bekannten Klassikers, wird die Soße mit Weißbrot gebunden. Im Schnellkochtopf beträgt die Garzeit (1. Ring) nur 50 Minuten! Lassen Sie sich vom Metzger einen echten Tafelspitz geben. Dieses Teilstück ist besonders zart.

1 Gemüse waschen und putzen. Karotten und Sellerie schälen. Zwiebeln waschen und mit den Schalen in grobe Würfel schneiden. Gemüseschalen und -abschnitte, Zwiebelwürfel und Gewürze mit 1 l kaltem Wasser in einen Topf geben. Zum Kochen bringen.

2 Das Fleisch in die kochende Brühe legen und im geschlossenen Topf knapp 1 Stunde und 40 Minuten garen. Inzwischen das Gemüse in feine Streifen schneiden oder raspeln und in 0,1 l Salzwasser im geschlossenen Topf 1 Minute dünsten. Beiseite stellen.

3 Weißbrotscheiben würfeln und in der lauwarmen Milch einweichen. Petersilie waschen und hacken.

4 Für die Soße 1/8 l von der Tafelspitzbrühe abmessen und in einen Topf geben. Das eingeweichte Weißbrot mit der Milch zufügen. Das Ganze mit dem Mixstab pürieren und kurz aufkochen lassen. Den geriebenen Meerrettich unter die Soße rühren und mit etwas Zitronensaft abschmecken.

5 Das Fleisch aus der Brühe nehmen, in Scheiben schneiden und auf eine Platte legen. Die Gemüsestreifen kurz erwärmen. Die Soße über das Fleisch gießen, mit den Gemüsestreifen und der Petersilie bestreuen.

Klassisches Rezept: 8
PfundsKur Rezept: 4
Läßt sich vorkochen

Vorbereiten: 15 Min.
Garen: 1 Std 55 Min.

1	kleine Lauchstange
2	Karotten
1/2	Knollensellerie
2	Zwiebeln
	Salz, Pfeffer
	Muskat
1	Lorbeerblatt
10	Wacholderbeeren
800 g	Tafelspitz
3 Scheiben Weißbrot	
1/8 l	lauwarme Milch
1 Bund	Petersilie
50 g	geriebener Meerrettich
	Zitronensaft

Tip

Im Frühsommer können Sie Bärlauch hacken und zum Schluß unter die Soße heben.

FLEISCH

Schwäbische Maultaschen

Bei diesem beliebten schwäbischen Gericht lassen sich leider nicht sehr viele Fettaugen einsparen. Hier gilt vor allem: Kaufen Sie kein fertiges Hackfleisch, sondern lassen Sie sich frisches Fleisch vom Metzger durchdrehen.

Klassisches Rezept 12
PfundsKur Rezept 8

Läßt sich vorbereiten

Vorbereiten:	35 Min.
Garen:	5 Min.

125 g	TK-Spinat
1	Zwiebel
100 g	Lauchstange
10 g	Butter
1	Brötchen vom Vortag
50 g	Krakauer
je 125g	frisch durchgedrehte Schweine- und Rinderschulter
125 g	Kalbsbrät
2	Eier
	Salz, Pfeffer
	Muskat
300 g	Nudelteig
etwas	Eiweiß

1 Den Spinat auftauen lassen. Inzwischen die Zwiebel schälen und in feine Würfel schneiden. Den geputzten und genau abgewogenen Lauch in feine Ringe schneiden. Butter in einer Pfanne erhitzen. Lauch und Zwiebeln 3 Minuten darin anbraten.

2 Das Brötchen in Würfel schneiden, in warmem Wasser einweichen und gut ausdrücken. Die Krakauer ganz fein würfeln.

3 Hackfleisch und Brät in eine große Schüssel geben und mit Spinat, Wurst, Lauch, Zwiebeln, eingeweichten Brötchen und den Eiern zu einer streichfähigen Masse vermengen. Bei Bedarf mit etwas Salz, Pfeffer und Muskat würzen.

4 Vom Nudelteig ein 60 cm langes Stück auf die Arbeitsfläche legen und die Füllung dünn darauf streichen. Den Teig von der langen Seite her 3mal einschlagen und das obere Ende mit Eiweiß bestreichen.

5 In einem großen Topf Salzwasser zum Kochen bringen. Inzwischen mit einem großen Messer schräge Stücke von ca. 4 cm abschneiden (oder noch besser: abhacken). Diese ins kochende Salzwasser geben und darin 5 Minuten leicht kochen lassen.

Tip
Die Krakauer können Sie (oder Ihr Metzger) mit dem Fleisch durch den Fleischwolf drehen.

Schwäbische Leberknödel

*Leber ist fettarm, leicht verdaulich und enthält reichlich Vitamin A.
Diese schwäbische Spezialität paßt gut zu Sauerkraut (s. Seite 92).
Lassen Sie sich die Rinderleber gleich von Ihrem Metzger
durch den Fleischwolf drehen.*

1 Die Brötchen in dünne Scheiben schneiden. Mit lauwarmem Wasser oder lauwarmer Milch übergießen. Petersilie waschen und hacken. Zwiebeln schälen und fein würfeln.

2 Die Butter in einer Pfanne erhitzen und die Zwiebeln darin glasig dünsten. Die Hälfte der Zwiebeln herausnehmen und beiseite stellen. Die restlichen Zwiebeln rösten.

3 Die Leber in eine Schüssel füllen. Die Brötchen ausdrücken, mit den gedünsteten Zwiebeln dazugeben und vermengen.

4 Eier, Gewürze, Petersilie zufügen. Alles zu einem geschmeidigen, festen Teig verarbeiten. Eventuell Brösel zugeben. In einem großen Topf Salzwasser zum Kochen bringen.

5 Mit 2 angefeuchteten Eßlöffeln große Nokken aus dem Teig formen, ins kochende Wasser legen und 10 Minuten darin ziehen lassen. Mit einem Schaumlöffel herausheben und in eine Schüssel oder auf Teller geben. Röstzwiebeln darüber streuen und servieren.

Klassisches Rezept	7
PfundsKur Rezept	4
Preiswert	

Vorbereiten:	30 Min.
Garen:	10 Min.

2	Brötchen vom Vortag
0,2 l	lauwarmes Wasser oder lauwarme Milch
	Petersilie
2	Zwiebeln
20 g	Butter
300 g	Rinderleber
2	Eier
	Salz, Pfeffer
	Majoran, Thymian
	Muskat
evtl.	Semmelbrösel

Tip

Verwenden Sie für Leberklößchen als Suppeneinlage die Hälfte der angegebenen Mengen, und formen Sie kleine Klößchen mit Hilfe von 2 Teelöffeln. Garen Sie die Klößchen etwa 5 Minuten in Salzwasser, sonst schmeckt die Fleischbrühe zu sehr nach Leber. Die fertigen Klößchen werden in der Fleischbrühe nur erwärmt.

123

FLEISCH

Marinierter Kalbsbraten

Fleisch aus der Kalbsschulter eignet sich sehr gut für einen leckeren Braten. Das Besondere bei diesem Rezept ist die Marinade. Für die Zubereitung benötigen Sie einen Bräter oder einen großen Topf mit Deckel.

Klassisches Rezept 8
PfundsKur Rezept 3
Raffiniert

Marinieren: 2 Tage
Garen: 1 Std.

600 g	Kalbsschulter ohne Knochen
	Pfeffer
1/2	Zitrone
2	Zwiebeln
2	Rosmarinzweige
4	Salbeiblätter
2	Lorbeerblätter
2	Estragonstengel
2 EL	Kapern
1 EL	Pfefferkörner
1/2 l	Weißwein
1 EL	Olivenöl
	Salz
1/4 l	Fleischbrühe
	Zucker

1 Das Kalbfleisch mit frisch gemahlenem Pfeffer bestreuen und gründlich einreiben.

2 Die Zitrone dünn abschälen, dann auspressen. Zwiebeln schälen und grob würfeln. Zwiebelwürfel, Zitronenschale und -saft in eine Schüssel geben und verrühren.

3 Alle Kräuter waschen. Zusammen mit Kapern, Pfefferkörnern und dem Wein zur Marinade geben und vermischen.

4 Das Fleisch in eine nicht zu große Schüssel legen und die Marinade darüber gießen. Im Kühlschrank 2 Tage ziehen lassen. Zwischendurch ab und zu wenden.

5 Den Backofen auf 220 Grad vorheizen. 1/4 l Wasser mit dem Öl in einen Bräter oder Topf füllen. Das Fleisch aus der Marinade nehmen und salzen. In den Bräter legen und die gesamte Marinade darüber verteilen.

6 Den Bräter schließen und das Fleisch auf der unteren Schiene im heißen Ofen 40 Minuten schmoren. Danach ohne Deckel weitere 20 Minuten bräunen lassen. Das Fleisch aus dem Bräter nehmen, auf eine Platte legen und im Backofen bei 80 Grad warm stellen.

7 Den Bräter mit dem Bratenfond auf den Herd stellen, mit der Brühe angießen und kräftig kochen lassen. Durch ein Sieb gießen und mit etwas Zucker abschmecken.

Pikante Kalbsschnitzel

Kalbfleisch von guter Qualität hat eine rosa bis hellrote Farbe. Es ist fettarm und leicht verdaulich. Wenn Sie Schweineschnitzel bevorzugen, kaufen Sie mageres Fleisch aus der Keule. Es hat pro Portion ein Fettauge mehr.

1 Die Zwiebel schälen. Zwiebel und die Gewürzgurken in feine Würfel schneiden. Die Oliven vierteln und die eingelegten Paprikastücke in Streifen schneiden.

2 Die Schnitzel mit Salz und Pfeffer würzen und in Mehl wenden. In einer Pfanne das Fett erhitzen, die Schnitzel hineinlegen und auf jeder Seite etwa 40 Sekunden anbraten. Im 80 Grad heißen Backofen warm stellen.

3 In einem Topf die Butter zerlassen und die Zwiebeln darin bräunen. Gurken, Oliven und Paprika zufügen. Alles zusammen bei mittlerer Hitze 2 Minuten anbraten. Mit der Fleischbrühe ablöschen. Mit Paprika, Curry und Sojasoße abschmecken und noch einmal 2 Minuten köcheln lassen.

4 Die Speisestärke mit der Sahne glattrühren und unter ständigem Rühren unter die würzige Soße mischen. Aufkochen lassen und rühren, bis sie bindet. Kurz kochen lassen und zu den Schnitzeln servieren.

Klassisches Rezept	11
PfundsKur Rezept	7
Raffiniert	

Vorbereiten:	**10 Min.**
Garen:	**10 Min.**

1	*Zwiebel*
2	*Gewürzgurken*
8	*grüne Oliven ohne Kerne*
100 g	*eingelegte Paprika*
4	*Kalbsschnitzel (à 140 g)*
	Salz, Pfeffer
	Mehl zum Wenden
20 g	*Pflanzenfett*
20 g	*Butter*
0,1 l	*Fleischbrühe*
	Paprikapulver, edelsüß
	Currypulver
	Sojasoße
1 TL	*Speisestärke*
100 g	*Sahne*

Mischen Sie das Mehl mit Pfeffer und Salz, und wenden Sie dann die Schnitzel darin. So sparen Sie nicht nur einen Arbeitsschritt, sondern würzen das Fleisch auch gleichmäßig.

Auf die gleiche Weise können Sie übrigens auch Fisch zum Braten vorbereiten.

FLEISCH

Kalbsschnitzel alla romana

In der italienischen Küchen heißen diese kleinen Schnitzelchen „Saltimbocca", zu deutsch „Spring in den Mund". Sie benötigen dafür unbedingt frischen Salbei. Lassen Sie sich Schnitzel aus dem Kalbsrücken schneiden!

Klassisches Rezept 9

PfundsKur Rezept 5

Besonders fein

Vorbereiten:	10 Min.
Garen:	10 Min.

8	kleine Kalbsschnitzel
	Pfeffer
16	Salbeiblätter
8 Scheiben	Parmaschinken
etwas	Mehl
40 g	Butter
0,1 l	Weißwein
0,1 l	Fleischbrühe
	Salz

1 Das Fleisch von eventuell vorhandenem Fett und Sehnen befreien, zwischen Klarsichtfolie legen und vorsichtig mit dem Handballen oder einem flachen Klopfer vergrößern, danach nur pfeffern.

2 Die Salbeiblätter waschen und mit Küchenkrepp trocknen. Jeweils 2 Salbeiblätter auf ein Schnitzel legen und mit 1 Scheibe Parmaschinken abdecken. Den Schinken dabei gut andrücken. Das geht am besten mit einem flachen Schnitzelklopfer oder einer breiten Palette. Den Schinken auch zum Rand hin glatt verstreichen. Der Schinken muß sich gut mit dem Fleisch verbinden, und es dürfen sich keine Blasen dabei bilden.

3 Etwas Mehl in einen Teller geben und die Schnitzel vorsichtig darin wenden. Darauf achten, daß der Parmaschinken am Rand auch schön angedrückt bleibt.

4 Die Butter in einer großen Pfanne bei mittlerer Hitze leicht bräunen. Die Kalbsschnitzel mit der Schinkenseite zuerst in die Pfanne legen und auf jeder Seite 20 Sekunden braten. Dann auf einer Platte anrichten und im 80 Grad heißen Ofen warm stellen.

5 Den Bratfond mit Weißwein und Brühe ablöschen und durch kräftiges Kochen auf die Hälfte reduzieren, mit Pfeffer und Salz abschmecken und zum Fleisch servieren. Dazu passen Weißbrot und Salat.

Kalbsrouladen mit Weißweinsoße

Diese Rouladen aus der italienischen Küche verbinden besonders den feinen Geschmack von Parmaschinken, Mozzarella, Spinat und Salbei zu einem harmonischen Aroma. Mit Schweinefleisch zubereitet, enthält dieses Gericht ein Fettauge mehr.

1 Den Blattspinat waschen und tropfnaß in einen Topf geben, mit dem Deckel verschließen und 2 Minuten lang dünsten. Den Spinat ausdrücken und beiseite stellen.

2 Das Fleisch flach klopfen und mit Pfeffer und Salz würzen. Den Mozzarella in 4 gleich dicke Scheiben schneiden.

3 Die Fleischscheiben mit jeweils 1 Scheibe Parmaschinken und Mozzarella sowie Spinat und 2 Salbeiblättern belegen und aufrollen.

4 In einer Pfanne das Olivenöl erhitzen und die Kalbsrouladen bei mittlerer Hitze 5 Minuten darin rundherum anbraten.

5 Mit der Fleischbrühe und der Hälfte des Weißweins angießen, die Pfanne schließen und die Rouladen 15 Minuten schmoren lassen.

6 Die Rouladen herausnehmen und warmstellen. Den restlichen Weißwein und das Mehl glattrühren. In die Soße gießen und sie unter ständigem Rühren damit binden. 5 Minuten kochen lassen.

7 Zum Schluß die Soße mit Crème fraîche und Schnittlauch verfeinern.

Als Beilage paßt Karotten-Kartoffel-Püree. Verwenden Sie dafür nur 2/3 der angegebenen Kartoffelmenge. Der Rest wird durch Karotten ersetzt. Die Zubereitung ist auf Seite 35 beschrieben.

Klassisches Rezept 12
PfundsKur Rezept 6
Raffiniert

Vorbereiten:	10 Min.
Garen:	35 Min.

300 g	Blattspinat
4 Scheiben Kalbsschnitzel (à 150 g)	
	Salz, Pfeffer
60 g	Mozzarella
4 Scheiben Parmaschinken (à 10 g)	
8	Salbeiblätter
1 EL	Olivenöl
1/4 l	Fleischbrühe
1/4 l	Weißwein
10 g	Mehl
1 EL	Crème fraîche
1 EL	Schnittlauchröllchen

Kalbshaxe „Osso buco"

*Diese italienische Spezialität bedeutet eigentlich „Knochen mit Loch".
Lassen Sie sich von Ihrem Metzger die Kalbshaxe in 2 cm dicke
Scheiben schneiden. Die Garzeit können Sie um 30 Minuten verringern,
wenn Sie das Gericht im Schnellkochtopf garen.*

Klassisches Rezept 9

PfundsKur Rezept 6

Läßt sich vorbereiten

Vorbereiten: 15 Min.
Garen: 1 Std. 10 Min.

2	Karotten
1/2	kleiner Knollensellerie
1	Zwiebel
1	große Tomate
2	Knoblauchzehen
4	Scheiben Kalbshaxe (à 200 g)
	Salz, Pfeffer
etwas	Mehl
3 EL	Olivenöl
0,1 l	Weißwein
0,3 l	Fleischbrühe
je 1	Thymian- und Rosmarinzweig
je 1	Salbei- und Lorbeerblatt
1	Zitrone
	Petersilie

1 Karotten und Sellerie waschen, putzen und mit der Zwiebel schälen. Alles in 1 cm große Würfel schneiden. Die Tomate ebenfalls würfeln. Knoblauch schälen. Das Fleisch mit Pfeffer und Salz würzen und in Mehl wenden.

2 Das Olivenöl in einem großen Schmortopf erhitzen. Die Kalbshaxenscheiben von beiden Seiten darin anbraten, aus dem Topf nehmen und beiseite legen.

3 Nun die gewürfelte Zwiebel, Sellerie sowie Karotten in den Topf geben und 5 Minuten im Bratensatz anbraten.

4 Wein und die Hälfte der Fleischbrühe dazugießen. Die Fleischscheiben in die Soße legen. Tomatenwürfel zufügen und den Knoblauch dazudrücken. Thymian, Rosmarin, Salbei, Lorbeer, Pfeffer und Salz zufügen.

5 Das Ganze bei geschlossenem Deckel und schwacher Hitze etwa 1 Stunde schmoren lassen, bis sich das Fleisch leicht von den Knochen löst. Gelegentlich das Fleisch wenden und bei Bedarf mit der restlichen Fleischbrühe nachgießen. Wenn es schnell gehen soll, alles in den Schnellkochtopf geben und 30 Minuten lang garen lassen.

6 In der Zwischenzeit die Zitrone dünn abschälen und die Schale in feine Streifen schneiden. Die Petersilie waschen und hacken.

7 Das Fleisch aus der Soße nehmen und auf eine Platte legen. Die Soße kurz ruhen lassen, entfetten und abschmecken. Das Gemüse mit dem Mixstab unter die Soße rühren. Dadurch wird die Flüssigkeit gebunden. Die Soße zum Servieren über das Fleisch geben. Mit Petersilie und Zitronenstreifen garnieren.

Wenn Sie Petersilie nach dem Hacken in ein Küchentuch geben, unter fließendem Wasser waschen und dann kräftig auswringen, bleibt sie im Kühlschrank schön grün und frisch. Anstelle der frischen Tomate können Sie auch 1 kleine Dose geschälte Tomaten verwenden.

Tip

129

FLEISCH

Kalbsleber „Venezianische Art"

Dieses bekannte italienische Leberrezept enthält viele Zwiebeln, die durch die besondere Zubereitungsart einen leicht süßlichen Geschmack bekommen. Anstelle der feinen Kalbsleber können Sie natürlich auch Rinder- oder Schweineleber verwenden.

| Klassisches Rezept | 9 |
| Pfundskur Rezept | 5 |

Leicht zuzubereiten

| Vorbereiten: | 15 Min. |
| Garen: | 10 Min. |

600 g	Kalbsleber
	Pfeffer
500 g	Zwiebeln
1 Bund	Petersilie
0,1 l	Fleischbrühe
0,1 l	Weißwein
20 g	Olivenöl
20 g	Butter
	Salz

1 Die Kalbsleber von der Haut befreien und in 1 cm breite Streifen schneiden. Die Leberstreifen mit Pfeffer bestreuen.

2 Die Zwiebeln schälen und in feine Würfel schneiden. Die Petersilie waschen und fein hacken. Die Fleischbrühe mit dem Wein in einem kleinen Topf erhitzen.

3 In einer großen Pfanne das Olivenöl und die Butter erhitzen. Die Zwiebeln und die gehackte Petersilie zufügen. Alles zusammen bei mittlerer Hitze 5 Minuten schmoren.

4 Die Kalbsleberstreifen zu den Zwiebeln in die Pfanne geben, salzen und 2 Minuten bei starker Hitze braten. Mit der kochenden Fleischbrühe übergießen, beiseite stellen und alles 2 Minuten ziehen lassen. Sofort servieren und körnig gekochten Reis oder Polenta bzw. Polentaschnitten dazu reichen.

Tip

Bitten Sie Ihren Metzger darum, die Leber zu häuten und in Scheiben zu schneiden.

So hacken Sie Petersilie ohne Wiegemesser fein: Auf einem großen Brett mit einem langen, geraden Messer die Petersilie vorschneiden. Dann die Messerspitze mit einer Hand gegen das Brett drücken und mit der breiten Messerschneide über die Petersilie hacken.

Wirsingroulade

*Das ist eine schnelle Variante zu den beliebten Krautwickeln.
Wirsingblätter werden mit einer raffinierten Gemüse-
Kalbsbrät-Füllung aufgerollt. Sie können für dieses Rezept
auch Weißkrautblätter verwenden.*

1 Die Wirsingblätter vorsichtig vom Kohlkopf lösen, s. Rezept Krautwickel Seite 141, und in 4 Teile auslegen. Immer zuerst die größten Blätter, dann noch 2–3 kleinere Blätter darauf geben.

2 Karotte, Sellerie und Lauch waschen und putzen. Karotte und Sellerie schälen und mit dem Lauch in kleine Würfel schneiden. Mit 0,1 l Gemüsebrühe in einen Topf geben, kurz dünsten und kaltstellen.

3 Das Brötchen kleinschneiden und in warmem Wasser einweichen, dann ausdrücken. Die Zwiebel schälen und fein würfeln.

4 1 TL Olivenöl in einer Pfanne erhitzen und die Zwiebel darin anbraten. Erkalten lassen. Die Vierkornflocken im restlichen Olivenöl anrösten und ebenfalls erkalten lassen.

5 Das gewürfelte Gemüse, die Zwiebeln, die Vierkornflocken und das Kalbsbrät in eine Schüssel geben und mit den Eiern zu einer homogenen geschmeidigen Masse verarbeiten. Mit Salz, Pfeffer und Kerbel würzen.

6 Den Backofen auf 200 Grad vorheizen. Die Füllung auf die vorbereiteten Blätter verteilen. Die Rouladen wickeln und dicht nebeneinander in einen passenden Topf schichten. (Dadurch entfällt das Binden.) Mit der restlichen Gemüsebrühe angießen und im heißen Ofen 30 Minuten garen.

| Klassisches Rezept | 10 |
| PfundsKur Rezept | 5 |

Läßt sich vorkochen

| Vorbereiten: | 25 Min. |
| Garen: | 30 Min. |

1	mittelgroßer Wirsing
1	Karotte
1/2	Knollensellerie
1/2	Lauchstange
1/2 l	Gemüsebrühe
1	Brötchen vom Vortag
1	Zwiebel
2 TL	Olivenöl
100 g	Vierkornflocken
150 g	Kalbsbrät
2	Eier
	Salz, Pfeffer
	Kerbel

FLEISCH

Gemüse-Brät-Maultaschen

Probieren Sie einmal diese Variante der beliebten schwäbischen Maultaschen. Sie brauchen für die Füllung kein Ei. Ganz wichtig ist, daß Sie die Gemüsemenge für die Füllung abwiegen. Die Angaben in diesem Rezept beziehen sich auf geputztes Gemüse.

| Klassisches Rezept | 12 |
| PfundsKur Rezept | 6 |

Läßt sich vorbereiten

| Vorbereiten: | 35 Min. |
| Garen: | 5 Min. |

100 g	Lauchstange
100 g	Knollensellerie
100 g	Karotten
1	Zwiebel
0,1 l	Gemüsebrühe
	Salz, Pfeffer
	Kerbel, Estragon
	Petersilie, Schnittlauch
350 g	Kalbsbrät
300 g	Nudelteig
etwas	Eiweiß

1 Lauchstange, Sellerie und Karotten in feine Streifen schneiden oder raspeln. Zwiebel schälen und in feine Würfel schneiden. Gemüsestreifen und Zwiebelwürfel mit der Brühe in einen Topf geben.

2 Mit Salz, Pfeffer und den Kräutern würzen. Den Topf zudecken und 1 Minute kurz und kräftig dünsten. In ein Haarsieb schütten und das Gemüse abkühlen und sehr gut abtropfen lassen.

3 Gemüse und Kalbsbrät in eine Schüssel geben und zu einer schönen streichfähigen Masse verarbeiten. Achtung! Gemüse und Kalbsbrät müssen gut durchgekühlt sein, damit das Ganze nicht gerinnt!

4 Vom Nudelteig ein 60 cm langes Stück auf die Arbeitsfläche legen und die Gemüse-Brät-Masse dünn darauf streichen.

5 Teig von der längeren Seite her 2–3 mal zu einem 5 cm breiten Streifen übereinanderklappen. Die Kante mit Eiweiß bestreichen und zusammendrücken, damit sich die Maultaschen während des Garens nicht öffnen.

6 In einem großen Topf Salzwasser zum Kochen bringen. Mit einem großen Messer schräge Stücke von ca. 4 cm abschneiden (oder besser abhacken). Die Maultaschen ins kochende Salzwasser geben und 5 Minuten leicht kochen lassen.

Schweinebraten

*Ein Schweinebraten ist der beliebte Sonntagsbraten schlechthin.
Nach der folgenden Methode zubereitet, ist er besonders fettarm.
Am besten eignet sich Schweineschulter. Wer Schweinehals verwendet,
muß pro Portion zwei Fettaugen mehr berechnen.*

1 Die Zwiebeln schälen und kleinschneiden. Karotten und Sellerie waschen, putzen und schälen. Lauch putzen, waschen. Mit den Karotten und dem Sellerie in Würfel schneiden.

2 Das Fleisch rundum mit Salz, Pfeffer, Curry und Rosmarin kräftig einreiben. Den Backofen auf 220 Grad vorheizen.

3 Das Wasser, gewürfeltes Gemüse und Zwiebeln in einen Schmortopf füllen. Das Fleisch darauf setzen und den Topf mit dem Deckel schließen. In den heißen Ofen schieben und 40 Minuten garen.

4 Nach der Garzeit den Schweinebraten aus dem Topf nehmen, auf ein Gitter mit Abtropfblech legen und weitere 20 Minuten im Backofen bräunen lassen.

5 In der Zwischenzeit die Soße im Topf ruhen lassen, das Fett abschöpfen und mit einem Küchenkrepp vom letzten Fettrest befreien. Das Gemüse mit dem Mixstab zerkleinern, so erhält die Soße genügend Bindung.

6 Mit Pfeffer und Salz abschmecken. Falls die Soße noch zu flüssig ist, das Mehl im Wein verrühren und die Soße damit andicken. Das Fleisch in Scheiben schneiden und die Soße dazu reichen.

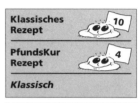

Klassisches Rezept 10
PfundsKur Rezept 4

Klassisch

Vorbereiten:	10 Min.
Garen:	1 Std.

2	Zwiebeln
2	Karotten
$1/4$	Knollensellerie
$1/2$	Lauchstange
700 g	Schweine-schulter
	Salz, Pfeffer
	Currypulver
	Rosmarin
$1/2$ l	Wasser
evtl. 20 g	Mehl
evtl. 0,1 l	Rotwein

FLEISCH

Schweinsrouladen

Während Rindsrouladen einige Zeit in der Soße schmoren müssen, dürfen Schweins- oder Lammrouladen nur kurz angebraten und anschließend im Ofen warm gestellt werden. Dabei garen sie durch und bleiben trotzdem innen schön saftig und rosa.

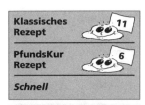

Klassisches Rezept 11
PfundsKur Rezept 6
Schnell

| Vorbereiten: | 20 Min. |
| Garen: | 15 Min. |

2	Zwiebeln
4	Salbeiblätter
20 g	Butter
8	schwarze Oliven ohne Kerne
1 Bund	Frühlingszwiebeln
4	Schweineschnitzel (à 140 g)
	Salz, Pfeffer
15 g	Olivenöl
	Thymian
0,1 l	Rotwein
0,1 l	Fleischbrühe

1 Zwiebeln schälen und in feine Würfel schneiden. Salbei und Thymian waschen und hacken. Butter zerkleinern und kalt stellen. Oliven halbieren. Frühlingszwiebeln waschen, vierteln und das Grün in 1 cm breite Ringe schneiden. Schnitzel flach klopfen salzen und pfeffern.

2 In einer Pfanne 5 g vom Olivenöl erhitzen. Zwiebeln, Salbei und Thymian darin glasig dünsten. Die Schnitzel mit dem Kräuteröl bestreichen. Von der schmalen Seite her fest aufrollen und mit Küchengarn zusammenbinden.

3 Das restliche Olivenöl in eine heiße Pfanne geben. Die Rouladen darin rundum 5 Minuten anbraten. Aus der Pfanne nehmen und im 80 Grad heißen Backofen warm stellen.

4 In derselben Pfanne die Frühlingszwiebeln und die Oliven kurz andünsten. Mit Rotwein und Fleischbrühe ablöschen. Alles kräftig kochen lassen, damit sich die Flüssigkeit auf die Hälfte reduziert.

5 Die kalten Butterstückchen nach und nach unter die Soße schlagen. Mit Salz und Pfeffer abschmecken. Die Rouladen in die Soße geben, aber nicht mehr kochen lassen.

Noch mehr Fettaugen können Sie sparen, wenn Sie diese Soße nicht mit Butter binden. Geben Sie stattdessen 1 EL in Wein oder Wasser angerührte Speisestärke zur Soße. Das spart knapp 2 Fettaugen. *Tip*

Geschnetzeltes Schweinefilet

Für dieses Gericht benötigen Sie Bratensoße, die Sie ruhig aus dem Päckchen verwenden können. Sie finden auf jeder Packung die Fettangabe, die Sie leicht in Fettaugen umrechnen können (3 g Fett = 1 Fettauge). Ansonsten finden Sie das Rezept für Bratensoße auf Seite 28.

1 Das Schweinefilet von Fett und Sehnen befreien, der Länge nach halbieren und quer zur Faser in Scheiben schneiden. Die Scheiben sollten etwa 1 cm dick sein. Mit Salz, Pfeffer und Curry würzen.

2 Die fertige Bratensoße erwärmen. Die Zwiebel schälen und in feine Würfel schneiden. In einer großen, beschichteten Pfanne das Fett erhitzen und die Zwiebelwürfel darin schön goldgelb anbraten.

3 Die gewürzten Fleischstreifen in die Pfanne legen und 2 Minuten bei starker Hitze kräftig anbraten. In die fertige, heiße Soße geben und mit der Crème fraîche verfeinern. Das Ganze auf keinen Fall mehr kochen lassen! Sofort servieren.

Klassisches Rezept	7
PfundsKur Rezept	5

Einfach und schnell

Vorbereiten:	**10 Min.**
Garen:	**10 Min.**

500 g	Schweinefilet
	Salz, Pfeffer
	Currypulver
0,3 l	Bratensoße
1	Zwiebel
5 g	Pflanzenfett
60 g	Crème fraîche

Dieses Geschnetzelte können Sie vielfältig variieren. Fügen Sie zum Beispiel in Scheiben geschnittene Champignons, Erbsen, grünen Pfeffer, Paprikastreifen, Tomatenwürfel oder irgendeine Lieblingszutat hinzu.

Tip

Lassen Sie geschnetzeltes Fleisch niemals in der Soße mitkochen, dadurch wird es zäh und hart!

135

FLEISCH

Schweinefleisch mit Weißkraut

*Das folgende Rezept stammt aus der asiatischen Küche.
Verwenden Sie dafür Schweineschnitzel aus der Keule, denn sie sind
mager und zart. Statt Weißkraut eignet sich auch Brokkoli, Chinakohl
oder Zucchini.*

Klassisches Rezept 12
PfundsKur Rezept 8
Exotisch

Vorbereiten:	20 Min.
Garen:	20 Min.

500 g	Schweineschnitzel
2 EL	Speisestärke
3 EL	Sherry
	Pfeffer
2 EL	Sojasoße
800 g	Weißkraut
4 EL	Olivenöl
	Zucker
1/4 l	Fleischbrühe
40 g	Sesamsamen
	Salz

1 Das Fleisch quer zur Faser in etwa 1 cm dicke Streifen schneiden und in eine Schüssel geben. Aus Speisestärke, Sherry, Pfeffer und Sojasoße eine Marinade rühren.

2 Die Fleischstreifen in der Marinade wenden und diese 15 Minuten darin ziehen lassen. Inzwischen das Weißkraut putzen, waschen und in feine Streifen schneiden.

3 2 EL Olivenöl, 1 Handvoll geschnittenes Weißkraut und 1 gestrichenen EL Zucker in einen Topf geben. Das Weißkraut so lange kräftig anbraten, bis es leicht karamelisiert.

4 Mit der Fleischbrühe ablöschen. Das restliche Weißkraut zufügen und alles zugedeckt 15 Minuten leicht köcheln lassen.

5 Eine Pfanne ohne Fett kräftig erhitzen, Sesam hineinschütten und kurz unter ständigem Rühren goldgelb rösten. Sofort aus der Pfanne nehmen.

6 Das restliche Olivenöl in einer großen Pfanne erhitzen und das Fleisch bei starker Hitze 1 Minute anbraten, dabei salzen. Wenn Sie eine kleine Pfanne verwenden, das Fleisch in 2–3 Portionen anbraten.

7 Das Fleisch in eine vorgewärmte Schüssel geben, das Weißkraut mit wenig Brühe unterrühren und alles mit dem gerösteten Sesamsamen bestreuen.

Schweinefilet mit Currynudeln

Dieses exotische Gericht läßt sich sehr schnell zubereiten. Wichtig ist, daß Sie das Schweinefilet immer noch eine Weile im Backofen „entspannen" lassen. Dadurch wird es zart und saftig. In der Zwischenzeit können Sie die Nudeln garen.

1 Frühlingszwiebeln waschen, putzen und in Ringe schneiden. Sellerie schälen und raspeln. Knoblauch schälen und hacken.

2 Das Schweinefilet salzen, pfeffern und mit 1 TL Öl einpinseln. In einer beschichteten Pfanne bei mittlerer Hitze insgesamt 10 Minuten auf allen Seiten anbraten. Das Schweinefilet im 80 Grad heißen Backofen warm stellen und „entspannen" lassen.

3 In einem Topf Salzwasser zum Kochen bringen. Die Nudeln darin bißfest garen. Die bißfest gegarten Nudeln in ein Sieb schütten, kurz mit heißem Wasser übergießen und in den Topf zurückgeben.

4 In der Pfanne das restliche Öl erhitzen und das Gemüse mit Knoblauch und Curry kurz darin anbraten. Dann mit der Gemüsebrühe ablöschen und 2 Minuten kochen lassen.

5 Die Soße mit den gekochten Nudeln und Mandarinenspalten mischen. Mit Zitronensaft und Koriander abschmecken.

6 Das Schweinefilet in dünne Scheiben schneiden, auf die Nudeln legen und servieren. Mit gehackter Petersilie bestreuen.

Wenn Sie keine Knoblauchpresse haben, legen Sie die Knoblauchzehe auf ein Brett und schneiden Sie sie in kleine Stücke. Dann 1 Prise Salz darauf streuen und alles mit einem Messer fein zerreiben.

Klassisches Rezept	7
PfundsKur Rezept	4

Einfach

Vorbereiten:	15 Min.
Garen:	15 Min.

1 Bund	Frühlingszwiebeln
1/2	Knollensellerie
2	Knoblauchzehen
400 g	Schweinefilet am Stück
	Pfeffer
300 g	Nudeln
2 TL	Öl
1 TL	Currypulver
0,4 l	Gemüsebrühe
1/2 Dose	Mandarinen
	Zitronensaft
	gemahlener Koriander
1 EL	gehackte Petersilie

FLEISCH

Kasseler mit Maronen

*In der Schweiz wird dieses Gericht mit fettem Schweinehals zubereitet.
Fettärmer und nicht minder köstlich wird es,
wenn Sie dafür Fleisch aus dem mageren Schweinerücken wählen.
Die Maronen können Sie schon am Vortag zubereiten.*

Klassisches Rezept 8
PfundsKur Rezept 5
Raffiniert

Vorbereiten:	10 Min.
Garen:	1 Std.

1,5 l	Wasser
600 g	roher Kasseler
500 g	Maronen (Eßkastanien)
50 g	Zucker
0,2 l	Fleischbrühe
10 g	Butter
1 Prise	Salz

1 Wasser in einem Topf zum Kochen bringen. Fleisch hineinlegen und 50 Minuten knapp unter dem Siedepunkt garen lassen.

2 Inzwischen die Schale von den Maronen auf der runden Seite mit einem spitzen Messer kreuzweise einschneiden und in 1 l Wasser 3 Minuten kochen. Topf beiseite stellen und die Maronen portionsweise mit einem Schaumlöffel aus dem Wasser nehmen. Noch warm von der äußeren Schale und dem inneren Häutchen befreien.

3 Den Zucker in einem flachen Topf hellbraun rösten, also karamelisieren. Mit der Fleischbrühe ablöschen und aufkochen.

4 Die geschälten Maronen zugeben und mit der Butter und 1 Prise Salz verfeinern. Im zugedeckten Topf bei schwacher Hitze 30 Minuten köcheln lassen.

5 Den Deckel vom Topf abnehmen und die Flüssigkeit bei starker Hitze einkochen, bis sie leicht andickt. Dabei ständig mit einem Holzlöffel umrühren. Das Fleisch aus dem Sud heben, in Scheiben schneiden und mit den glacierten Maronen anrichten.

So können Sie auch „Schwarzwälder Schäufele", wofür normalerweise gepökelte und geräucherte Schweineschulter verwendet wird, zubereiten. Die Garzeit ist, je nach Dicke des Fleisches, etwas länger.

Gefüllte Paprikaschoten

Verwenden Sie für dieses Gericht grüne, rote oder gelbe Paprikaschoten, und lassen Sie sich, wie für alle Hackfleischgerichte, das Fleisch frisch vom Metzger durchdrehen. Auf diese Weise sparen Sie Fettaugen!

1 Paprikaschoten waschen. Von jeder Schote einen Deckel mit 1 cm Fruchtfleisch abschneiden. Samen und weiße Trennwände entfernen. 1 Schote in feine Würfel schneiden.

2 Das Brötchen in Würfel schneiden und in etwas lauwarmem Wasser einweichen. Die Zwiebel schälen und in feine Würfel schneiden. Das Olivenöl in einer Pfanne erhitzen und die Zwiebel darin glasig dünsten.

3 Hackfleisch in eine Schüssel geben. Die eingeweichten Brötchenwürfel gut ausdrücken. Mit den Zwiebeln, den Paprikawürfeln und dem Ei zur Hackfleischmasse geben. Kräftig mit Salz, Pfeffer und Paprika würzen.

4 In jede Paprikaschote die Fleischfüllung bis zum Rand geben, die Deckel darauf setzen und die Schote in eine nicht zu flache feuerfeste Form oder einen Topf setzen.

5 Den Ofen auf 200 Grad vorheizen. Die Bratensoße zum Kochen bringen, mit Paprikapulver verfeinern und heiß zu den gefüllten Schoten gießen. Form schließen.

6 Im Backofen auf der unteren Schiene 30 Minuten garen. Während der letzten 10 Minuten den Deckel abnehmen, damit die Paprikaschoten oben etwas bräunen.

Tip: Statt des Brötchens können Sie genauso auch 2 Scheiben Toastbrot oder 40 g „Knödelbrot" nehmen.

Klassisches Rezept	11
PfundsKur Rezept	5

Läßt sich vorbereiten

Vorbereiten:	25 Min.
Garen:	30 Min.

5	große Paprikaschoten
1	Brötchen vom Vortag
1	Zwiebel
1 EL	Olivenöl
je 150 g	frisch durchgedrehte Schweine- und Rinderschulter
1	Ei
	Salz, Pfeffer
	Paprikapulver edelsüß
½ l	Bratensoße

139

FLEISCH

Gefüllte Kohlrabi mit Kräutersoße

Verwenden Sie kein fertiges Hackfleisch, sondern mageres Schweine- und Rindfleisch aus der Schulter. Bitten Sie Ihren Metzger, daß er das Fleisch frisch durch den Fleischwolf dreht, oder machen Sie's zu Hause selbst.

Klassisches Rezept 15
PfundsKur Rezept 7

Läßt sich vorbereiten

Vorbereiten:	20 Min.
Garen:	25 Min.

8	kleine Kohlrabi
3 Scheiben Toastbrot	
0,2 l	Milch
je 200 g	frisch durchgedrehte Schweine- und Rinderschulter
3	Eier
	Salz, Pfeffer
	Muskat
15 g	Mehl
1 Bund	Petersilie
1 Handvoll frischer oder	
1 TL getrockneter Kerbel	
1 Bund	Schnittlauch
¼ l	Gemüsebrühe
100 g	Sahne

1 Die Kohlrabi schälen und zur Hälfte aushöhlen. In kochendes Salzwasser geben und 5 Minuten darin kochen. Mit einem Schaumlöffel herausnehmen und in eine Schüssel mit kaltem Wasser tauchen.

2 Brot würfeln, in lauwarmer Milch einweichen, ausdrücken. Milch dabei auffangen.

3 Hackfleisch, Toast, Eier und Gewürze in eine Schüssel geben und gut vermengen. Den Ofen auf 180 Grad vorheizen.

4 Die Kohlrabi mit der Hackfleischmasse füllen und in eine feuerfeste Form setzen. Die Gemüsebrühe dazugießen und die Kohlrabi zugedeckt 20 Minuten im Ofen garen.

5 Mehl in die Milch rühren. Kräuter waschen und fein hacken. Kohlrabi aus der Form nehmen, auf eine Platte setzen. Warm halten.

6 Die Gemüsebrühe in einen kleinen Topf füllen und zum Kochen bringen. Mit dem angerührten Mehl binden und 5 Minuten leicht kochen lassen. Zum Schluß die Kräuter zugeben und die Soße mit Sahne verfeinern.

Tip: Verwenden Sie das Kohlrabifleisch, das beim Aushöhlen anfällt, für einen Rohkostsalat oder für eine vegetarische Füllung. Dafür Hackfleisch durch Kohlrabistreifen ersetzen und mit Käse bestreuen.

Krautwickel

*Aus Spitzkraut können Sie besonders schöne Rouladen zubereiten.
Wenn Sie Krautwickel vorbereiten, dann lassen Sie diese
in der Soße erkalten. Aufgewärmt schmeckt dieses Gericht
übrigens oft noch besser.*

1 Vom Kraut die äußeren Blätter entfernen. Die übrigen vom Kohlkopf lösen und blanchieren. In 4 Teile auslegen, immer die größten Blätter zuerst, darauf dann noch 2–3 kleinere Blätter. Salzen und mit Kümmel bestreuen.

2 Das Brötchen kleinschneiden, in warmem Wasser einweichen und gut ausdrücken. Inzwischen die Zwiebel schälen und in feine Würfel schneiden. Den Speck fein würfeln. Das Öl in einer Pfanne erhitzen. Gewürfelten Speck und Zwiebeln darin anbraten.

3 Das Fleisch mit dem Brötchen und der Zwiebelmischung in eine Schüssel geben. Mit dem Ei zu einer homogenen Masse verarbeiten und mit Salz und Pfeffer würzen. Den Ofen auf 200 Grad vorheizen.

4 Die Füllung gleichmäßig auf die unteren Teile der Krautblätter geben und die Blätter zu Rouladen wickeln. Dicht nebeneinander in einen Schmortopf mit feuerfesten Griffen legen. Mit der kochenden Bratensoße angießen, zudecken und im Backofen 40 Minuten garen. Nach der Hälfte der Garzeit den Deckel entfernen, damit sie schön braun werden.

So lassen sich Wirsing- oder Weißkrautblätter am besten ablösen: Mit einem spitzen Messer den Strunk großzügig herausschneiden. Dann den ganzen Kopf in einen großen Topf mit kochendem Wasser legen. Während das Wasser sprudelnd kocht, können Sie Blatt für Blatt ablösen.

Klassisches Rezept 11
PfundsKur Rezept 5

Läßt sich aufwärmen

| Vorbereiten: | 25 Min. |
| Garen: | 40 Min. |

1	Weißkraut
	Salz
	Kümmelsamen
1	Brötchen vom Vortag
1	Zwiebel
30 g	Bauchspeck
1 EL	Olivenöl
je 125 g	frisch durchgedrehte Rinder- und Schweineschulter
1	Ei
	Pfeffer
½ l	Bratensoße

FLEISCH

Fleischklößchen mit Tomatensoße

Fleischklößchen von bester Qualität erhalten Sie, wenn Sie kein fertiges Hackfleisch kaufen, sondern mageres Rind- und Schweinefleisch aus der Schulter. Lassen Sie sich das Fleisch am besten gleich von Ihrem Metzger durch den Fleischwolf drehen.

Klassisches Rezept 11
PfundsKur Rezept 5

Klassisch

| Vorbereiten: | 30 Min. |
| Garen: | 25 Min. |

1 ½	Brötchen vom Vortag
0,1 l	Milch o. Wasser
1	Zwiebel
1 TL	Öl
je 200g	durchgedrehte Rinder- und Schweineschulter
1	Ei
Salz, Pfeffer, Muskat, Currypulver, evtl. Semmelbrösel	

Soße:

1	Zwiebel
0,4 l	Fleisch- oder Gemüsebrühe
100 g	Tomatenmark
Salz, Pfeffer, Oregano, Basilikum, Zucker	
15 g Mehl, etwas Rotwein	
1 Dose	Pizzatomaten

1 Die Brötchen in Würfel schneiden und in warmer Milch oder warmem Wasser einweichen. Dann gut ausdrücken.

2 Zwiebel schälen und fein würfeln. In einer Pfanne das Öl erhitzen und die Zwiebeln darin glasig dünsten. Abkühlen lassen.

3 Durchgedrehtes Fleisch, Zwiebeln, Brötchen und Ei in eine Schüssel geben und gut vermengen. Mit Salz, Pfeffer, Muskat und Curry würzen. Wenn die Masse zu feucht ist, einfach Semmelbrösel zufügen.

4 Die Hände mit Wasser anfeuchten und 8 Klöße aus dem Fleischteig formen. In kochendes Salzwasser legen und 10 Minuten bei schwacher Hitze köcheln lassen.

5 Für die Tomatensoße die Zwiebel schälen und in feine Würfel schneiden. Die Brühe zum Kochen bringen, Zwiebeln zugeben sowie Tomatenmark und alle angegebenen Gewürze darunterrühren. Dann 10 Minuten bei schwacher Hitze köcheln lassen.

6 Das Mehl mit kaltem Wasser oder Rotwein anrühren. Zu der kochenden Soße geben und mit dem Schneebesen glattrühren. 5 Minuten kochen lassen und zum Schluß mit den Pizzatomaten verfeinern.

Lammkeule „Südländische Art"

Dieses Rezept ist genau das richtige für alle, die Lammkeule auf mediterrane Art zubereiten möchten, aber keinen Knoblauch mögen. Hier wird darauf verzichtet und trotzdem schmeckt dieses relativ magere Lammgericht hervorragend.

1 Das Lammfleisch von den dicken Sehnen befreien. In 1 cm breite Streifen schneiden, salzen und pfeffern. Lauch, Karotte, Zucchini und Fenchelknolle putzen und waschen.

2 Karotte schälen. Das Gemüse in 1 cm breite Streifen schneiden. Die Zwiebeln schälen und in feine Würfel schneiden.

3 In einer Pfanne das Öl erhitzen. Das Fleisch dazugeben und 3 Minuten rundherum anbraten. Herausnehmen und beiseite stellen.

4 Die Zwiebeln in die Pfanne geben, dann die Gemüsestreifen und den Rosmarinzweig zufügen und 1 Minute mitbraten.

5 Nun das Ganze mit der Fleischbrühe und der Milch aufgießen und 3 Minuten leicht köcheln lassen. Mit Salz, Pfeffer, etwas Zitronensaft und Thymian abschmecken.

6 Das angebratene Lammfleisch zum Schluß in den Gemüsesud geben und darin erwärmen. Nicht mehr kochen lassen, sonst wird das Fleisch trocken.

Klassisches Rezept	12
PfundsKur Rezept	7

Geht schnell

Vorbereiten:	10 Min.
Garen:	**8 Min.**

600 g	Lammkeule ohne Knochen
1 kleine	Lauchstange
1	Karotte
300 g	Zucchini
1	Fenchelknolle
2	Zwiebeln
10 g	Olivenöl
1	Rosmarinzweig
1/8 l	Fleischbrühe
1/8 l	Milch
	Salz, Pfeffer
	Zitronensaft
	Thymian

Tip
Verwenden Sie zum Anbraten von geschnetzeltem Fleisch immer eine möglichst große Pfanne. Braten Sie das Fleisch bei starker Hitze an, so zieht es kein Wasser.

FLEISCH

Lammscheiben mit Gemüse

Dieses wunderbare Lammgericht wird mit viel Gemüse sanft geschmort und ist ein richtiges kräuterwürziges Sommeressen. Lassen Sie sich von Ihrem Metzger die Lammscheiben aus der Keule schneiden.

Klassisches Rezept 11
PfundsKur Rezept 6

Südländisch

| Vorbereiten: | 10 Min. |
| Garen: | 1 Std. 10 Min. |

2	Zwiebeln
3	Knoblauchzehen
1 Bund	Frühlingszwiebeln
2	Karotten
$1/2$	Knollensellerie
2 Dosen	Pizzatomaten
2 EL	Olivenöl
$1/8$ l	Fleischbrühe
$1/8$ l	Rotwein
4	Lammscheiben (à 180 g)
	Salz, Pfeffer
2 EL	Mehl
1	Lorbeerblatt
je 1	Thymian- und Oreganozweig
je 1 EL	Basilikum und Petersilie, gehackt

1 Die Zwiebeln und den Knoblauch schälen. Die Zwiebeln in grobe Würfel schneiden, den Knoblauch pressen oder fein hacken.

2 Frühlingszwiebeln putzen, waschen und in Ringe schneiden. Karotten und Sellerie waschen, schälen und grob würfeln. Die Pizzatomaten in ein Sieb geben und abtropfen lassen. Den Saft auffangen.

3 Das Olivenöl in einem Schmortopf erhitzen. Zwiebeln, Knoblauch und Gemüse darin anbraten. Mit Brühe, Rotwein sowie Tomatensaft ablöschen und aufkochen lassen. Den Backofen auf 170 Grad vorheizen.

4 Die Fleischscheiben salzen, pfeffern und im Mehl wenden. In die kochende Soße legen. Die Tomatenwürfel auf dem Fleisch verteilen. Die Kräuterzweige und das Lorbeerblatt dazugeben.

5 Den Schmortopf schließen, in den vorgeheizten Backofen auf den Boden stellen und 40 Minuten schmoren.

6 Zum Schluß die Soße mit Salz und Pfeffer abschmecken. Mit Basilikum und Petersilie bestreuen und servieren.

Tip
Dieses Gericht können Sie auch sehr gut mit Lammschulter zubereiten. Dann erhöht sich die Schmorzeit im Ofen allerdings um 15 Minuten, also auf 55 Minuten.

Schnitzel „Wiener Art"

Auf panierte Schnitzel müssen Sie auch während der PfundsKur nicht verzichten! Verwenden Sie Puten- und nicht Schweinefleisch. Bei magerem Schweineschnitzel müssen Sie 1 Fettauge, bei Schweinehalsschnitzel 3 Fettaugen mehr rechnen.

1 Die Putenschnitzel zwischen 2 Lagen Frischhaltefolie legen. Breit klopfen oder flach drücken und mit allen angegebenen Gewürzen auf beiden Seiten bestreuen.

2 Das Fleisch zuerst in Mehl, dann in dem verquirlten Ei und zum Schluß in dem Paniermehl wenden. Überschüssiges Paniermehl abklopfen. Schnitzel auf eine Platte legen.

3 Die Hälfte des Pflanzenfettes in einer Pfanne erhitzen. Die panierten Schnitzel auf jeder Seite 1 Minute braten. Nach dem Wenden nur bei Bedarf das übrige Fett zugeben.

4 Die fertig gebratenen Schnitzel zwischen 2 Lagen Küchenkrepp gut abtupfen, damit das Fett aufgesogen wird.

5 Jedes Schnitzel mit Zitronenschnitz und Petersiliensträußchen garnieren.

Klassisches Rezept 10
PfundsKur Rezept 4

Einfach und schnell

| Vorbereiten: | 8 Min. |
| Garen: | 2 Min. |

4	Putenschnitzel (à 100 g)
	Salz, Pfeffer
	Currypulver
	Paprikapulver, edelsüß
2 EL	Mehl
1	Ei
80 g	Paniermehl
80 g	Pflanzenfett
4	Zitronenschnitze
4	Petersiliensträußchen

Wenden Sie Fleisch oder Fisch vor dem Panieren immer erst in Mehl. So bleibt es saftiger.

Stellen Sie sich eine Gewürzmischung aus 3 EL Salz, je 1 TL Pfeffer, Paprikapulver edelsüß und Currypulver her, die Sie immer im Gewürzregal vorrätig haben

Tip

FLEISCH

Putenzöpfle in Weißweinsoße

Putenschnitzel einmal ganz anders! Überraschen Sie Ihre Gäste das nächstemal mit diesem schnellen Gericht aus fettarmem eiweißreichem Fleisch. Mit dieser wirklich neuen Variation ernten Sie garantiert viel Lob!

Klassisches Rezept	8
PfundsKur Rezept	3
Orginell	

| Vorbereiten: | 10 Min. |
| Garen: | 15 Min. |

1	Karotte
1	Zwiebel
	Petersilie
4	Putenschnitzel (à 180 g)
	Salz, Pfeffer
1 EL	Olivenöl
⅛ l	Weißwein
⅛ l	Geflügelbrühe
½	Dose Mais
2 EL	Aprikosenkonfitüre
50 g	Crème fraîche

1 Die Karotte waschen, schälen und in Würfel oder Streifen schneiden. Die Zwiebel ebenfalls schälen und dann fein würfeln. Die Petersilie waschen und hacken.

2 Jedes Putenschnitzel der Länge nach so in 3 Streifen schneiden, daß das Fleisch an einem Ende noch zusammenhält.

3 Die einzelnen Fleischstreifen zu einem Zopf flechten und am Ende mit einem Zahnstocher zusammenstecken. Das Fleisch rundherum mit Salz und Pfeffer würzen und mit dem Olivenöl einpinseln.

4 Eine beschichtete Pfanne erhitzen und die Putenzöpfle von allen Seiten darin höchstens 3 Minuten anbraten. Danach im 80 Grad heißen Backofen warm stellen.

5 Die Zwiebel- und Karottenwürfel in die Pfanne geben und im Bratensatz kurz anrösten. Anschließend das Ganze mit Wein und Geflügelbrühe ablöschen. Dann den Mais aus der Dose zufügen und alles 10 Minuten leicht köcheln lassen.

6 Die Aprikosenkonfitüre in einem kleinen Topf erwärmen. Die Putenzöpfle aus dem Ofen nehmen und damit bepinseln. Ein wenig von der Konfitüre übriglassen.

7 Die Soße mit dem Mixstab pürieren. Auf diese Weise wird die Soße ohne Fett und Mehl fein gebunden. Die Crème fraîche unterrühren und die Weinsoße zum Schluß mit Pfeffer und Salz abschmecken.

8 Die restliche Aprikosenkonfitüre in die Soße rühren. Über die Putenzöpfle gießen und das Gericht vor dem Servieren mit der gehackten Petersilie bestreuen.

Wenn Sie Essig oder Weißwein für ein Gericht zum Kochen verwenden, bekommt es immer erst durch den Zusatz von etwas Süßem eine abgerundete Geschmacksnote. Es genügt häufig 1 Prise Zucker. In diesem Rezept wird Aprikosenkonfitüre verwendet. **Tip**

FLEISCH

Geflügelbrust auf Paprikapüree

*Dieses Gericht schmeckt am allerbesten mit Brustfleisch
von Hähnchen oder Poularde, vorzugsweise einer Maispoularde.
Das Fleisch bleibt in jedem Fall saftiger,
wenn Sie Geflügelbrüstchen mit Knochen verwenden.*

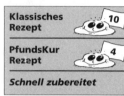

| Klassisches Rezept | 10 |
| Pfundskur Rezept | 4 |

Schnell zubereitet

| Vorbereiten: | 5 Min. |
| Garen: | 25 Min. |

4	Geflügelbrüstchen (à 160 g)
	Salz, Pfeffer
	Estragon
10 g	flüssige Butter
2	rote Paprikaschoten
0,2 l	Gemüsebrühe
4 EL	Milch
10 g	Mehl
	Paprikapulver, edelsüß

1 Den Backofen auf 180 Grad vorheizen. Geflügelbrüstchen mit Salz, Pfeffer und Estragon würzen. Mit der Butter einpinseln und nebeneinander in einen Schmortopf legen. Das Geflügel ohne Deckel im vorgeheizten Ofen etwa 20 Minuten garen.

2 Inzwischen die Paprikaschoten waschen, halbieren, putzen und in Würfel schneiden. In einen kleinen, hohen Topf geben. Gemüsebrühe zufügen und alles 3 Minuten bei schwacher Hitze köcheln lassen.

3 Die kalte Milch mit dem Mehl verrühren. Unter ständigem Rühren in die kochende Brühe gießen und etwa 2 Minuten kochen lassen, bis die Flüssigkeit andickt.

4 Das Ganze mit dem Mixstab pürieren. Mit Salz, Pfeffer und Paprika abschmecken.

5 Die Geflügelbrüstchen aus dem Ofen nehmen, das Fleisch vom Knochen lösen, auf das Paprikapüree legen und servieren.

Besonders attraktiv wirkt dieses Gericht, wenn Sie zwei Paprikapürees aus verschiedenen Farben zubereiten. Zum Beispiel aus roten und gelben Paprikaschoten. **Tip**

Putenbrust mit Käse

Ein delikates Hauptgericht mit dem Sie Ihre Gäste überraschen können. Nehmen Sie hierfür einen cremigen Blauschimmelkäse, und reichen Sie dazu einfach nur frisches französisches Weißbrot und einen knackigen Salat.

1 Die Putenbrust zuerst in 1 cm dicke Scheiben und dann quer zur Faser in 1 cm dicke Streifen schneiden. Mit Salz und Pfeffer würzen.

2 Die Zwiebel schälen und in feine Würfel schneiden. Den Käse grob würfeln.

3 In einer großen Pfanne die Butter erhitzen und die Zwiebelwürfel darin glasig dünsten. Die gewürzten Putenstreifen dazugeben und alles unter ständigem Rühren sehr kurz anbraten. (1 Minute ist genug!) Den Backofen auf 220 Grad vorheizen.

4 Das Fleisch in eine feuerfeste Form füllen und mit etwas Zitronensaft beträufeln. Mit den Käsewürfeln bestreuen und im heißen Backofen etwa 5–10 Minuten überbakken, bis der Käse zerlaufen ist.

Verwenden Sie zum Anbraten eine große Pfanne. Nur so brät das Fleisch auf einer kontinuierlich heißen Fläche. Ansonsten kocht es in seiner Flüssigkeit und wird dadurch trocken.

Für dieses Gericht eignen sich alle zarten Fleischsorten wie zum Beispiel Filets oder Geflügelbrust.

Einen ganz besonderen Pfiff erhält das Gericht, wenn Sie eine halbe Birne in Würfel schneiden und unter den Käse mengen. **Tip**

Klassisches Rezept	8
PfundsKur Rezept	5

Schnell und raffiniert

Vorbereiten:	8 Min.
Garen:	12 Min.

600 g	Putenbrust
	Salz, Pfeffer
1	Zwiebel
150 g	Blauschimmelkäse (z.B. Gorgonzola)
10 g	Butter
etwas	Zitronensaft

FLEISCH

Hühnerfrikassee

*Verwenden Sie statt des Suppenhuhns lieber ein Hähnchen.
Das Fleisch ist saftiger und die Zubereitungszeit kürzer.
Eine besonderen Pfiff erhält das Gericht, wenn Sie in dünne Scheiben
geschnittene, rohe Champignons zum Schluß in die heiße Soße geben.*

Klassisches Rezept	8
PfundsKur Rezept	5

Einfach

Vorbereiten:	15 Min.
Garen:	40 Min.

2	Zwiebeln
2	Karotten
100 g	Knollensellerie
1	kleine Lauchstange
2 l	Wasser
2	Gemüsebrühwürfel
1	Lorbeerblatt
	Salz, Pfeffer
	Muskat
1	küchenfertiges Hähnchen (ca. 1000 g)
0,1 l	Weißwein
20 g	Mehl
0,2 l	Milch
50 g	Sahne

1 Zwiebeln, Karotten, Sellerie und Lauch waschen, putzen und mit den Schalen in grobe Würfel schneiden.

2 Wasser in einem großen Topf zum Kochen bringen. Brühwürfel, Lorbeerblatt und Gewürze zufügen. Das Hähnchen mit den Zwiebeln und dem grob geschnittenen Gemüse hineingeben. 30 Minuten bei schwacher Hitze köcheln lassen.

3 Anschließend das gegarte Hähnchen aus der Brühe nehmen. Sofort in eine große Schüssel mit kaltem Wasser legen. So läßt sich später die Haut besser ablösen.

4 Die Brühe entfetten und durch ein Haarsieb gießen. 0,6 l davon abmessen und in einen Topf geben. (Die restliche Brühe kann kalt gestellt und als Suppe verwendet werden.)

5 Den Weißwein mit dem Mehl verquirlen und mit dem Schneebesen in die kochende Brühe rühren. 10 Minuten bei schwacher Hitze leicht kochen lassen.

6 In der Zwischenzeit das Hähnchen enthäuten, das Fleisch von den Knochen befreien und in Würfel schneiden. Soße mit Milch und Sahne verfeinern. Abschmecken und Fleisch hineingeben.

Tip: Brühe läßt sich sehr gut mit Hilfe von Küchenkrepp vom letzten Fettrest befreien.

Putenstreifen mit Currysoße

Geschnetzeltes mit Curry ist bekannt und beliebt. Verwenden Sie das Currypulver großzügig, dadurch erhält das Gericht seinen würzigen Geschmack. An Schärfe gewinnt das Gericht, wenn Sie 1 Prise Chilipulver zufügen.

1 Die Putenbrust zuerst in Scheiben und danach in 1 cm breite Streifen schneiden. Das Fleisch mit Salz, Pfeffer und Olivenöl marinieren. Die Hälfte der kalten Milch mit der Speisestärke glattrühren.

2 Die Zwiebel schälen und in feine Würfel schneiden. Die restliche Milch, die Fleischbrühe, das Currypulver und die feingeschnittenen Zwiebeln in einem Topf zum Kochen bringen und ohne Deckel bei schwacher Hitze 5 Minuten leicht köcheln lassen.

3 Die angerührte Speisestärke zum Andikken unter die Curry-Flüssigkeit geben und weitere 5 Minuten köcheln lassen. Das Ganze nochmals mit Curry abschmecken und die abgetropften Früchte darunterziehen.

4 Eine große Pfanne ohne Fett gut erhitzen. Das marinierte Putenfleisch kurz und kräftig etwa 2 Minuten darin anbraten. In die heiße Soße geben und 1 Minute ziehen lassen. Dazu am besten Reis servieren.

Klassisches Rezept 6
PfundsKur Rezept 1
Exotisch

| Vorbereiten: | 5 Min. |
| Garen: | 15 Min. |

500 g	Putenbrust
	Salz, Pfeffer
1 TL	Olivenöl
1/8 l	Milch
1 TL	Speisestärke
1	Zwiebel
1/8 l	Fleischbrühe
2 TL	Currypulver
200 g	Fruchtcocktail ohne Flüssigkeit

Tip
Dieses Gericht sollten Sie niemals vorkochen, denn das Fleisch wird beim Wiedererwärmen zäh.

FLEISCH

Hähnchen in Weißwein

Ein klassisches Gericht aus Frankreich mit einer köstlichen Soße. Im Originalrezept, dem „Coq au vin", wird das Hähnchen in Rotwein gegart. Als Beilage paßt dazu Reis nach dem Rezept auf Seite 33 zubereitet.

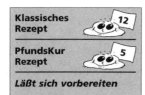

Klassisches Rezept 12
PfundsKur Rezept 5

Läßt sich vorbereiten

| Vorbereiten: | 15 Min. |
| Garen: | 1 Std. |

1	küchenfertiges Hähnchen (ca. 1000 g)
3	Karotten
1	Lauchstange
2	Zwiebeln
2	Knoblauchzehen
	Petersilie
20 g	Olivenöl
1	Lorbeerblatt
1	Thymianzweig
0,3 l	Fleischbrühe
	Pfeffer, Salz
20 g	Mehl
0,1 l	Weißwein
	Muskat
50 g	Crème fraîche
etwas	Zitronensaft
4 cl	Cognac

1 Das Hähnchen innen und außen waschen. Trockentupfen und in 8 Stücke zerteilen. Die restlichen Knochen zerkleinern.

2 Karotten und Lauch waschen, putzen und in etwa 1 cm große Würfel schneiden. Zwiebeln schälen und in feine Würfel schneiden. Petersilie von den Stengeln zupfen.

3 Knoblauchzehen schälen und durchpressen. Karotten- und Zwiebelschalen sowie die dunkelgrünen Lauchblätter aufbewahren!

4 Die Hälfte des Olivenöls in einem Topf erhitzen. Karottenschalen, dunkle Lauchblätter, Zwiebelschalen und Petersilienstengel, Geflügelknochen, 1 Lorbeerblatt und 1 Thymianzweig zufügen. 5 Minuten kräftig im heißen Öl anrösten. Mit der Brühe ablöschen. Danach 20 Minuten kochen lassen. Die entstandene Geflügelbrühe durch ein Haarsieb in ein Gefäß gießen und abkühlen lassen.

5 Die Hähnchenteile salzen und pfeffern. Das restliche Olivenöl in einen flachen Topf geben und die Geflügelteile darin anbraten. Wieder herausnehmen.

6 Nun das Gemüse mit dem Knoblauch und den Zwiebeln in den Topf geben und im verbliebenen Fett 10 Minuten goldgelb dünsten. Mit Mehl bestäuben und mit der abgekühlten Brühe sowie dem Wein auffüllen. Rasch mit dem Schneebesen glattrühren.

7 Die Soße langsam unter ständigem Rühren zum Kochen bringen und mit Pfeffer, Salz und Muskat abschmecken. Die angebratenen Hähnchenteile in die Soße legen und 25 Minuten darin garziehen lassen.

8 Inzwischen die Petersilie fein hacken. Die Hähnchenteile in einer Schüssel anrichten. Die Soße mit Crème fraîche, Zitronensaft und Cognac verfeinern, darüber gießen und mit der gehackten Petersilie garnieren.

Füllen Sie die Mehlschwitze mit kalter Flüssigkeit auf, so entstehen keine Klumpen. Geben Sie die gesamte Flüssigkeit auf einmal dazu, und rühren Sie die Soße mit dem Schneebesen glatt. Dann so lange mit dem Holzlöffel am Topfboden rühren, bis die Soße gebunden ist und kocht.

FLEISCH

Marinierter Geflügelspieß

Raffiniert gewürzt und schnell zubereitet ist dieses Gericht. Damit das Geflügelfleisch sein besonderes Aroma nicht verliert und nach dem Garen buchstäblich auf der Zunge zergeht, muß es mindestens 30 Minuten marinieren.

| Klassisches Rezept | 8 |
| Pfundskur Rezept | 3 |

Läßt sich vorbereiten

| Vorbereiten: | 40 Min. |
| Garen: | 5 Min. |

600 g	Geflügelbrust
1	Zitrone
1 TL	Dijonsenf (oder ein anderer scharfer Senf)
1 TL	gemahlener Ingwer
1 TL	Paprikapulver, edelsüß
1 TL	Currypulver
3 EL	Olivenöl
	Salz

Außerdem:
| 4 | Holzspieße |

1 Die Geflügelbrust quer zur Faser in etwa 1,5 cm dicke Scheiben schneiden. Die Geflügelscheiben in eine flache Form legen.

2 Die Zitrone halbieren und auspressen. Aus Senf, Ingwer, Paprika- und Currypulver, sowie Öl und Zitronensaft eine Marinade rühren. Die Geflügelscheiben damit übergießen und mindestens 30 Minuten ziehen lassen.

3 Die marinierten Geflügelscheiben aufrollen, gleichmäßig verteilt auf 4 Holzspieße stecken und etwas salzen. Geflügelspieße auf dem Grill oder in der trockenen Pfanne auf jeder Seite 2 Minuten braten.

tip
Variieren Sie die Geflügelspieße mit Früchten: Stecken Sie beispielsweise Ananas-, Kiwi- oder Mandarinenstückchen zwischen die Fleischstücke. Sie benötigen dann allerdings weniger Fleisch.

Rehbraten in Cognacrahm

Rehbraten aus dem Bug oder der Schulter erhält seinen vollen Geschmack, indem man auf langes Marinieren in Rotwein oder Essig verzichtet. Lassen Sie sich von Ihrem Händler das Rehfleisch ausbeinen und die Knochen hacken.

1 Gemüse waschen und putzen, nicht schälen! Zwiebel ebenfalls nur putzen. Zwiebel, Karotte und Sellerie mit der Schale grob würfeln. Fleisch mit Salz und Pfeffer würzen.

2 In einem Schmortopf das Pflanzenfett erhitzen. Gehackte Knochen, Zwiebel- und Gemüsewürfel kräftig darin anrösten. Tomatenmark zufügen und alles bei starker Hitze weiter rösten. Sobald das Ganze am Topfboden ansetzt, etwas Wasser zugießen. Dadurch löst sich die Kruste und die Soße bekommt eine schöne braune Farbe. Diesen Vorgang 3–4mal wiederholen.

3 Mit der Brühe auffüllen und die Soße zum Kochen bringen. Wacholderbeeren, Lorbeerblatt, Nelken und Rosmarin hinfügen.

4 Das Rehfleisch in die kochende Soße legen und im geschlossenen Topf 50 Minuten bei schwacher Hitze köcheln lassen.

5 Das Fleisch herausnehmen und im Backofen bei 80 Grad warm stellen. Die Soße durch ein Haarsieb streichen, kurz ruhen lassen, dann das Fett abschöpfen. Rotwein mit dem Mehl anrühren. Die Soße nochmals aufkochen und mit dem angerührten Mehl binden. 5 Minuten leicht kochen lassen und mit Cognac und Crème fraîche verfeinern.

Klassisches Rezept 12
PfundsKur Rezept 7
Etwas besonderes

Vorbereiten:	15 Min.
Garen:	55 Min.

1	Karotte
1/4	Knollensellerie
1	Zwiebel
600 g	Rehschulter ohne Knochen
	Salz, Pfeffer
20 g	Pflanzenfett
400 g	Rehknochen
1 EL	Tomatenmark
0,4 l	Fleischbrühe
20	Wacholderbeeren
1	Lorbeerblatt
2	Nelken
1	Rosmarinzweig
0,1 l	Rotwein
20 g	Mehl
2 cl	Cognac
100 g	Crème fraîche

FLEISCH

Gänsebraten „Tante Anni"

Diese Spezialität aus Mecklenburg-Vorpommern beweist, daß eine gebratene Gans nicht fett und schwer verdaulich, sondern mager und knusprig sein kann. Die Fettaugenangabe bezieht sich auf 150 Gramm Fleisch

| Klassisches Rezept | 18 |
| PfundsKur Rezept | 6 |

Braucht Zeit

| Vorbereiten: | 40 Min. |
| Garen: | 2 Std. 40 Min. |

1	küchenfertige Gans (3–4 kg)
	Salz, Pfeffer
	Estragon, Salbei
3	Zwiebeln
200 g	Karotten
200 g	Knollensellerie

1 Den Backofen auf 280 Grad vorheizen. Die Gans vom sichtbaren Fett befreien, innen waschen und trockentupfen. Mit Salz, Pfeffer, Estragon und Salbei innen und außen kräftig einreiben.

2 Die Zwiebeln schälen und grob würfeln. Die Karotten und das Stück Sellerie waschen, schälen und in grobe Würfel schneiden. In einen Bräter 1 l Wasser füllen.

3 Die Gans mit der Brust nach oben in den Bräter legen. Zwiebeln, Sellerie und Karotten um das Fleisch herum verteilen. Den Bräter mit dem Deckel verschließen.

4 Den Bräter in den heißen Ofen schieben und die Gans 30 Minuten darin garen. In dieser Zeit tritt ein „Sauna-Effekt" ein: Die Poren der Gänsehaut öffnen sich und das darunterliegende Fett läuft heraus.

5 Anschließend die Temperatur auf 180 Grad herunterstellen. Die Gans weitere 100 Minuten im geschlossenen Bräter weich garen.

6 Bräter aus dem Ofen nehmen, Deckel abheben. Die Gans vorsichtig herausnehmen und mit der Brust nach oben in den Deckel setzen. An den Keulen einschneiden, damit das restliche Fett auslaufen kann.

7 Den Ofen auf 220 Grad stellen, die Gans auf dem Deckel in 30 Minuten schön bräunen lassen. Ständiges Übergießen ist bei dieser Garmethode nicht nötig!

8 Während die Gans bräunt, das Fett von der Soße im Bräter schöpfen. Den letzten Rest mit Küchenkrepp entfernen. Die Bratensoße in einen kleinen Topf schütten und wieder zum Kochen bringen.

9 Mit dem Mixstab das Gemüse in der Soße pürieren. Dadurch wird sie sämig und erhält einen runden Geschmack.

10 Die knusprige Gans zum Servieren auf eine Platte legen oder bereits in der Küche portionieren. Dabei Brustfleisch und Keulen vorsichtig lösen.

Reichen Sie zur Gans Rotkohl, PfundsKur-gerecht zubereitet (s. Seite 94), außerdem noch Kartoffelknödel. Und Ihr Festtagsschmaus, den Sie nicht bereuen müssen, ist perfekt! *Tip*

FLEISCH

Hirschkalbsragout

Hirschfleisch ist, wie das Fleisch aller Wildsorten, fettarm und besitzt hochwertiges Eiweiß. Leider wird bei der Zubereitung das Fleisch oft zu lange gegart. Mit diesem Rezept gelingt Ihnen ein saftiges Hirschragout – und zwar ohne Zugabe von Fett.

Klassisches Rezept	9
PfundsKur Rezept	5

Klassisch

Vorbereiten:	20 Min.
Garen:	35 Min.

800 g	Hirschkalbskeule mit Knochen
	Salz, Pfeffer
1	Orange
1	Karotte
50 g	Knollensellerie
2	Zwiebeln
20 g	Pflanzenfett
2 EL	Tomatenmark
0,4 l	Fleischbrühe
0,2 l	Rotwein
	Salz, Pfeffer
	Thymian, Rosmarin
	Wacholderbeeren
	Pfefferkörner
	Bohnenkraut
0,1 l	Portwein
einige	Kerbelzweige

1 Das Fleisch vom Knochen lösen und die Sehnen herausschneiden. Vom Fett befreien und das Fleisch in 3 cm große Würfel schneiden. Von der Orange die Schale abreiben.

2 Das Fleisch mit Salz, Pfeffer und der Orangenschale (ein wenig Schale zum Würzen beiseite legen) einreiben und marinieren lassen. Inzwischen Karotten und Sellerie waschen, schälen und in 1 cm große Würfel schneiden. Die Zwiebel schälen und in Scheiben schneiden.

3 Das Fett in einem großen Topf erhitzen und das Fleisch darin von allen Seiten kräftig anbraten (etwa 5 Minuten). Herausnehmen und im Backofen bei 80 Grad warm stellen.

4 Nun die Knochen, die Gemüsewürfel und die Zwiebeln in den Topf geben. Alles im verbliebenem Fett gut anrösten. Das Tomatenmark zugeben und alles bei starker Hitze weiter rösten, bis sich die Masse am Topfboden ansetzt. Mit wenig Fleischbrühe ablöschen, mit einem flachen Holzlöffel lösen und wieder anrösten. Diesen Vorgang 3–4mal wiederholen. Immer bei starker Hitze, damit das Gemüse eine kräftige Farbe bekommt.

5 Die angerösteten Zutaten mit der Fleischbrühe und dem Rotwein auffüllen. Gewürze zugeben. Alles 15 Minuten kochen lassen.

6 Die Soße durch ein Haarsieb gießen. Gemüse und Zwiebeln zunächst zurücklassen. Die Soße kurz ruhen lassen und das Fett abschöpfen. Dann Gemüse und Zwiebeln durch das Haarsieb streichen, um die Soße zu binden. Mit Portwein und etwas abgeriebener Orangenschale verfeinern.

7 Das Fleisch in die Soße geben und das Wildragout nicht mehr kochen lassen. Garnieren Sie das Ragout mit Orangenfilets und frisch gehacktem Kerbel.

Champignons sind eine gute geschmackliche Ergänzung zum Hirschkalbsragout. Es passen auch Austernpilze oder Steinpilze. tip

159

FLEISCH

Rehrücken mit Wacholderrahm

Um saftiges, zartes Fleisch zu erhalten, wurde Rehrücken früher oft gespickt. Dies ist absolut unnötig. Worauf es ankommt, ist die richtige Garmethode. Wichtig ist, daß das Fleisch nach dem Braten „entspannen" kann.

Klassisches Rezept 6
PfundsKur Rezept 4

Klassisch

| Vorbereiten: | 25 Min. |
| Garen: | 30 Min. |

1,6 kg	Rehrücken
1 ½ EL	Wacholderbeeren
	Pfeffer
	Majoran
2 EL	Olivenöl
1	Zwiebel
2	Karotten
¼	Knollensellerie
3 EL	Tomatenmark
½ l	Fleischbrühe
1	Lorbeerblatt
10	Pfefferkörner
10 g	Mehl
0,1 l	Rotwein
50 g	Crème fraîche
2 cl	Cognac
	Salz

1 Die beiden Fleischstränge des Rehrückens mit einem Messer sorgfältig auslösen, ebenso das Lendchen auf der Unterseite. Nun das Fleisch von allen Sehnen befreien.

2 5 Wacholderbeeren zerdrücken. Die Filets mit den zerdrückten Wacholderbeeren, Pfeffer, Majoran und 1 EL Olivenöl marinieren. Die Knochen zerkleinern und in einem großen Topf im restlichen Olivenöl anbraten.

3 In der Zwischenzeit Zwiebel, Karotten und Sellerie waschen, schälen und in grobe Würfel schneiden. Die gewürfelten Zutaten zu den angerösteten Knochen geben und bei starker Hitze weiter rösten.

4 Das Tomatenmark zufügen und ebenfalls anrösten. Sobald etwas am Topfboden ansetzt, mit wenig Wasser ablöschen und mit einem Holzlöffel die Kruste am Topfboden lösen. Den Röstvorgang fortsetzen. Um eine appetitliche, dunkle Soße zu erhalten, diesen Vorgang 3–4mal wiederholen.

5 Das Ganze mit der Brühe auffüllen. Die übrigen Wacholderbeeren, das Lorbeerblatt und die Pfefferkörner dazugeben und 20 Minuten bei schwacher Hitze köcheln lassen.

6 Das Mehl mit dem Rotwein anrühren. Die Soße durch ein Haarsieb in einen kleineren Topf streichen und wieder zum Kochen bringen. Das angerührte Mehl mit einem Schneebesen in die kochende Soße rühren und 5 Minuten leicht köcheln lassen.

7 Die Soße mit Crème fraîche und Cognac verfeinern. Mit Pfeffer und Salz abschmekken und zugedeckt beiseite stellen.

8 Die Rehrückenfilets salzen und in einer heißen Pfanne auf allen Seiten anbraten. Bei mittlerer Hitze 5 Minuten weiterbraten.

4 Auf eine Platte legen und im 80 Grad heißen Backofen weitere 5 Minuten „entspannen" lassen. Das Fleisch in Scheiben schneiden und mit der Soße servieren.

Sie benötigen weniger Fett für Kurzgebratenes, wenn Sie es mit Öl marinieren und dann in einer heißen Pfanne ohne Fett braten. **Tip**

161

Fisch

Fisch ist heute noch eines der wichtigsten Nahrungsmittel der Weltbevölkerung und sichert vielen Menschen das Überleben. Denn Fischfleisch enthält hochwertiges Eiweiß und „gesundes" Fett. Mit einer Fischmahlzeit von 200 g ist der Tagesbedarf für einen Erwachsenen an tierischem Eiweiß bereits gedeckt. Der Fettanteil ist im Verhältnis zum Eiweißanteil gering und Fischfett ist reich an mehrfach ungesättigten Fettsäuren, die erwiesenermaßen unsere Gesundheit schützen. Sie sind wichtig für den Herzrhythmus, den Blutdruck, die Fließeigen-

schaften des Blutes und andere lebenswichtige Funktionen. Fischfleisch enthält darüber hinaus die fettlöslichen Vitamine A und D, die Vitamine der B-Gruppe und die Mineralstoffe Kalium, Magnesium, Phosphor, Eisen und Selen. Ganz besonders hervorzuheben ist der Jodgehalt im Seefisch. Eine Portion Schellfisch (200 g) deckt beispielsweise den Jodbedarf von wei Tagen. Jodmangel kann zu Erkrankungen der Schilddrüse führen. Deshalb sollten Sie mindestens einmal pro Woche Seefisch in Ihren Speiseplan einbauen, was Ihnen mit Hilfe der folgenden Rezepte nicht schwerfallen wird.

FISCH

Lachsfilet im Gemüsemantel

Dieses Fischgericht läßt sich gut vorbereiten und gart besonders schonend im Backofen in einem Bratschlauch. Statt dessen können Sie das Gericht auch in einer flachen, feuerfesten Form zubereiten. Reichen Sie Salzkartoffeln dazu.

Klassisches Rezept 11
PfundsKur Rezept 7

Schnell und einfach

Vorbereiten:	20 Min.
Zubereiten:	20 Min.

4	Lachsfilets ohne Haut (à 150 g)
	Salz
250 g	Champignons
3	Karotten
1	kleiner Knollensellerie
1	Lauchstange
10 g	Butter
0,3 l	Weißwein (Riesling)
	Salz, Pfeffer
	Currypulver
	Knoblauchpulver

1 Die Lachsfilets waschen und leicht salzen. Champignons putzen, nur kurz in kaltem Wasser waschen und in Blättchen schneiden.

2 Karotten und Sellerie putzen, waschen, schälen und in Scheiben schneiden. Lauch putzen, der Länge nach aufschlitzen, waschen und in Ringe oder Streifen schneiden.

3 In einem kleinen Topf die Butter erhitzen und das Gemüse sowie die Pilze darin andünsten. Das Ganze mit Knoblauch und Curry würzen und mit Weißwein ablöschen. Mit Salz und Pfeffer abschmecken.

4 Den Ofen auf 180 Grad vorheizen. Den Bratschlauch auf einer Seite zubinden. Die Hälfte des Gemüses hineinfüllen, die Lachsfilets darauf legen und mit dem restlichen kleingeschnittenen Gemüse bedecken.

5 Zum Schluß den übriggebliebenen Gemüsesud dazugießen und den Schlauch gut zubinden. Vorsichtig auf ein Backblech legen und den Fisch im Gemüsemantel im heißen Backofen 15 Minuten garen.

Dieses Gericht läßt sich wunderbar vorbereiten. Füllen Sie das gut abgekühlte Gemüse mit dem Fisch in den Bratschlauch, und legen Sie diesen in den Kühlschrank. Die Garzeit verlängert sich bei dieser gut durchgekühlten Packung allerdings um 5 Minuten. Tip

Lachsforellenfilet in Senfsoße

Fisch in Senfsoße ist ein altbekanntes Gericht. In diesem Rezept werden Lachsforellenfilets auf Gemüsestreifen und einer leichten Senfsoße angerichtet – eine ganz besonders feine Variante des beliebten Klassikers!

1. Die Lachsforellenfilets waschen und mit wenig Zitronensaft beträufeln. Die Lauchstange putzen, der Länge nach aufschlitzen und gründlich waschen.

2. Karotten und Sellerie putzen und schälen. Mit dem Lauch in feine Streifen schneiden oder raspeln. Ofen auf 180 Grad vorheizen.

3. Die Forellenfilets salzen, pfeffern und in eine flache Form legen. Mit dem Weißwein angießen und zugedeckt im Backofen auf der mittleren Schiene 10 Minuten garen.

4. Das Gemüse mit der Brühe in einen Topf geben. Den Topf mit dem Deckel schließen und in etwa 3 Minuten bißfest dünsten.

5. Die Form mit dem Fisch aus dem Ofen nehmen, den entstandenen Fischsud zum Gemüse geben und die Fischfilets warm stellen.

6. Crème fraîche und Senf zum Gemüse geben. Mit Pfeffer, Salz und 1 Prise Zucker abschmecken. Die Fischfilets auf dem Gemüse anrichten und sofort servieren.

Klassisches Rezept 7
PfundsKur Rezept 3
Schnell

| Vorbereiten: | 15 Min. |
| Garen: | 10 Min. |

4	Lachsforellenfilets ohne Haut (à 150 g)
etwas	Zitronensaft
1	Lauchstange
2	Karotten
150 g	Knollensellerie
	Pfeffer, Salz
0,1 l	Weißwein
0,1 l	Gemüsebrühe
2 EL	Crème fraîche
1 EL	mittelscharfer Senf
1 Prise	Zucker

Soßen mit Senf oder Essig müssen immer mit etwas Süßem abgerundet werden. Es genügt 1 Prise Zucker oder aber etwas Konfitüre oder Obst.

FISCH

Lachs mit Kohlrabi

*Ein raffiniertes Fischgericht, das Sie sehr gut vorbereiten können.
Anstelle von Lachsfilet schmecken auch Schollen- oder
andere Fischfilets. Dieses Gericht läßt sich für mehr als vier Personen
auf dem Backblech zubereiten.*

Klassisches Rezept	11
PfundsKur Rezept	6

Raffiniert

Vorbereiten:	15 Min.
Garen:	15 Min.

4	Lachsfilets (à 150 g)
1	Zitrone
1 Bund	Kerbel
2	Kohlrabi
0,1 l	Gemüsebrühe
	Salz, Pfeffer
½ TL	Olivenöl
10 g	Weizenmehl
¼ l	Fischbrühe, ersatzweise Gemüsebrühe
100 g	Joghurt (1,5% Fett)
1 Prise	Zucker

1 Fischfilets waschen. Zitrone auspressen und den Fisch mit der Hälfte des Saftes marinieren. Kerbel waschen und fein hacken. Kohlrabi schälen und in dünne Streifen schneiden oder raspeln.

2 Kohlrabistreifen mit der Gemüsebrühe in einen Topf geben und mit Salz und Pfeffer würzen. Im geschlossenen Topf 2 Minuten bißfest dünsten. Mit Kerbel bestreuen. Beiseite stellen. Ofen auf 220 Grad vorheizen.

3 Eine flache feuerfeste Form mit dem Olivenöl auspinseln. Die Fischfilets hineinlegen, salzen, pfeffern und mit den Kohlrabistreifen bedecken. Auf die untere Schiene in den heißen Ofen schieben und insgesamt etwa 10 Minuten darin garen.

4 Das Mehl in einen nicht zu kleinen Topf geben und ohne Fett in knapp 2 Minuten hell rösten. Kurz beiseite stellen. Die kalte Fischbrühe auf einmal zugießen und mit dem Schneebesen glatt- rühren. Bei schwacher Hitze unter ständigem Rühren (mit dem Holzlöffel) 5 Minuten köcheln lassen.

5 Die Soße mit dem restlichen Zitronensaft würzen, den Joghurt einrühren und die Soße nochmals kurz aufkochen lassen. Eventuell mit 1 kleinen Prise Zucker abschmecken.

6 Die Fischfilets auf warmen Tellern anrichten und mit der Joghurtsoße umgießen.

Lachsfilets mit Gurkengemüse

*Ein schnelles und ganz leicht zubereitetes Fischgericht mit
einem etwas ungewöhnlichen Gemüse, das Sie bestimmt mögen werden.
Anstelle der Gurken können Sie auch Zucchini nehmen.
Dazu passen sehr gut Pellkartoffeln.*

1 Die Lachsfilets waschen und mit wenig Zitronensaft beträufeln und frisch gemahlenem Pfeffer bestreuen. Beiseite stellen.

2 Gurken waschen, schälen und halbieren. Kerne mit einem Löffel herauskratzen und die Gurkenhälften in dünne Scheiben schneiden. Dill waschen und hacken.

3 Den Sauerrahm mit dem Grünkernmehl in einem Topf verrühren und bei schwacher Hitze aufkochen lassen. Dann die Gurkenscheiben in den Topf geben und in etwa 2 Minuten darin bißfest garen.

4 Etwas Mehl auf einen Teller geben. Die Fischfilets salzen und im Mehl wenden. In einer Pfanne das Öl erhitzen und die Lachsfilets darin auf jeder Seite 1 Minute garen.

5 Den gehackten Dill unter das Gurkengemüse geben und mit Pfeffer, Salz und etwas Worcestersoße abschmecken. Das Gurkengemüse auf 4 Teller verteilen, jeweils ein Filet darauf legen und sofort servieren.

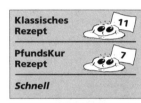

Klassisches Rezept	11
PfundsKur Rezept	7
Schnell	

Vorbereiten:	**10 Min.**
Garen:	**20 Min.**

4	*Lachsfilets (à 120 g)*
etwas	*Zitronensaft*
	Pfeffer
2	*Salatgurken*
1 Bund	*Dill*
200 g	*Sauerrahm*
1 EL	*Grünkernmehl oder Grünkerngrieß*
etwas	*Mehl*
	Salz
1 EL	*Olivenöl*
	Worcestersoße

**Braten Sie Fischfilets immer nur sehr kurz,
so bleiben sie schön saftig. Als Faustregel gilt:
pro 1 cm Dicke des Fischfilets benötigt
1 Minute Garzeit.** Tip

FISCH

Kabeljau in Mandelsoße

Fisch mit Mandeln ist eine gelungene Kombination. Verwenden Sie aber nicht zu viele Mandeln, denn 100 g enthalten immerhin 18 Fettaugen! Kabeljau zerfällt leicht beim Garen, deshalb sollte er in kleinere Stücke geschnitten werden.

Klassisches Rezept	11
PfundsKur Rezept	7

Preiswert

Vorbereiten:	10 Min.
Garen:	10 Min.

600 g	Kabeljaufilet
wenig	Zitronensaft
	Worcestersoße
2 EL	Mehl
2	Eier
3 EL	Olivenöl
	Salz
50 g	Mandelblättchen
1/4 l	Weißwein
1/4 l	Milch
10 g	Mehl
	Salz, Pfeffer
	Muskat

1 Das Kabeljaufilet waschen und mit wenig Zitronensaft und Worcestersoße marinieren. Dann in 8 Stücke schneiden.

2 Das Mehl auf einen Teller geben, die Eier in einer Schüssel kräftig verschlagen. Das Olivenöl in einer Pfanne erhitzen.

3 Das Fischfilet salzen, im Mehl wenden, durch das aufgeschlagene Ei ziehen und im heißen Olivenöl auf jeder Seite 1 Minute braten. Wenn das Fischfilet 2 cm oder dicker ist, benötigt es die doppelte Garzeit.

4 Kabeljaustücke aus der Pfanne nehmen, auf eine Platte legen und im 80 Grad heißen Backofen warm stellen.

5 Die Mandeln in der Pfanne kurz anrösten. Mit dem Weißwein ablöschen und so lange kochen lassen, bis die Flüssigkeit auf die Hälfte eingekocht ist.

6 Das Mehl in der Milch verrühren und in die kochende Mandel-Wein-Soße gießen. 3 Minuten bei schwacher Hitze köcheln lassen. Zum Schluß mit Salz, Pfeffer und Muskat abschmecken. Den Fisch mit der Soße übergießen und sofort servieren.

Auch Panade enthält verstecktes Fett.
So können Sie's einsparen:
Verwenden Sie nur das Eiweiß (z.B. Eiweißreste).
Auf diese Weise entfällt das Fett des Eigelbs.

Tip

Kabeljau mit Speck

Wenn Sie herzhafte, deftige Gerichte mögen, dann sollten Sie dieses Fischgericht zur nächsten Fischmahlzeit unbedingt zubereiten. Anstelle von Kabeljaufilet können Sie auch andere Fischfilets mit festem, weißem Fleisch verwenden.

1 Den Backofen auf 200 Grad vorheizen. Die Kabeljaufilets waschen und mit etwas Zitronensaft und Worcestersoße marinieren.

2 Fisch leicht salzen. Jedes Filet mit 2 dünnen Scheiben Bauchspeck umwickeln. In eine flache feuerfeste Form legen, mit dem Wein angießen und zugedeckt 10 Minuten im heißen Ofen auf der unteren Schiene garen.

3 Den während des Garens entstandenen Fischsud in einen Topf gießen. Die Fischfilets im ausgeschalteten Backofen warm halten.

4 Den Fischsud zum Kochen bringen. Inzwischen das Mehl mit der kalten Milch verrühren. Dann in den kochenden Fischsud gießen, um diesen zu binden. Die Soße bei schwacher Hitze 5 Minuten köcheln lassen.

5 Zum Schluß den Schmand unter die Soße rühren. Die Soße mit Pfeffer und Salz abschmecken. Den Fisch auf 4 Teller verteilen, die Soße darüber gießen und sofort servieren.

Klassisches Rezept	10
PfundsKur Rezept	5

Einfach und herzhaft

Vorbereiten:	**10 Min.**
Garen:	**15 Min.**

4	Kabeljaufilets (à 150 g)
etwas	Zitronensaft
	Worcestersoße
	Salz
8 Scheiben	Bauchspeck (à 10 g)
0,1 l	Weißwein
10 g	Mehl
0,1 l	Milch
50 g	Schmand
	Salz, Pfeffer

Tip

Statt Weißwein können Sie auch Gemüsebrühe nehmen. Salzen Sie dann aber besonders sparsam, denn Gemüsebrühe enthält bereits Salz.
Milch und Zitrone oder Weißwein gerinnen leicht. Mit dem Mixstab läßt sich eine geronnene Soße wieder schön homogen und cremig aufschlagen!

169

FISCH

Seelachsfilet im Kartoffelmantel

Nur eine halbe Stunde benötigen Sie für dieses Fischgericht, für das Sie keine Beilage extra zubereiten müssen. Denn die ist gleich dabei! Bereiten Sie, während der Fisch im Kartoffelmantel gart, einen Salat zu, den Sie dazu reichen.

Klassisches Rezept	7
PfundsKur Rezept	4

Ungewöhnlich

Vorbereiten:	20 Min.
Garen:	10 Min.

4	Seelachsfilets (à 150 g)
1 Bund	Dill
etwas	Zitronensaft
	Worcestersoße
800 g	Kartoffeln
	Salz, Pfeffer
	Muskat
1	Zwiebel
40 g	Pflanzenfett

1 Die Fischfilets waschen und mit etwas Zitronensaft und Worcestersoße marinieren. Dill waschen, hacken und beiseite stellen.

2 Kartoffeln waschen, schälen und grob raspeln. Mit Salz, Pfeffer und Muskat vermischen. Zwiebel schälen, in feine Würfel schneiden und unter die Kartoffelmasse mischen.

3 Das Pflanzenfett in einer beschichteten Pfanne erhitzen. Aus der Kartoffelmasse nacheinander 4 flache Kartoffelrösti mit einem Durchmesser von mindestens etwa 20 cm ausbacken. Wichtig: Die Kartoffelrösti nur auf einer Seite anbraten!

4 Den Ofen auf 180 Grad vorheizen. Jedes Rösti mit der ungebratenen Seite nach oben auf ein Küchentuch legen. Darauf ein Stück Seelachsfilets geben. Dieses mit Salz und Dill würzen. Das Küchentuch anheben, dabei das Rösti über den Fisch klappen und einrollen. (Wie eine Biskuitrolle!)

5 Die eingerollten Fischfilets auf ein Backblech setzen und im heißen Ofen auf der mittleren Einschubleiste 10 Minuten backen.

Anstelle des Fischfilets können Sie auch ein Lammrückenfilet oder ein dünnes Schweinefilet in den Kartoffelmantel hüllen. Die Garzeit im Ofen beträgt dann 15 Minuten. Ersetzen Sie Dill durch Thymian und Majoran.

Tip

Überbackenes Seelachsfilet

*Ob mit frischen Tomaten oder Tomaten aus der Dose,
dieses unkomplizierte Gericht erhält durch den Emmentaler Käse
seinen pfiffigen Geschmack. Anstelle von Emmentaler können Sie auch
einen anderen Hartkäse verwenden.*

1 Die Seelachsfilets waschen und mit Zitronensaft und Worcestersoße marinieren.

2 Die Tomatenwürfel aus der Dose in ein Sieb geben. Die abgetropften Tomatenwürfel mit Salz, Pfeffer und Oregano würzen.

3 Die Fischfilets leicht salzen. Ein flaches Blech oder eine flache Form mit etwas Olivenöl auspinseln und die Filets hineinlegen.

4 Den Backofen auf Oberhitze (220 Grad) oder den Grill einschalten. Die Fischfilets zuerst mit den gewürzten Tomaten, dann mit dem Emmentaler Käse belegen.

5 Die Form mit den Fischen in den Ofen schieben (bei Oberhitze auf die oberste Schiene, bei Grill auf die 2. Schiene von oben) und 10 Minuten backen.

Klassisches Rezept	7
PfundsKur Rezept	3

Schnell und preiswert

Vorbereiten:	10 Min.
Garen:	10 Min.

4	Seelachsfilets (à 150 g)
etwas	Zitronensaft
	Worcestersoße
1 Dose	Pizzatomaten
	Salz, Pfeffer
	Oregano
½ TL	Olivenöl
4 Scheiben	Emmentaler (à 25 g)

Tip

Fischfilets benötigen nur eine kurze Garzeit.
Ganz schnell und einfach können Sie dieses Gericht
auch mit frischen Tomatenwürfeln zubereiten.
Rechnen Sie pro Person 1 kleine Tomate.
Wie's gemacht wird steht im nächsten Rezept
(Fischfilet mit Tomaten).

FISCH

Fischfilet mit Tomaten

Normalerweise erhalten Sie problemlos Kabeljau-, Seelachs- oder Goldbarschfilets. Wenn Sie keinen frischen Fisch bekommen können, kaufen Sie tiefgekühlten. Meeresfische enthalten sehr viel Jod.

Klassisches Rezept	4
PfundsKur Rezept	2

Schnell und einfach

Vorbereiten:	15 Min.
Garen:	10 Min.

4	Fischfilets (à 150 g)
etwas	Zitronensaft
400 g	Tomaten
1	Zwiebel
250 g	Champignons
1 TL	Butter
	Salz, Pfeffer
	Oregano
4	grüne Oliven ohne Kerne
1	Knoblauchzehe
50 g	Tomatenmark

1 Fischfilets waschen, auf eine Platte legen und mit wenig Zitronensaft marinieren.

2 Tomaten an der oberen Seite kreuzförmig einritzen und den Strunk herausschneiden. Am besten mit einem Drahtlöffel etwa 5–10 Sekunden in kochendes Wasser halten. Die Schale abziehen. Nun die Tomaten halbieren, die Kerne herausdrücken und das Tomatenfleisch in Würfel schneiden.

3 Die Zwiebel schälen und fein würfeln. Die Champignons putzen, kurz in kaltem Wasser waschen und in Scheiben schneiden.

4 ½ TL Butter erhitzen und die gewürfelten Zwiebeln darin glasig dünsten. Zuerst die Champignons, dann die Tomatenwürfel zugeben und mit Pfeffer, Salz und Oregano würzen. 2 Minuten bei schwacher Hitze schmoren. Den Ofen auf 200 Grad vorheizen.

5 Die Oliven kleinschneiden, den Knoblauch schälen und fein würfeln oder pressen. Beides zu den Tomaten geben, Tomatenmark zufügen und alles miteinander verrühren, bis eine streichfähige Paste entsteht.

6 Mit der restlichen Butter eine Auflaufform auspinseln, die Fischfilets nebeneinander hineinlegen, mit der Tomatenpaste bestreichen und zugedeckt auf der mittleren Schiene im heißen Ofen 10 Minuten garen.

Fisch im Gemüsebett

*Die angegebenen Fettaugen beziehen sich auf Seelachs,
Scholle oder Kabeljau. Bei Filets von fetteren Fischarten
(Goldbarsch, Heilbutt) müssen Sie pro Portion ein Fettauge mehr rechnen.
Verwenden Sie Kartoffeln vom Vortag, das spart Zeit!*

1 Kartoffeln waschen, schälen und kochen. Zum Abkühlen beiseite stellen. Fischfilets waschen, mit wenig Zitronensaft und Worcestersoße marinieren.

2 Die Petersilie waschen und fein hacken. Karotten und Zucchini waschen und putzen. Karotten schälen und mit den Zucchini in feine Streifen schneiden.

3 Mit der Gemüsebrühe in einen Topf geben, mit Salz und Pfeffer würzen und im geschlossenen Topf 2 Minuten dünsten. Das Gemüse soll noch bißfest sein.

4 Kartoffeln und Käse getrennt grob reiben. Tomaten waschen, grüne Stielansätze herausschneiden. Die Früchte in 8 Scheiben schneiden. Ofen auf 200 Grad vorheizen.

5 Den Fisch salzen und in eine feuerfeste Form legen. Die gedünsteten Gemüsestreifen um die Fischfilets verteilen.

6 Auf jedes Filet 2 Tomatenscheiben legen. Zuerst die geriebenen Kartoffeln und dann den Käse darauf verteilen. Im heißen Ofen etwa 15 Minuten garen.

Für dieses Gericht eignen sich alle Gemüsesorten. Anstelle von Fisch können Sie Putenbrust oder Hähnchenbrust verwenden. Wenn Sie größere Mengen zubereiten möchten, legen Sie die Fischfilets einfach in die Fettpfanne Ihres Ofens. *Tip*

Klassisches Rezept 6
PfundsKur Rezept 2
Lecker

Vorbereiten:	**55 Min.**
Garen:	**15 Min.**

500 g	Kartoffeln
4	Fischfilets (à 150 g)
.	Worcestersoße
etwas	Zitronensaft
1 Bund	Petersilie
400 g	Zucchini
400 g	Karotten
1/4 l	Gemüsebrühe
	Salz, Pfeffer
50 g	Gouda
2	Tomaten

FISCH

Schollenröllchen mit Dillsoße

Ein klassisches Rezept, das auch mit Seezunge zubereitet werden kann. Die Variante mit Schollenfilet ist jedoch die preiswertere. Schollenfilet ist immer grätenfrei und deshalb besonders gut für Kinder geeignet!

Klassisches Rezept	5
PfundsKur Rezept	2

Einfach

Vorbereiten:	5 Min.
Garen:	10 Min.

600 g	*Schollenfilets*
etwas	*Zitronensaft*
	Worcestersoße
1 Bund	*Dill*
0,1 l	*Milch*
0,2 l	*Gemüsebrühe*
15 g	*Mehl*
	Salz, Pfeffer
	Muskat

1 Die Schollenfilets waschen und mit wenig Zitronensaft und Worcestersoße marinieren. Den Dill waschen und fein hacken.

2 Die Milch und die Hälfte der Gemüsebrühe in einen Topf geben. Etwa 3 EL von der Flüssigkeit abnehmen und das Mehl darin einrühren. Nun die restliche Flüssigkeit im Topf zum Kochen bringen.

3 Das angerührte Mehl in die kochende Milch-Brühe einrühren und bei schwacher Hitze 5 Minuten leicht köcheln lassen.

4 Die Schollenfilets salzen, aufrollen und dicht nebeneinander in einen flachen Topf setzen, damit die Röllchen nicht auseinanderfallen. Den Topf nicht ausfetten!

5 Die Schollenröllchen mit der restlichen Gemüsebrühe begießen und im geschlossenen Topf zum Kochen bringen. Etwa 5 Minuten bei schwacher Hitze leicht köcheln lassen.

6 Zum Schluß den entstandenen Fischsud und den gehackten Dill unter die Soße rühren. Die Schollenröllchen mit der Soße übergießen und sofort servieren.

Tip: Zu Fisch, auf diese Art zubereitet, schmeckt auch eine Gemüsesoße. Probieren Sie die Soße vom Zucchinigratin (Seite 99) dazu!

Steinbutt mit Karottencreme

Weißes Fischfilet mit Karottencreme, eine optisch und geschmacklich gelungene Kombination! Anstelle des Steinbuttfilets können Sie auch andere Fischfilets mit zartem, weißem Fleisch verwenden.

1 Steinbuttfilets waschen und mit Zitronensaft und Worcestersoße marinieren.

2 Die Zwiebel schälen und in feine Würfel schneiden. Die Petersilie waschen und fein hacken. Die Karotten waschen, schälen und in feine Streifen schneiden oder raspeln.

3 Zwiebeln, Karotten und Gemüsebrühe in einem Topf zum Kochen bringen und zugedeckt 2 Minuten kochen lassen.

4 Das Mehl mit der Milch verrühren, zum kochenden Gemüse gießen, um es damit zu binden. Weitere 2 Minuten köcheln lassen. Dabei mit dem Holzlöffel umrühren, damit nichts am Topfboden ansetzt. Mit Salz, Pfeffer, Muskat und 1 Prise Zucker würzen. Mit dem Mixstab fein pürieren.

5 Die Fischfilets salzen und nebeneinander in einen flachen Topf legen. Mit Weißwein angießen und zugedeckt knapp 3 Minuten dünsten. Die entstandene Fischbrühe unter die Karottencreme rühren.

6 Auf jeden Teller zuerst die Karottencreme geben. Dann ein Fischfilet darauf legen und mit der gehackten Petersilie bestreuen.

Tip: Schneiden Sie das Gemüse immer sehr klein. Dadurch verringert sich die Kochzeit, es entwickelt sich ein besonders feiner Geschmack, und empfindliche Vitamine bleiben besser erhalten.

Klassisches Rezept	7
PfundsKur Rezept	3
Raffiniert	

Vorbereiten: 10 Min.
Garen: 10 Min.

4	Steinbuttfilets (à 150 g)
etwas	Zitronensaft
	Worcestersoße
1	Zwiebel
½ Bund	Petersilie
300 g	Karotten
0,2 l	Gemüsebrühe
30 g	Mehl
0,2 l	Milch
	Salz, Pfeffer
	Muskat
	Zucker
50 g	Schmand
0,1 l	Weißwein

FISCH

Bunte Seelachspfanne

*Fisch einmal ganz anders! Um diese Fischpfanne zu mögen,
muß man kein ausgesprochener Fischfan sein.
Denn dieses Gericht enthält reichlich Gemüse und ist damit auch
genau das richtige für Gemüseliebhaber.*

| **Klassisches Rezept** | 6 |
| **PfundsKur Rezept** | 2 |

Preiswert

| **Vorbereiten:** | **20 Min.** |
| **Garen:** | **15 Min.** |

500 g	Seelachsfilet
wenig	Zitronensaft
	Worcestersoße
1 Bund	Frühlingszwiebeln
2	Karotten
200 g	Brokkoli
1	rote Paprikaschote
	Salz
$1/8$ l	Gemüsebrühe
	Pfeffer
wenig	Mehl
2 EL	Olivenöl
1 EL	gehackte Petersilie

1 Das Seelachsfilet waschen, mit wenig Zitronensaft und Worcestersoße marinieren.

2 Die Frühlingszwiebeln putzen und in feine Ringe schneiden. Die Karotten waschen, schälen und in Streifen schneiden oder raspeln.

3 Den Brokkoli in ganz kleine Röschen und die dünneren Stiele in Scheiben schneiden. Die Paprikaschote von Samen und weißen Trennwänden befreien und würfeln. Fisch in 1 cm breite Streifen schneiden und salzen.

4 Die Gemüsebrühe und das kleingeschnittene Gemüse in einen ausreichend großen Topf geben. Mit Salz und Pfeffer würzen. Den Topf mit einem Deckel verschließen, alles zum Kochen bringen und 3 Minuten dünsten. Wenn der Deckel nicht ganz fest auf dem Topf sitzt und viel Dampf heraustritt, muß noch etwas Gemüsebrühe nachgegossen werden.

5 Das Gemüse auf ein Sieb schütten und beiseite stellen. Die Fischstreifen im Mehl wenden. Das Olivenöl in einer großen Pfanne kräftig erhitzen und die bemehlten Seelachsstreifen 2 Minuten darin anbraten.

6 Das gut abgetropfte Gemüse zum Fisch geben, dabei kurz und vorsichtig umrühren. Mit Petersilie bestreuen und servieren. Baguette dazu reichen.

Goldbarsch-Schaschlik

Das ist einmal ein Schaschlik-Spieß der besonderen Art!
Probieren Sie verschiedene Varianten nach Ihrem Geschmack aus.
Die folgende kommt bei Gästen immer gut an!
Dazu schmeckt der Schwäbische Kartoffelsalat (Seite 50).

1 Das Goldbarschfilet waschen und in 2 cm große Stücke schneiden. In eine Schüssel geben und mit wenig Zitronensaft und Worcestersoße marinieren.

2 Die Paprikaschote waschen, Samen und Trennwände entfernen und in etwa 2 cm große Stücke schneiden. Jede Speckscheibe in 4 gleichmäßige Stücke schneiden.

3 Die Zwiebel schälen, vierteln und vom Strunk befreien. Dadurch lassen sich die Zwiebelschichten einzeln leicht ablösen.

4 Fisch- und Paprikastückchen sowie Speck- und Zwiebelstücke abwechselnd auf einen Schaschlikspieß stecken. Dabei mit dem Fisch beginnen und enden.

5 Das Mehl mit dem Paprikapulver, Salz und Pfeffer auf einem flachen Teller vermischen. Die 4 Fischspieße darin wenden.

6 Das Pflanzenfett in einer großen Pfanne gut erhitzen. Die Fischspieße bei mittlerer Hitze auf allen vier Seiten je 2 Minuten braten.

7 Die Pfanne vom Herd nehmen, mit einem Deckel verschließen und das Schaschlik etwa 2 Minuten „entspannen" lassen.

Klassisches Rezept	12
PfundsKur Rezept	8
Raffiniert	

Vorbereiten:	**15 Min.**
Garen:	**10 Min.**

600 g	*Goldbarschfilet*
etwas	*Zitronensaft*
	Worcestersoße
1	*rote Paprikaschote*
4 Scheiben Bauchspeck (à 20 g)	
1	*Zwiebel*
3 EL	*Mehl*
1 EL	*Paprikapulver, edelsüß*
	Salz, Pfeffer
40 g	*Pflanzenfett*

Außerdem:

4	*Schaschlikspieße*

FISCH

Goldbarsch „Peking-Art"

Lassen Sie sich von der langen Vorbereitungszeit bei diesem Gericht nicht abschrecken. Davon entfallen zwei Stunden auf das Marinieren! Zubereitet ist es ganz schnell. Sie können alle Fischfilets mit festem Fleisch nach diesem Rezept zubereiten.

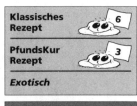

Klassisches Rezept 6
PfundsKur Rezept 3
Exotisch

Vorbereiten: 2 Std. 10 Min.
Garen: 15 Min.

600 g	Goldbarschfilet
Marinade:	
3 EL	Sojasoße
	Pfeffer
	Paprikapulver
	Currypulver
Gemüse:	
1 Bund	Frühlingszwiebeln
1	rote Paprikaschote
150 g	Weißkraut
1	Knoblauchzehe
20 g	Bauchspeck
1 Dose	Mandarinenfilets
2 TL	Speisestärke
1 EL	Zitronensaft
10 g	Butter

1 Den Fisch in 2 cm breite Streifen schneiden und in eine Schüssel geben. Aus der Sojasoße und den Gewürzen eine Marinade bereiten, über die Fischstreifen gießen und diese 2 Stunden marinieren.

2 In der Zwischenzeit von den Frühlingszwiebeln die grünen Teile etwa 5 cm lang abschneiden, in feine Ringe schneiden und beiseite stellen. Die weißen Zwiebelchen halbieren und vom Strunk befreien.

3 Die Paprika und das Weißkraut putzen und in feine Streifen schneiden. Die Knoblauchzehe schälen und fein hacken. Den Speck in feine Würfel schneiden.

4 Die Mandarinen in ein Sieb geben, den Saft auffangen und in einem Topf aufkochen. Die Speisestärke mit dem Zitronensaft sowie 2 EL Wasser anrühren und den kochenden Saft damit binden. Die Mandarinenfilets in die Soße geben und alles warm stellen.

5 Die Butter in einer Pfanne erhitzen und den Bauchspeck darin anrösten, die halbierten Frühlingszwiebeln und das Weißkraut zugeben und alles 5 Minuten schmoren lassen. Sherry, Honig, Essig mischen und dazugießen. Mit Salz und Pfeffer würzen. Bei schwacher Hitze zugedeckt 5 Minuten köcheln lassen.

2 cl	Sherry
2 EL	Honig
2 EL	Essig
	Salz, Pfeffer
	Sojasoße

6 Inzwischen den Grill im Backofen einschalten. Eine Pfanne ohne Stiel oder eine Gratinform ausbuttern und die marinierten Fischstreifen hineingeben. Die Streifen sollen nebeneinander liegen! Im Ofen auf der obersten Schiene sehr heiß grillen. Nach 2 Minuten die Fischstreifen wenden und nochmals 2 Minuten grillen.

7 Die rohen Paprikastreifen unter das Gemüse in der Pfanne mischen. Auf 4 Teller oder eine große Platte geben. Mit der Mandarinensoße umgießen und die gegarten Fischfiletstreifen auf das Gemüse legen. Mit den grünen Zwiebelringen bestreuen.

Dieses Gericht verträgt eine ganze Menge an exotischen Gewürzen. Wer möchte, kann die Marinade zusätzlich mit gemahlenem Kardamom und Koriander würzen und zur Gemüsemischung feingehackten, frischen Ingwer geben. Zum Gemüse passen außerdem Sprossen jeder Art.

Tip

FISCH

Fischcurry

Aus Fischfiletstückchen können Sie immer schnelle Gerichte zubereiten. Lassen Sie sich von großen Fischen Filets immer aus dem Schwanzstück geben, denn darin sind garantiert keine Gräten.

Klassisches Rezept	5
PfundsKur Rezept	2
Würzig	

| Vorbereiten: | 10 Min. |
| Garen: | 15 Min. |

500 g	Dorschfilet
etwas	Zitronensaft
	Worcestersoße
1	Zwiebel
je 1	rote und gelbe Paprikaschote
$1/2$	Apfel
1 EL	Olivenöl
	Salz, Pfeffer
1 TL	Currypulver
10 g	Mehl
0,2 l	Weißwein
200 g	Joghurt
	Zucker
1 Bund	Dill

1 Das Dorschfilet waschen, auf eine Platte legen und mit wenig Zitronensaft und Worcestersoße marinieren.

2 Zwiebel schälen und in Streifen schneiden. Paprikaschoten von Samen und weißen Trennwänden befreien und ebenfalls in Streifen schneiden. Den halben Apfel schälen, Kerngehäuse herausschneiden und würfeln.

3 In einem Topf das Olivenöl erhitzen. Zwiebel, Paprika- und Apfelstückchen darin anbraten. Mit Salz, Pfeffer und Curry würzen und mit dem Mehl bestäuben.

4 Weißwein und Joghurt zufügen und alles glattrühren. Bei schwacher Hitze unter ständigem Rühren langsam zum Kochen bringen, so daß eine sämige Soße entsteht. Mit etwas Worchestersoße, 1 Prise Zucker und Salz pikant abschmecken.

5 Den Fisch salzen, in mundgerechte Würfel schneiden, vorsichtig unter die Soße heben und 3 Minuten köcheln lassen. Den Dill waschen und hacken. Das Fischcurry zum Servieren damit bestreuen.

Tip
Probieren Sie einmal die folgende exotische Variante: anstelle des Dorschs, Forellenstreifen mit chinesischen Pilzen und Mungobohnenkeimlingen verwenden. Die Worcestersoße durch Sojasoße ersetzen.

Fischragout „Espagnol"

*Ein etwas feurigeres Fischgericht mit spanischem Charakter,
das sie zu jeder Jahreszeit genießen können. Die angegebenen
Fettaugen beziehen sich auf Seelachs-, Kabeljau- oder Schollenfilet.
Sie können auch andere Fischsorten verwenden.*

1 Fischfilet waschen, in mundgerechte Würfel schneiden und mit Worcestersoße und wenig Zitronensaft marinieren. Schnittlauch waschen und in Röllchen schneiden.

2 Die Zwiebel schälen und in feine Würfel schneiden, die Knoblauchzehe schälen und zusammen mit der Pfefferschote hacken.

3 Fett in einem Topf erhitzen und Zwiebel-, Knoblauch- und Pfefferschotenstückchen darin dünsten. Mit Salz und Pfeffer würzen.

4 Die Fischwürfel salzen und in den Topf geben. Dann alles mit der Gemüsebrühe ablöschen und 5 Minuten zugedeckt leicht köcheln lassen. Die Soße zum Schluß mit dem Mais, den Oliven und dem Schmand verfeinern.

5 Das Fischragout vor dem Servieren mit Schnittlauch bestreuen. Dazu paßt Reis.

Klassisches Rezept	8
PfundsKur Rezept	5

Raffiniert und schnell

Vorbereiten:	15 Min.
Garen:	10 Min.

700 g	Fischfilet
etwas	Zitronensaft
	Worcestersoße
1 Bund	Schnittlauch
1	Zwiebel
1	Knoblauchzehe
1	rote Pfefferschote
20 g	Margarine
	Salz, Pfeffer
1/2 l	Gemüsebrühe
1 Dose	Mais
8	Oliven
100 g	Schmand

Tip: Sauerrahm mit 10 % Fett flockt in Soßen häufig aus. Nehmen Sie lieber Schmand (20 % Fett) oder Crème fraîche (34 % Fett), dafür aber eine kleinere Menge. Die Soße wird dann schön cremig und enthält auch nicht mehr Fettaugen.

FISCH

Forelle mit Champignonfüllung

Die Forellen werden sanft in Folie gegart. Genauso können Sie auch andere Fischarten garen. Bei dünnen Fischfilets beträgt die Garzeit allerdings nur 12 Minuten. Lassen Sie sich die Forellen von Ihrem Fischhändler ausnehmen und reinigen.

Klassisches Rezept 6

PfundsKur Rezept 2

Gut vorzubereiten

Vorbereiten: 20 Min.
Garen: 20 Min.

| 4 küchenfertige Forellen (à 250 g) |
| etwas | Zitronensaft |
| | Worcestersoße |

Füllung:
2	Tomaten
150 g	Champignons
	Petersilie
	Dill
	Salz, Pfeffer
1 EL	Olivenöl
0,1 l	Weißwein

Außerdem:
| | Alufolie |

1 Forellen innen und außen waschen. Mit Zitronensaft und Worcestersoße beträufeln.

2 Tomaten an der oberen Seite kreuzförmig einritzen und die Stielansätze herausschneiden. Die Tomaten auf einem Drahtlöffel etwa 5–10 Sekunden in kochendes Wasser halten und dann die Haut abziehen. Die Tomaten halbieren, die Kerne herausdrücken und das Tomatenfleisch in kleine Würfel schneiden.

3 Champignons putzen, kurz in kaltem Wasser waschen, halbieren und in dünne Scheiben schneiden. Kräuter waschen und hacken. Tomatenwürfel, Pilzscheiben und Kräuter mischen. Mit Salz und Pfeffer würzen.

4 Von der Alufolie 4 so große Blätter abschneiden, daß die Fische gut darin eingewickelt werden können. Mit Öl bepinseln.

5 Den Ofen auf 200 Grad vorheizen. Die Forellen innen und außen salzen und mit der Tomaten-Champignon-Mischung füllen. Auf die gefettete Alufolie legen, mit etwas Wein angießen und die Folie fest verschließen.

6 Die eingewickelten Forellen auf ein Blech legen und im Backofen auf der mittleren Schiene 20 Minuten garen. Den Fisch in der Alufolie servieren, dazu die Folie dekorativ nach außen biegen.

182

Hechtfilet im Teig

*Hier ist eine kleine Zauberei nach einem Rezept von Bocuse!
Ein ganz schnelles Gericht mit ganz besonderem Pfiff,
das zudem wenig Arbeit macht. Auf diese Weise können Sie übrigens
auch einen Meeresfisch ganz apart zubereiten.*

1 Den Strudelteig aus dem Tiefkühlgerät nehmen und auftauen lassen. Die Fischfilets waschen, salzen und pfeffern. Den Dill waschen, trockentupfen und fein hacken.

2 Jede Strudelteigscheibe auf einem bemehlten Brett auf die doppelte Größe ausrollen. Den Ofen auf 200 Grad vorheizen.

3 Die Hälfte des Schmands jeweils auf den unteren Teil der Teigscheiben verteilen. Darauf einen Teil vom frisch gehackten Dill streuen. Auf jede Teigscheibe 1 Fischfilet legen und den restlichen Schmand und Dill darauf geben.

4 Den Strudelteig über dem Fisch einschlagen und die offenen Enden fest andrücken. Im heißen Ofen bei 200 Grad etwa 15 Minuten backen. Dazu paßt am besten ein schöner gemischter Salat.

Klassisches Rezept	12
PfundsKur Rezept	5
Für Gäste	

| **Vorbereiten:** | **10 Min.** |
| **Garen:** | **15 Min.** |

4 Scheiben	TK-Strudelteig
2 Bund	Dill
4	Hechtfilets ohne Haut (à 200 g)
	Salz, Pfeffer
etwas	Mehl
150 g	Schmand

Tip: Der Strudelteig bekommt eine schöne goldgelbe Farbe, wenn Sie ihn vor dem Backen mit Eigelb bestreichen. Knusprig und locker wird dieses Gericht auch mit Blätterteig. Allerdings wird das Ganze dann um 5 Fettaugen pro Portion üppiger!

FISCH

Zander mit Rieslingsoße

Wie alle Süßwasserfische ist der Zander ein magerer Fisch mit zartem Fleisch. In diesem Rezept wird die Soße mit gekochten Kartoffeln gebunden. Verwenden Sie mehligkochende Kartoffeln, denn sie enthalten viel Stärke.

| Klassisches Rezept | 8 |
| PfundsKur Rezept | 3 |

Besonders edel

| Vorbereiten: | 30 Min. |
| Garen: | 25 Min. |

3	Kartoffeln
2	Zwiebeln
2	Karotten
1/2	Lauchstange
40 g	Butter
0,2 l	Riesling
0,4 l	Fisch- oder Gemüsebrühe
	Salz, Pfeffer
4	Zanderfilets ohne Haut (à 150 g)
1 EL	gehackte Petersilie
	Worcestersoße

1 Die Kartoffeln schälen, kochen und durch eine Kartoffelpresse drücken. Die Zwiebeln schälen, die Karotten putzen und schälen und den Lauch putzen und waschen. Alles in feine Würfel schneiden.

2 Die Butter in einem flachen, großen Topf erhitzen. Die Zwiebel und das Gemüse zufügen und in etwa 2 Minuten leicht darin anrösten. Das Ganze mit Weißwein und Fisch- oder Gemüsebrühe ablöschen und nochmals 2 Minuten kochen lassen.

3 Die Fischfilets mit Salz und Pfeffer würzen, auf das Gemüse legen und zugedeckt bei kleiner Hitze etwa 5 Minuten dünsten. Anschließend die Fischfilets aus dem Topf nehmen und auf einer Platte im Ofen warm halten.

4 Den Gemüsesud im Topf zum Kochen bringen und die durchgedrückten Kartoffeln unterrühren. Die Kartoffeln dabei nach und nach unterrühren, bis die Soße dick genug ist. Mit Pfeffer, Salz und Worcestersoße abschmecken. Mit Petersilie verfeinern und die Soße über die Zanderschnitten geben.

Verfeinern Sie diese Soße einmal mit Gerstenkörnern. Sie passen sich geschmacklich besonders gut an. Die Gerstenkörner müssen vorher in etwa 20 Minuten extra weich gekocht werden. **Tip**

Bodenseefelchen auf Blattspinat

Fisch und Spinat ist eine wunderbare geschmackliche Kombination, die durch Überbacken noch besonders betont wird. Lassen Sie sich für dieses Gericht die beiden Felchen vom Fischhändler schuppen und filetieren.

1 Die Zwiebel schälen und in Würfel schneiden. Das Mehl ohne Fett in einem Topf etwa 2 Minuten hell anrösten. Zwiebelwürfel zufügen und kurz weiterrösten. Die Mehl-Zwiebel-Mischung beiseite stellen und das Ganze 2 Minuten abkühlen lassen.

2 Kalte Milch dazugießen und die Soße unter ständigem Rühren mit einem flachen Holzlöffel zum Kochen bringen. Einmal aufkochen lassen und beiseite stellen.

3 Spinat gründlich waschen, von den dicken Stielen befreien und tropfnaß in einen großen Topf geben. Mit Salz, Pfeffer und Knoblauch würzen. Den Topf verschließen, Spinat zum Kochen bringen und 2 Minuten köcheln lassen. Milchsoße zufügen, warm stellen.

4 Wein in einen flachen Topf gießen. Fisch waschen, salzen, in den Wein legen. Zugedeckt bei schwacher Hitze 3 Minuten garen.

5 Inzwischen den Grill auf höchste Stufe vorheizen. Die Eier trennen. Die Eiweiße steif schlagen, Eigelbe und Joghurt verrühren und den Eischnee darunterziehen. Mit Salz und frisch gemahlener Muskatnuß würzen.

6 Spinat in eine flache Auflaufform geben, die gedünsteten Felchenfilets darauf legen. Mit der Eier-Joghurt-Masse bedecken und unter dem Grill nur so lange überbacken, bis die Oberfläche leicht gebräunt ist.

Klassisches Rezept 9
PfundsKur Rezept 4

Im Ofen überbacken

Vorbereiten:	30 Min.
Garen:	15 Min.

1	Zwiebel
10 g	Mehl
1/4 l	Milch
600 g	Blattspinat
	Salz, Pfeffer
	Knoblauchpulver
4	Felchenfilets (à 130 g)
0,1 l	Weißwein
2	Eier
2 EL	Joghurt
	Salz, Muskat

Kartoffeln

Aufgrund ihrer geradezu genialen Nährstoffkombination sind Kartoffeln ein optimales Nahrungsmittel. Sie enthalten viel Vitamin C, B$_1$, B$_2$ und B$_6$ sowie die Mineralstoffe Kalium, Magnesium, Phosphor und Mangan. Das Kartoffeleiweiß ist das wertvollste von allen pflanzlichen Nahrungsmitteln und übertrifft in Kombination mit Milchprodukten und Eiern sogar die Wertigkeit von Fleischeiweiß. Und das alles in Verbindung mit wenig Kalorien: 100 g in Wasser oder Dampf gegarte Kartoffeln enthalten nur 75 kcal (315 kJ)! Kartoffeln machen also keinesfalls dick, sondern nur die Art wie sie zubereitet werden. Wer sie in viel Fett gart, wie zum Beispiel Pommes

Frites, Kroketten oder Chips, oder zu üppigen Beilagen serviert, muß sich nicht wundern, daß ein so „schlankes" Nahrungsmittel wie Kartoffeln dick macht! In diesem Kapitel finden Sie reichlich Anregungen für die köstliche, fettarme Zubereitung von Kartoffeln. Achten Sie bei der Zubereitung der Gerichte darauf, geschälte Kartoffeln nicht zu lange im Wasser liegenzulassen, denn das verringert ihren Wert an Vitaminen und Mineralstoffen. Und bedenken Sie, daß Kartoffeln während ihrer Lagerung Vitamine und Mineralstoffe einbüßen, weshalb Frühkartoffeln die meisten wertvollen Inhaltsstoffe enthalten!

KARTOFFELN

Kartoffelgratin mit Tomatensoße

*Ein Gratin muß nicht Unmengen Crème fraîche enthalten.
Viel wichtiger ist, daß Sie es phantasievoll würzen. Die Mengenangaben
in dem folgenden Rezept beziehen sich auf ein Hauptgericht.
Als Beilage genügt die Hälfte der Zutaten.*

Klassisches Rezept 8
PfundsKur Rezept 5
Originell

Vorbereiten: 20 Min.
Zubereiten: 1 Std.

Gratin:	
1 kg	*Kartoffeln*
2	*Zucchini*
125 g	*Mozzarella*
5 g	*Margarine*
	Salz, Pfeffer
	Oregano, Estragon
	Muskat
0,6 l	*Milch*
2	*Eier*

Tomatensoße:	
1	*Zwiebel*
500 g	*Tomaten*
0,1 l	*Gemüsebrühe*
	Salz, Pfeffer
	Basilikum, Oregano
	Zucker

1 Kartoffeln waschen, schälen und in feine Scheiben schneiden oder hobeln. Zucchini waschen, putzen und ebenfalls in Scheiben schneiden. Mozzarella grob reiben.

2 Eine flache Auflaufform mit der Margarine auspinseln und die Kartoffeln mit den Zucchini dachziegelartig hineinschichten. Den Backofen auf 180 Grad vorheizen.

3 Milch und Eier mit Salz, Pfeffer, Oregano, Estragon und Muskat verquirlen. Wichtig: Die Flüssigkeit kräftig abschmecken, eher sogar etwas zu salzig, denn die Kartoffeln sind nicht gewürzt. Die Eiermilch über die Kartoffeln und Zucchini gießen.

4 Mozzarella darüber streuen und im heißen Ofen auf der unteren Schiene 1 Stunde backen. Falls die Oberfläche zu dunkel wird, das Gratin mit Alufolie abdecken.

5 Inzwischen für die Soße die Zwiebel schälen und fein schneiden. Tomaten waschen, würfeln und mit der Gemüsebrühe im geschlossenen Topf 10 Minuten weich kochen. Mit dem Mixstab aufschäumen und mit Salz, Pfeffer, Basilikum, Oregano und Zucker abschmecken. Die Soße durch ein Haarsieb streichen und zum Gratin servieren.

Reiben Sie Mozzarella immer auf der groben Raspel. Wenn Sie den Käse dabei mit dem Handballen fest umschlossen halten, zerbröckelt er nicht. tip

Kartoffelpizza

Der Pizzaboden besteht aus Kartoffeln. Er kann entweder in einer Pfanne gebacken und dann belegt werden oder die Kartoffelmasse wird, ähnlich wie Bratkartoffeln, in einer Pfanne angebraten. Bei dieser Variante ist kein Ei nötig.

1 Kartoffeln waschen, schälen und auf einer Gemüsereibe mittelgrob reiben. Zwiebel schälen und in feine Würfel schneiden.

2 Aus den Kartoffelraspeln, den Zwiebeln, den Haferflocken und dem Ei eine dicke Masse herstellen. Diese mit Salz, Pfeffer und Muskat würzen. Nacheinander in einer beschichteten Pfanne daraus 4 Pizzaböden bakken. Dabei nur wenig Fett verwenden.

3 Für den Belag die Champignons putzen und in Scheiben schneiden. Die Paprikaschote von Samen und Trennwänden befreien, waschen und in Streifen schneiden. Beide Käsesorten grob reiben und mischen. Den Backofen auf 280 Grad vorheizen.

4 Die Pizzaböden auf ein Backblech geben. Zuerst mit den Pizzatomaten, dann mit den Champignons und Paprikastreifen belegen. Mit Salz und Oregano würzen und mit dem Käse bestreuen. In den heißen Backofen schieben und 7–10 Minuten backen.

Tip
Lassen Sie sich für verschiedene Beläge vom marktfrischen Angebot inspirieren. Belegen Sie die Pizza mit allem, was Ihnen schmeckt, aber achten Sie auf die Fettaugen. Wählen Sie beispielsweise lieber einen ganz mageren Schinken als Salami oder Speck. Ganz toll passen auch Gemüsevariationen und Meeresfrüchte.

Klassisches Rezept 8
PfundsKur Rezept 6

Ganz einfach

| Vorbereiten: | 25 Min. |
| Zubereiten: | 10 Min. |

Boden:	
600 g	Kartoffeln
1	Zwiebel
40 g	zarte Haferflocken
1	Ei
30 g	Pflanzenfett
	Salz, Pfeffer
	Muskat

Belag:	
8	Champignons
1	Paprikaschote
80 g	Edamer
80 g	Mozzarella
1 Dose	Pizzatomaten
	Salz
	Oregano

KARTOFFELN

Bäckerinkartoffeln

Ein deftiges Kartoffelgericht aus dem Elsaß, das sich gut vorbereiten läßt. Reichen Sie für ein perfektes Hauptgericht einen schönen gemischten Salat dazu. Als Beilage, vor allem zu Fleisch genügt die Hälfte der angegebenen Mengen.

Klassisches Rezept 7
PfundsKur Rezept 3
Herzhaft

Vorbereiten:	15 Min.
Garen:	50 Min.

1 kg	Kartoffeln
	Salz
500 g	Zwiebeln
20 g	Schweineschmalz
20 g	Margarine
	Salz, Pfeffer
½ l	Bratensoße
1 Bund	Petersilie

1 Die Kartoffeln waschen, schälen und dann in 1 cm dicke Scheiben schneiden.

2 Reichlich Salzwasser in einem großen Topf zum Kochen bringen und die Kartoffelscheiben darin 1 Minute kochen. In ein Sieb schütten und zum Abkühlen am besten flach auf einem Backblech ausbreiten.

3 Die Zwiebeln schälen, halbieren und in Scheiben schneiden. In einem großen Topf die Margarine mit dem Schmalz erhitzen und die Zwiebeln in etwa 5 Minuten darin glasig dünsten. Mit Salz und Pfeffer würzen.

4 Die Bratensoße in einem Topf erhitzen. Den Backofen auf 200 Grad vorheizen.

5 Die Kartoffelscheiben und die Zwiebeln abwechselnd in eine Auflaufform schichten und mit der Bratensoße übergießen. Den Auflauf in den heißen Backofen stellen und auf der unteren Schiene 50 Minuten garen.

6 Die Petersilie waschen und hacken. Die Bäckerinkartoffeln damit bestreuen und sofort servieren. Dazu paßt Salat.

Tip: Verwenden Sie nur ¼ l Bratensoße und füllen Sie diese mit ¼ l Rotwein auf. So erhalten Sie einen feinen Weingeschmack.

Saure Kartoffelrädle

Dieses Gericht verdanken wir der Sparsamkeit der Schwaben. Ursprünglich war es als „Resteverwertung" gedacht. Der übrige Kartoffelsalat und die Bratensoße vom Sonntagsessen waren die Basis. Es ist ideal, wenn Sie Kartoffeln vom Vortag verwenden.

1 Die Kartoffeln waschen und mit der Schale garen (s. Seite 34). Die gekochten Kartoffeln schälen und etwas erkalten lassen, danach in Scheiben schneiden. Die Zwiebel schälen und fein würfeln.

2 Das Mehl ohne Fett in einem Topf in etwa 5 Minuten dunkel rösten. Die feingewürfelte Zwiebel dazugeben und weitere 2 Minuten mit dem Mehl rösten. Anschließend den Topf vom Herd nehmen und das Mehl etwa 2 Minuten abkühlen lassen.

3 Die kalte Fleischbrühe zur Mehl-Zwiebel-Mischung gießen und mit dem Schneebesen glattrühren. Unter ständigem Rühren mit einem flachen Holzlöffel zum Kochen bringen. Lorbeerblatt und Nelken zufügen.

4 Die Soße mit Essig, Zucker, Salz, Pfeffer sowie Worcestersoße würzen und 10 Minuten leicht köcheln lassen. Zum Schluß mit Butterflöckchen verfeinern.

5 Das Lorbeerblatt und die Nelken aus der Soße nehmen, die Kartoffelscheiben zufügen und unter die Soße heben.

Dazu wird traditionell gerne Fleischwurst gegessen. Beachten Sie, daß 100 g jedoch 7 Fettaugen enthalten. Mageres, gekochtes Rindfleisch paßt ebenso zu den Kartoffelrädle und enthält weniger Fett, nämlich in 100 g nur 2 Fettaugen!

Klassisches Rezept 4
PfundsKur Rezept 1
Schwäbisch

Vorbereiten:	1 Std.
Garen:	20 Min.

1 kg	Kartoffeln
	Salz
1	Zwiebel
50 g	Mehl
0,9 l	Fleischbrühe
1	Lorbeerblatt
2	Nelken
4 EL	Essig
1 ½ TL	Zucker
	Salz, Pfeffer
	Worcestersoße
10 g	Butter

191

KARTOFFELN

Kartoffel-Gemüse-Auflauf

Aufläufe sind aus gutem Grund sehr beliebt: Sie lassen sich gut vorbereiten und während der Garzeit im Ofen kann die Küche aufgeräumt werden. In diesem Rezept wird Buttermilch verwendet, die zusätzliche Butter überflüssig macht.

Klassisches Rezept 7
PfundsKur Rezept 3
Vegetarisch

| Vorbereiten: | 30 Min. |
| Garen: | 15 Min. |

800 g	Kartoffeln
	Salz
2	Karotten
1	Kohlrabi
½	Lauchstange
1	Zwiebel
0,1 l	Gemüsebrühe
5 g	Butter
	Salz, Pfeffer
½ Bund	Estragon
300 g	Buttermilch
	Majoran
	Muskat
3	Eier
0,1 l	Milch

Außerdem:
| 5 g | Butter für die Form |

1. Die Kartoffeln waschen, schälen, halbieren oder vierteln und garen (s. Seite 34).

2. Karotten und Kohlrabi waschen, schälen und in feine Stifte schneiden oder raspeln. Lauch putzen, waschen und in Ringe schneiden. Zwiebel schälen und fein würfeln.

3. Die Karotten- und Kohlrabistifte, Lauchringe und Zwiebelwürfel, mit der Gemüsebrühe und der Butter in einen Topf geben. Mit Salz und Pfeffer würzen und nur 1 Minute kurz und kräftig im geschlossenen Topf dünsten. Zum Abkühlen beiseite stellen.

4. Estragon waschen und fein hacken. Die gekochten und noch heißen Kartoffeln durch die Kartoffelpresse in eine Schüssel drücken. Buttermilch, Salz, Pfeffer, Majoran und Muskat zugeben. Mit dem Schneebesen zu einem schaumigen Püree schlagen.

5. Eine flache Auflaufform mit Butter auspinseln. Das Kartoffelpüree nur am Rand entlang in die Form schichten. Mit einer Palette glattstreichen und fächerartig verzieren. Die Mitte der Form für das Gemüse frei lassen. Den Backofen auf 200 Grad vorheizen.

6. Eier und Milch mit Estragon verquirlen und unter das etwas abgekühlte Gemüse rühren. Die Gemüsemischung in die Mitte der Form füllen. Den Auflauf im Backofen auf der mittleren Schiene etwa 15 Minuten backen.

Kartoffel-Gemüse-Puffer

Diese Puffer werden nicht in der Pfanne mit viel Fett ausgebacken, sondern auf einem Blech im Backofen. Während der Backzeit können Sie eine Gemüsesoße zubereiten, wie sie auf Seite 99 Rezept „Zucchinigratin" beschrieben ist.

1 Die Kartoffeln mit der Schale kochen und mindestens 1 Stunde abkühlen lassen. Das geschälte und abgewogene Gemüse in feine Streifen schneiden oder raspeln.

2 Lauch und Karotten mit der Gemüsebrühe in einen Topf geben, zudecken und in 3 Minuten bißfest dünsten. Danach auf ein Sieb schütten und sehr gut abtropfen lassen.

3 Das Gemüse in eine Schüssel geben und die gekochten Kartoffeln auf der groben Raffel dazureiben. Mit den Eiern, Salz, Pfeffer, Muskat und Petersilie zu einer geschmeidigen Masse vermengen. Anschließend den Backofen auf 200 Grad vorheizen.

4 Das Backblech mit dem Backpapier auslegen und mit etwas zerlassener Butter bepinseln. Mit einem Eßlöffel 8 Puffer darauf verteilen und flach drücken. Jeden Puffer mit der restlichen flüssigen Butter bestreichen.

5 Das Blech in den heißen Ofen schieben und die Puffer 25 Minuten auf der mittleren Einschubleiste backen.

Um Lauch gründlich zu waschen, sollten Sie ihn zuerst der Länge nach halbieren und die Wurzeln knapp abschneiden. Danach können Sie die halben Lauchstangen unter dem fließenden Wasser waschen, ohne daß sie auseinanderfallen. Nun fällt das Schneiden in feine Streifen bedeutend leichter. Beginnen Sie immer mit dem grünen Teil. **Tip**

Klassisches Rezept	8
PfundsKur Rezept	3

Kochen ohne Streß

Vorbereiten:	25 Min.
Garen:	25 Min.

500 g	Kartoffeln oder Pellkartoffeln vom Vortag
300 g	Karotten
300 g	Lauch
0,1 l	Gemüsebrühe
2	Eier
	Salz, Pfeffer
	Muskat
	Petersilie

Außerdem:

	Backpapier
20 g	zerlassene Butter

KARTOFFELN

Wirsingtaschen mit Käsesoße

*Die Wirsingtaschen bestehen aus einem Kartoffelteig,
den Sie ganz leicht herstellen können. Es ist ein sehr geschmeidiger Teig,
der sich viel leichter ausrollen läßt als ein Nudelteig und unkomplizierter
in der Zubereitung ist.*

Klassisches Rezept 9
PfundsKur Rezept 6
Raffiniert

Vorbereiten: 1 Std.
Zubereiten: 20 Min.

200 g	Kartoffeln
150 g	Mehl
1	Eigelb
	Salz, Muskat

Füllung:

400 g	Wirsing
1	Zwiebel
20 g	Butter
0,1 l	Gemüsebrühe
	Salz, Pfeffer

Soße:

1	Zwiebel
30 g	Mehl
½ l	Milch
	Salz, Pfeffer
	Muskat
80 g	Bergkäse
1 Bund	Petersilie

1 Die rohen Kartoffeln mit oder ohne Schale kochen. Es können auch gekochte Kartoffeln vom Vortag verwendet werden. Eventuell schälen, Kartoffeln durch eine Kartoffelpresse drücken. Kartoffelmasse etwas abkühlen lassen und mit Mehl und Eigelb zu einem nudelähnlichen Teig kneten. Mit Salz und Muskat würzen und beiseite stellen.

2 Die Wirsingblätter waschen und kleinschneiden. Die Zwiebel schälen und fein würfeln. Beides mit der Butter und der Gemüsebrühe in einen Topf geben. Mit Salz und Pfeffer würzen, den Topf zudecken und alles bei mittlerer Hitze 10 Minuten dünsten.

3 Für die Soße die Zwiebel schälen und in feine Würfel schneiden. Mehl mit 0,1 l Milch anrühren. Die restliche Milch mit der gewürfelten Zwiebel zum Kochen bringen und 5 Minuten leicht köcheln lassen.

4 Das angerührte Mehl mit dem Schneebesen in die kochende Milch rühren. Dann 10 Minuten kochen lassen, dabei mit dem Holzlöffel umrühren, damit nichts am Topfboden ansetzt. Mit Salz, Pfeffer, Muskat würzen und die Soße eventuell mit einem Mixstab aufschlagen. Den Käse reiben. Die Petersilie waschen und fein hacken.

5 Salzwasser in einem großen Topf zum Kochen bringen. Den Kartoffelteig auf einer bemehlten Fläche ausrollen. Mit einem Ausstecher Kreise mit einem Durchmesser von 12–15 cm ausstechen, oder Rechtecke mit einer Kantenlänge von 20 x 10 cm ausschneiden.

6 Jeden Kreis zur Hälfte mit 1 Eßlöffel Wirsingfüllung bestücken. Die Teigränder mit Wasser bestreichen, die andere Hälfte des Teiges darüber klappen und andrücken. Die Wirsingtaschen 3 Minuten im leicht köchelnden Salzwasser garen. Herausnehmen und auf einem Gitter abtropfen lassen.

7 Den geriebenen Käse in die nicht mehr kochende Soße streuen. Zum Servieren die Wirsingtaschen wieder im Salzwasser erwärmen, herausnehmen, mit Käsesoße überziehen und mit Petersilie bestreuen.

Sie können dieses Gericht unterschiedlich variieren:
- **Die Taschen in eine Backform schichten, mit der Käsesoße überziehen und im Ofen bei 220 Grad auf der mittleren Schiene 15 Minuten backen.**
- **Die Taschen in einer beschichteten Pfanne mit wenig Margarine anbraten.**
- **Die Füllung mit Champignons oder Pfifferlingen verfeinern.**
- **Die Käsesoße mit Gorgonzola zubereiten.**

Tip

195

KARTOFFELN

Kartoffeln mit Austernpilzen

*Austernpilze erhalten Sie das ganze Jahr. Wie andere Zuchtpilze
sind sie frei von Pestiziden und anderen Belastungen.
Waschen Sie die Pilze gründlich, aber nur ganz kurz,
denn in den Lamellen stecken oft Sandpartikel.*

Klassisches Rezept	6
PfundsKur Rezept	3
Schnell	

| **Vorbereiten:** | **15 Min.** |
| **Zubereiten:** | **20 Min.** |

600 g	Kartoffeln
200 g	Austernpilze
1 Bund	Frühlingszwiebeln
1	rote Paprika
1	gelbe Paprika
2 EL	Öl
	Salz, Pfeffer
	Majoran
	Muskat

Soße:
1 Bund	Kerbel
250 g	Magerquark
125 g	Sauerrahm (10 % Fett)
	Salz, Pfeffer

1 Die Kartoffeln in der Schale gar kochen. Dann schälen und abkühlen lassen.

2 Inzwischen die Pilze und die Frühlingszwiebeln waschen, putzen und in Streifen schneiden. Die Paprikaschoten von Samen und Trennwänden befreien, schälen und in Würfel schneiden. Die abgekühlten Kartoffeln in Scheiben schneiden.

3 In einer beschichteten Pfanne das Öl erhitzen. Die Kartoffelscheiben darin anbraten. Mit Salz, Pfeffer, Majoran und Muskat würzen.

4 In der Zwischenzeit den Kerbel waschen und die Blättchen von den Stengeln zupfen. Aus dem Quark, dem Sauerrahm und dem Kerbel eine cremige Soße zubereiten und mit Salz und Pfeffer abschmecken.

5 Pilze und Frühlingszwiebeln zu den Kartoffeln geben und diese kurz mitbraten.

6 Zum Schluß noch die Paprikawürfel in die Pfanne geben und ebenfalls kurz mitbraten. Das Ganze mit Pfeffer und Salz abschmekken und mit der kalten Quarksoße servieren.

**So lassen sich Paprikaschoten leicht häuten:
Halbierte oder geviertelte Paprikaschoten auf
ein Blech geben und etwa 5 Minuten im heißen
Backofen backen, bis die Haut Blasen wirft.
Dann einfach die Haut abziehen.** **Tip**

Rösti

Ein bekanntes Kartoffelgericht, das viel zu schade ist, um es nur als Beilage zu essen. Verwenden Sie möglichst gekochte Kartoffeln vom Vortag. Für die Zubereitung benötigen Sie eine beschichtete Pfanne.

1 Die Kartoffeln waschen, mit der Schale garen und abkühlen lassen. Auf der groben Raffel reiben. In einer beschichteten Pfanne das Olivenöl erwärmen. Die Kartoffelraspel in die Pfanne geben, mit Salz und Pfeffer würzen und bei schwacher Hitze unter gelegentlichem Wenden leicht anbraten.

2 Wenn die Kartoffeln leicht gebräunt sind, diese mit dem Bratenwender flach in die Pfanne drücken und dabei zu einem Kuchen formen. Dann bei schwacher Hitze weiter braten, bis sich auf der unteren Seite nach etwa 10 Minuten eine Kruste gebildet hat.

3 Einen flachen Deckel oder eine ausreichend große Platte auf die Pfanne legen und mit einem Schwung das Rösti darauf stürzen. Sofort wieder umgedreht in die Pfanne gleiten lassen und die ungebratene Seite ebenfalls 10 Minuten rösten. Dabei die Butter in kleinen Stückchen ringsum am Pfannenrand verteilen. Eventuell auf einer Platte im 80 Grad heißen Backofen warmstellen.

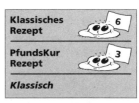

Klassisches Rezept 6
PfundsKur Rezept 3
Klassisch

| Vorbereiten: | 1 Std. |
| Garen: | 20 Min. |

1 kg	Kartoffeln
	Salz
30 g	Olivenöl
	Salz, Pfeffer
10 g	Butter

Probieren Sie folgende Varianten:
- Verfeinern Sie die Kartoffelmasse mit 2 feingeschnittenen Zwiebeln oder 100 g gewürfeltem Bauchspeck (3 Fettaugen mehr!)
- Bevor Sie die angebratenen Kartoffelraspel in der Pfanne flach drücken (Schritt 3), 120 g Emmentaler Käse daruntermischen (= 3 Fettaugen mehr).

KARTOFFELN

Kartoffelpfanne mit Pilzen

*Ein leckeres Pfannengericht, das mit Pfifferlingen und
Champignons besonders gut schmeckt.
Sie können aber auch alle anderen Pilzsorten dafür verwenden.
In einer beschichteten Pfanne gelingt das Gericht leicht.*

| Klassisches Rezept | 7 |
| Pfundskur Rezept | 4 |

Etwas besonderes

| Vorbereiten: | 1 Std. |
| Garen: | 15 Min. |

500 g	Kartoffeln
	Salz
250 g	Pfifferlinge
250 g	Champignons
1	Zwiebel
1 Bund	Schnittlauch
10 g	Olivenöl
20 g	Butter
	Salz, Pfeffer
	Thymian
2 EL	Semmelbrösel
2	Eier
0,1 l	Milch
	Kerbel

1 Die Kartoffeln waschen und mit der Schale garen (s. Seite 34). Schälen und mindestens 50 Minuten erkalten lassen.

2 Kartoffeln in Scheiben schneiden. Pilze mit dem Messer putzen, die Stiele an den Enden etwas abschneiden, Pilze kurz waschen und auf einem Sieb abtropfen lassen. Zwiebel schälen und in feine Würfel schneiden. Schnittlauch in Röllchen schneiden.

3 In einer großen beschichteten Pfanne das Olivenöl stark erhitzen und die Pilze 2 Minuten kräftig darin anbraten. Aus der Pfanne nehmen und beiseite stellen.

4 Butter in die Pfanne geben und die Zwiebelwürfel darin anbraten. Die Kartoffelscheiben zufügen, mit Pfeffer, Salz und Thymian würzen und alles 5 Minuten unter ständigem Wenden hellbraun braten.

5 Die angebratenen Pilze dazugeben und erwärmen. Mit Semmelbröseln bestreuen. Eier und Milch verquirlen. Mit Salz, Pfeffer und Kerbel würzen. Die Kartoffeln damit übergießen und bei schwacher Hitze unter Rühren leicht stocken lassen. Mit dem Schnittlauch bestreuen und servieren.

tip Wenn Sie die Kartoffeln bereits am Vortag kochen, ist das Gericht ganz schnell zubereitet. Diese Kartoffelpfanne ist eine gute Resteverwertung.

Kartoffelauflauf mit Kruste

*Dies ist ein raffinierter und fettarmer Kartoffelauflauf!
Die kleinen oder in Scheiben geschnittenen Kartoffeln werden
unter einer Brösel-Eier-Haube versteckt. Und das ergibt eine herzhafte
Köstlichkeit für alle Kartoffelfans.*

1 Die Kartoffeln waschen und als Pellkartoffeln kochen (s. Seite 34). In der Zwischenzeit die Eier in 10 Minuten hart kochen.

2 Zwiebeln und Knoblauch schälen und in feine Würfel schneiden. In einer Pfanne die Hälfte der Butter erhitzen und die Zwiebel- und Knoblauchwürfel darin glasig dünsten. Mit Salz, Pfeffer und Muskat würzen.

3 Die abgekühlten Pellkartoffeln schälen. Große Knollen in Scheiben schneiden, kleine halbieren oder ganz lassen. Die gekochten Eier schälen und grob hacken.

4 Die Zwiebel-Knoblauch-Mischung in eine Auflaufform füllen. Kartoffeln zufügen und vorsichtig etwas untermischen. Eventuell noch mit Salz und Pfeffer nachwürzen. Die Gemüsebrühe über die Kartoffeln gießen. Den Backofen auf 200 Grad vorheizen. Den Zwieback reiben, mit den gehackten Eiern mischen und über die Kartoffeln streuen.

5 Die restliche Butter in Flöckchen auf die Eier-Zwiebackbrösel geben. Den Auflauf in den heißen Ofen schieben und auf der unteren Schiene 30 Minuten garen. Die Petersilie waschen und hacken. Den Auflauf vor dem Servieren damit bestreuen.

Verwenden Sie Kartoffeln vom Vortag, dann ist dieser Auflauf in fast einer halben Stunde komplett zubereitet. **Tip**

Klassisches Rezept 13
PfundKur Rezept 7
Raffiniert

Vorbereiten: 25 Min.
Zubereiten: 30 Min.

1 kg	Kartoffeln
	Salz
4	Eier
2	Zwiebeln
2	Knoblauchzehen
40 g	Butter
	Pfeffer
	Muskat
1/4 l	Gemüsebrühe
100 g	Zwieback
1/2 Bund	Petersilie

199

Nudeln

Ihre vielen verschiedenen Farben und Formen, ihre einfache Zubereitung und nicht zuletzt der herrliche „Biß" lassen Nudeln auf der Beliebtheitsskala rund um den Erdball steigen. Getrocknete Nudeln erhält man in sehr guter Qualität. In speziellen italienischen Geschäften werden sie in großer Auswahl lose und frisch täglich angeboten. Denken Sie beim Kauf daran, daß ein hoher Eiergehalt keinesfalls die Qualität ausmacht. Viel wichtiger ist,

aus welchem Mehl oder Grieß die Nudeln hergestellt sind. Bevorzugen Sie Nudeln aus Hartweizengrieß, und kochen Sie sie immer in reichlich Salzwasser bißfest. Frisch zubereitete Nudeln haben lediglich eine Kochdauer von 40–60 Sekunden, getrocknete oder fertig gekaufte Teigwaren haben Garzeiten zwischen 6–10 Minuten. Und bitte verfallen Sie nicht der Unsitte, die Nudeln mit kaltem Wasser abzuschrecken! Spülen Sie sie mit heißem Wasser ab.

NUDELN

Spaghetti „Gemüsebolognese"

„Spaghetti bolognese" ist der Pasta-Klassiker schlechthin! Doch darüber hinaus gibt es unendlich viele phantasievolle Varianten dieses Nudelgerichts. Hier ist ein Rezept für Vegetarier und all diejenigen, die Fettaugen sparen wollen!

Klassisches Rezept 11
PfundsKur Rezept 4
Vegetarisch

Vorbereiten:	15 Min.
Garen:	20 Min.

2	Zwiebeln
1	Knoblauchzehe
300 g	Karotten
300 g	Lauch
300 g	Knollensellerie
2 EL	Olivenöl
3 EL	Tomatenmark
1/2 l	Gemüsebrühe
1	Lorbeerblatt
	Salz
400 g	Spaghetti
1 EL	Olivenöl
	Pfeffer
	Thymian, Basilikum
	Oregano
	Paprikapulver, edelsüß
	evtl. 10 g Mehl

1 Zwiebeln und Knoblauch schälen und in feine Würfel schneiden. Das Gemüse putzen und waschen. Karotten und Sellerie schälen und in 1 cm große Würfel schneiden. Den Lauch in Ringe schneiden.

2 Olivenöl in einem Schmortopf erhitzen. Zwiebeln und Knoblauch darin kräftig anbraten. Tomatenmark dazugeben und weiterrösten, ohne dabei die Temperatur zurückzunehmen. Wenn die Masse am Topfboden ansetzt, etwas Wasser zugießen. Damit löst sich die Kruste am Topfboden und die Soße bekommt eine schöne braune Farbe. Diesen Vorgang 3–4mal wiederholen.

3 Das Ganze mit der Gemüsebrühe ablöschen. Das kleingeschnittene Gemüse und das Lorbeerblatt zufügen und die Soße 10 Minuten leicht köcheln lassen. Inzwischen in einem großen Topf reichlich Salzwasser zum Kochen bringen.

4 Spaghetti darin bißfest kochen. In ein Sieb schütten, kurz mit heißem Wasser übergießen und wieder in den Topf geben. 1 EL Olivenöl daruntermischen, damit die Nudeln nicht zusammenkleben.

5 Die Gemüsesoße mit Salz, Pfeffer, Thymian, Basilikum Oregano und Paprika würzen. Die Soße eventuell mit in kaltem Wasser angerührtem Mehl binden und nochmals 5 Minuten köcheln lassen.

Spaghetti al Pesto

Für die italienische Kräutersoße, die Pesto, sind Olivenöl, Basilikum und Pinienkerne ein Muß. Es ist also schwer, Fettaugen einzusparen. Geben Sie einfach etwas weniger Pesto über die Spaghetti – und schon ist das „Fettaugen-Problem" gelöst!

1 Den Spinat waschen, tropfnaß in einen Topf geben und kurz aufkochen. Im Eiswasser abkühlen, damit er seine schöne grüne Farbe behält. Danach grob hacken.

2 Die Basilikumblätter von den Stengeln zupfen, waschen und grob hacken. Den Knoblauch schälen, fein hacken oder durch die Knoblauchpresse drücken.

3 In einem großen Topf Salzwasser zum Kochen bringen. Inzwischen Spinat, Basilikum, Knoblauch, Pinienkerne und Olivenöl in ein hohes Gefäß geben und mit dem Mixstab pürieren oder in den Mixer füllen und darin pürieren. Mit Salz und Pfeffer würzen.

4 Die Spaghetti im Salzwasser bißfest kochen, in ein Sieb schütten und kurz mit heißem Wasser übergießen. In einer vorgewärmten Schüssel anrichten.

5 Pesto über die Spaghetti geben und geriebenen Parmesan oder Pecorino dazureichen. Achtung: 10 g Käse enthalten 1 Fettauge!

Klassisches Rezept	11
PfundsKur Rezept	8
Sommerlich	

Vorbereiten:	**35 Min.**
Garen:	**10 Min.**

100 g	Spinat
1 Bund	Basilikum
3	Knoblauchzehen
70 g	Pinienkerne
60 g	Olivenöl
	Salz, Pfeffer
400 g	Spaghetti

Öl ist im Nudelkochwasser nicht notwendig. Das Abschrecken mit heißem Wasser ist jedoch wichtig. Nur wenn Sie die Nudeln nicht sofort verzehren, sollten Sie sie mit viel kaltem Wasser abspülen. **Tip**

NUDELN

Makkaroni mit Zucchini

Bis vor ein paar Jahren waren Zucchini bei uns noch relativ unbekannt. Mittlerweile sind die kürbisartigen Früchte so beliebt, daß sie sogar vielfach von Hobby-Gärtnern selbst angebaut werden. Bißfest gegart schmecken sie am besten.

Klassisches Rezept	7
PfundsKur Rezept	3

Preiswert und schnell

Vorbereiten:	20 Min.
Garen:	25 Min.

600 g	Zucchini
	Salz
50 g	Parmesan
	Basilikumblätter
	Pfeffer
$1/2$	Brühwürfel
	Muskat
$1/4$ l	Milch
400 g	Makkaroni
20 g	Butter

1 Die Zucchini waschen und die Enden abschneiden. Die Früchte in feine Streifen schneiden oder raspeln.

2 Das Nudelwasser in einem großen Topf aufsetzen und salzen. Den Parmesan reiben. Die Basilikumblätter waschen und hacken.

3 Die Hälfte der Zucchini in einen Topf geben. Mit Salz, Pfeffer, Muskat und dem halben Brühwürfel würzen. Zusammen mit der Milch 2 Minuten zugedeckt kochen lassen. Dann mit dem Mixstab pürieren. Die restlichen Zucchinistreifen zugeben, einmal umrühren und die Zucchinisoße zugedeckt bei schwacher Hitze warm halten.

4 Die Makkaroni in der Mitte durchbrechen und im Salzwasser bißfest kochen. In ein Sieb schütten, kurz mit heißem Wasser übergießen und wieder in den Topf zurückgeben.

5 Die Zucchinisoße vorsichtig unter die Nudeln mischen und das Gericht mit Butter verfeinern. Mit Parmesan und Basilikum bestreuen und servieren.

Verwenden Sie möglichst kleine, junge Zucchini. Sie schmecken am besten. Wenn die Zucchini in Ihrem Garten zu groß geworden sind, müssen Sie die Kerne mit einem Eßlöffel herausstechen und die Zucchini eventuell schälen. *Tip*

Bandnudeln mit Lachs

Obwohl heutzutage fast ausschließlich Zuchtlachs angeboten wird, zählt Lachs noch immer zu den besonderen Delikatessen. Lassen Sie sich bei Ihrem Fischhändler den Lachs bereits filetieren und enthäuten.

1 Die Tomaten oben kreuzförmig einritzen und den Strunk herausschneiden. Dann ca. 10 Sekunden mit einem Drahtlöffel in kochendes Wasser halten. Dann häuten.

2 Tomaten halbieren, Kerne herausdrücken und Tomatenfleisch würfeln. Zwiebel und Knoblauchzehe schälen und fein würfeln. Die Petersilie waschen und hacken. In einem großen Topf Salzwasser zum Kochen bringen.

3 Inzwischen die Zwiebel- und Knoblauchwürfel in der Butter glasig dünsten. Die Tomatenwürfel zufügen und etwa 2 Minuten mitdünsten. Mit dem Cognac ablöschen.

4 Sahne und Milch zu den Tomaten geben. Mit Salz und Pfeffer abschmecken. Beiseite stellen und nicht mehr kochen lassen.

5 Das Lachsfilet in dünne Scheiben schneiden. Die Nudeln im kochenden Salzwasser bißfest kochen. In ein Sieb schütten, kurz mit heißem Wasser übergießen, abtropfen lassen und wieder zurück in den Topf geben.

6 Die Lachsstreifen in die heiße Soße geben, vorsichtig umrühren und 1 Minute darin köcheln lassen. Nudeln mit der Soße vermengen. Mit Petersilie bestreuen und servieren.

Tip: Garen Sie Lachs nie zu lange! In Streifen oder Stücke geschnitten, ist dieser zarte Fisch in ganz kurzer Zeit gar und bleibt saftig.

Klassisches Rezept	9
PfundsKur Rezept	5
Edel	

Vorbereiten:	**15 Min.**
Garen:	**10 Min.**

4	Tomaten
1	kleine Zwiebel
1	Knoblauchzehe
·	Petersilie
	Salz
1 EL	Butter
2 cl	Cognac
100 g	Sahne
0,1 l	Milch
	Pfeffer
200 g	Lachsfilet ohne Haut
400 g	Tagliatelle (schmale Bandnudeln)

Gemüsenudeln

*Ein schnelles Gericht, das Sie das ganze Jahr über zubereiten können.
Sie können die Gemüsenudeln als Hauptgericht oder als Beilage
zu Fisch und Fleisch essen. Wenn Sie die Nudeln als Beilage reichen,
genügen zwei Drittel der angegebenen Menge.*

Einfach und köstlich

Vorbereiten:	15 Min.
Garen:	10 Min.

200 g	Knollensellerie
2	Karotten
1	Lauchstange
1	Zwiebel
400 g	Tagliatelle (schmale Bandnudeln)
	Salz
1 TL	Olivenöl
0,1 l	Gemüsebrühe
	Pfeffer
	Estragon, Petersilie
	Schnittlauch
60 g	Crème fraîche
1/8 l	Milch

1 Knollensellerie und Karotten putzen, waschen, schälen und in feine Streifen schneiden. Den Lauch waschen und in Ringe oder Streifen schneiden. Die Zwiebel schälen und fein würfeln. In einem großen Topf Salzwasser zum Kochen bringen.

2 Die Nudeln in kochendem Salzwasser bißfest kochen. Inzwischen das Gemüse mit den Zwiebelwürfeln, dem Olivenöl und der Gemüsebrühe in einen Topf geben.

3 Das Ganze mit Salz, Pfeffer und den Kräutern würzen. Den Topf mit dem Deckel schließen und alles nur 1 Minute kurz und kräftig dünsten, dann beiseite stellen.

4 Die gekochten Nudeln in ein Sieb schütten, kurz mit heißem Wasser übergießen und wieder in den Topf zurückgeben.

5 Crème fraîche, Milch und das gedünstete Gemüse nacheinander mit den Nudeln verrühren und nach Geschmack würzen.

Natürlich können Sie dieses Gericht auch mit vielen anderen Gemüsesorten zubereiten. Farblich passen kleine Brokkoliröschen besonders gut dazu.

Statt Sellerie können Sie während der Sommersaison auch Petersilienwurzel verwenden.

Krautnudeln

Ein einfaches Essen aus dem Schwäbischen. Es läßt sich schnell zubereiten und wurde früher oft montags aus den Bratenresten vom Sonntag zubereitet. Kochen Sie Nudeln nicht nach der Uhr bißfest, sondern testen Sie den „Biß" nach ein paar Minuten Kochzeit.

1 In einem großen Topf etwa 2 l Wasser zum Kochen bringen, salzen und die Bandnudeln darin bißfest garen. Die Garzeit hängt von der Art der Nudeln ab.

2 Die gegarten Nudeln in ein Sieb schütten, wieder zurück in den Topf geben und mit kaltem Wasser auffüllen. Dadurch kühlen die Nudeln gut ab und kleben später nicht zusammen. Wenn die Bandnudeln kalt sind, diese wieder in das Sieb geben.

3 Weißkraut halbieren, vom Strunk befreien und in Streifen schneiden oder hobeln. Zwiebeln schälen und in feine Würfel schneiden. Petersilie waschen und fein hacken.

4 In einem großen Schmortopf das Schweineschmalz erhitzen. Die Zwiebelwürfel und das Kraut kräftig darin anschmoren. Mit Salz, Pfeffer und Kümmel würzen.

5 Nach etwa 5 Minuten die Bratensoße zum Kraut geben und im geschlossenen Topf bei schwacher Hitze 10 Minuten dünsten.

6 Die Nudeln zum Kraut schütten, vermengen und erwärmen. Mit Petersilie bestreuen und servieren. Dazu grünen Salat reichen.

Klassisches Rezept 9

PfundsKur Rezept 5

Traditionell

Vorbereiten:	**15 Min.**
Garen:	**10 Min.**

	Salz
400 g	Bandnudeln
500 g	Weißkraut
2	Zwiebeln
1 Bund	Petersilie
60 g	Schweineschmalz
	Pfeffer
	gemahlener Kümmel
$1/4$ l	Bratensoße

Tip
Dieses Gericht können Sie mit gekochten Schinkenstreifen verfeinern. Achtung: 100 g Schinken enthalten 4 Fettaugen.

207

NUDELN

Schlemmernudeln

*Dieses Nudelessen ist ein richtiger Hochgenuß!
Die Zutaten können Sie nach Belieben variieren. Wichtig ist,
daß Sie die Nudeln erst kurz vor dem Essen unter die fertige
Tomaten-Pilz-Soße mischen.*

| Klassisches Rezept | 9 |
| Pfundskur Rezept | 4 |

Köstlich

Vorbereiten: 15 Min.
Garen: 10 Min.

2	Tomaten
1	Zwiebel
1	Knoblauchzehe
1/2	Bund Petersilie
1/2	Handvoll Kerbel
100 g	gekochter Schinken
100 g	braune Champignons
20 g	Butter
0,1 l	Gemüsebrühe
0,1 l	Milch
50 g	Schmand
	Salz, Pfeffer
400 g	Tagliatelle (schmale Bandnudeln)

1 Tomaten oben kreuzförmig einritzen und den Strunk herausschneiden. Etwa 10 Sekunden mit einem Drahtlöffel in kochendes Wasser halten. Dann häuten.

2 Die Tomaten halbieren, die Kerne herausdrücken und das Tomatenfleisch in Würfel schneiden. Zwiebel und Knoblauchzehe schälen und fein würfeln. Die Petersilie und den Kerbel waschen und hacken.

3 Den gekochten Schinken in Streifen schneiden. Die Champignons putzen (nicht schälen!), kurz in kaltem Wasser waschen und in dünne Scheiben schneiden.

4 Butter in einem großen flachen Topf zerlassen und die Zwiebel- und Knoblauchwürfel darin dünsten. Zuerst die Pilze, dann die Tomatenwürfel und Schinkenstreifen dazugeben und alles kurz schmoren.

5 Mit der Gemüsebrühe und Milch ablöschen. Mit Salz und Pfeffer abschmecken. Beiseite stellen und nicht mehr kochen lassen.

6 Nudeln in viel Salzwasser bißfest kochen. In ein Sieb schütten, kurz mit heißem Wasser übergießen, in den Topf mit der Soße geben und mischen. Alles erhitzen, mit Petersilie und Kerbel bestreuen und servieren.

Hörnle mit Hackfleischsoße

Ein schnelles Nudelgericht, das sich komplett am Vortag vorbereiten läßt. Verwenden Sie kein fertiges Rinderhack, sondern lassen Sie sich die entsprechende Menge Rinderschulter von Ihrem Metzger frisch durchdrehen, das spart Fettaugen.

1 Die Zwiebel schälen und in feine Würfel schneiden. In einem flachen Bratentopf 2 EL Olivenöl oder die entsprechende Menge von einem anderen Pflanzenfett erhitzen. Die Zwiebel zufügen und darin glasig dünsten.

2 Rindfleisch zugeben und kräftig anbraten. Je größer der Topf ist, desto schneller brät das Fleisch an, ohne dabei Wasser zu ziehen. Tomatenmark unterrühren und alles mit Salz, Pfeffer und Paprika würzen.

3 Wenn die gewürzte Fleischmasse am Topfboden ansetzt, etwas Wasser zugießen, damit sich die Kruste löst und die Soße eine kräftige Farbe bekommt.

4 Das Ganze mit der Fleischbrühe und dem Rotwein ablöschen. Bei schwacher Hitze zugedeckt 15 Minuten leicht köcheln lassen.

5 Inzwischen in einem großen Topf reichlich Salzwasser zum Kochen bringen. Die Hörnle darin bißfest garen. In ein Sieb schütten, kurz mit heißem Wasser übergießen und wieder in den Topf geben. 1 EL Olivenöl oder Butter darunter mischen, damit die gegarten Nudeln nicht zusammenkleben.

6 Die Fleischsoße noch 5 Minuten ohne Deckel kochen lassen, damit die Flüssigkeit etwas einkocht. Abschmecken und mit den Hörnle zusammen servieren.

Klassisches Rezept 8
PfundsKur Rezept 4

Schnell und beliebt

Vorbereiten:	10 Min.
Zubereiten:	30 Min.

1	Zwiebel
3 EL	Olivenöl
400 g	frisch durchgedrehte Rinderschulter
2 EL	Tomatenmark
	Salz, Pfeffer
	Paprikapulver, edelsüß
1/4 l	Fleischbrühe
0,1 l	Rotwein
400 g	Hörnle oder Gabelspaghetti

NUDELN

Lasagne

Dieses Rezept ist eine fettarme Variante der klassischen Lasagne. Lasagneblätter werden mit weißer Soße und Hackfleischsoße geschichtet. Fettaugen sparen Sie, indem frisch durchgedrehtes Fleisch verwendet wird.

Klassisches Rezept 17
PfundsKur Rezept 9
Beliebt

Vorbereiten:	25 Min.
Garen:	1 Std.

1	Zwiebel
1	Karotte
1/4	Knollensellerie
10 g	Olivenöl
300 g	frisch durchgedrehte Rinderschulter
1/2	Tube Tomatenmark
0,6 l	Fleischbrühe
0,1 l	Rotwein
	Salz, Pfeffer
	Oregano
1 Dose	Pizzatomaten
3/4 l	weiße Soße (mit Milch)
200 g	Mozzarella
100 g	Parmesan
300 g	Lasagneblätter

1 Die Zwiebel schälen und in feine Würfel schneiden. Die Karotte und den Knollensellerie putzen, waschen, schälen und ebenfalls klein würfeln oder raspeln.

2 Öl in einem Topf erhitzen und das Rinderhack mit den Zwiebeln darin anbraten. Gemüse und Tomatenmark zufügen und bei starker Hitze mitbraten, bis die Masse am Topfboden ansetzt. Mit wenig Wasser ablöschen. Damit wird der Bodensatz gelöst und die Soße bekommt eine schöne Farbe. Diesen Vorgang 3–4mal wiederholen. Die Temperatur dabei nicht verringern.

3 Wenn die Masse schön dunkel geworden ist, das Ganze mit der Fleischbrühe und dem Rotwein auffüllen und 10 Minuten köcheln lassen. Mit Salz, Pfeffer und Oregano würzen und mit Pizzatomaten verfeinern.

4 Die weiße Soße zubereiten (s. Seite 31). Den Mozzarella grob und den Parmesan fein reiben. Beides mischen. Den Backofen auf 200 Grad vorheizen.

5 Die Zutaten in eine feuerfeste Form schichten. Die Reihenfolge sollte sein: Weiße Soße – Käse – Lasagneblätter – Hackfleischsoße – Lasagneblätter – und wieder von vorne. Die letzte Schicht soll aus weißer Soße und Käse bestehen. Die Form in den heißen Ofen schieben und die Lasagne auf der unteren Schiene 30 Minuten backen.

Gemüselasagne

Hier ist genau das richtige Rezept für alle, die Lasagne mögen und einmal eine Variante ohne Fleisch probieren möchten. Schichten Sie erst kurz bevor Sie die Lasagne in den Ofen schieben alle Zutaten in eine flache Auflaufform.

1 Gemüse waschen, putzen und je nach Sorte schälen. In Scheiben oder Streifen schneiden. Gemüse mit der Brühe in einen Topf geben und den Deckel darauf legen. Das Gemüse 2 Minuten in der Brühe dünsten.

2 Das Tomatenmark zufügen und das Gemüse mit Salz, Pfeffer, Thymian, Oregano und Paprika abschmecken. Gut verrühren und dann beiseite stellen.

3 Die weiße Soße nach dem Grundrezept (s. Seite 31) zubereiten und beiseite stellen. Die Käsesorten reiben und mischen. Den Ofen auf 200 Grad vorheizen.

4 Die Zutaten in eine nicht gefettete Auflaufform schichten. Zuerst den Boden der Form mit der weißen Soße bedecken, dann die Lasagneblätter darauf legen. Nun folgt eine Schicht Gemüse, die mit Käse bestreut wird. In dieser Reihenfolge weiterverfahren, bis alle Zutaten verbraucht sind. Die letzte Schicht soll aus Käse bestehen. Die Gemüselasagne im heißen Backofen auf mittlerer Schiene 25 Minuten backen.

Klassisches Rezept 13
PfundsKur Rezept 7
Läßt sich vorbereiten

Vorbereiten:	20 Min.
Garen:	40 Min.

1 kg	Gemüse (z.B. Karotten, Lauch, Zucchini, Mais, Erbsen)
¼ l	Gemüsebrühe
4 EL	Tomatenmark
	Salz, Pfeffer
	Thymian
	Oregano
	Paprikapulver edelsüß
¾ l	weiße Soße mit Milch
150 g	Mozarella
150 g	Emmentaler oder Gouda
300 g	Lasagneblätter

Tip

Lasagneblätter nicht extra kochen, denn durch die lange Backzeit und die Feuchtigkeit von Gemüse und weißer Soße werden sie problemlos gar.
Der schwäbische Maultaschenteig eignet sich sehr gut für die Lasagne. Vergessen Sie aber nicht, den Teig mit der Gabel einzustechen, damit sich beim Backen keine Luftblasen bilden.

NUDELN

Cannelloni mit Brokkoli

*Für diese italienische Spezialität gibt es eine Vielzahl von Füllungen.
In diesem Rezept werden die Cannelloni ohne Fleisch gefüllt.
Für alle Cannelonigerichte gilt: kochen Sie die Nudelrollen nicht vor,
denn sie garen langsam im Ofen.*

Klassisches Rezept	10
PfundsKur Rezept	4

Preiswert

Vorbereiten:	20 Min.
Garen:	40 Min.

200 g	Brokkoli
1	Zwiebel
0,1 l	Gemüsebrühe
100 g	Frischkäse
1	Ei
	Salz, Pfeffer
	Oregano
16	Cannelloni
2 Dosen	Pizzatomaten
	Rosmarin
	Zucker
50 g	Gouda
50 g	Mozzarella

Außerdem:

5 g	Butter
	für die Form

1 Brokkoli waschen, putzen und grob hakken. Zwiebel schälen und in feine Würfel schneiden. Beides mit der Gemüsebrühe in einen Topf geben. Mit dem Deckel verschließen und alles 2 Minuten dünsten. In ein Sieb schütten und erkalten lassen.

2 Frischkäse mit dem Ei in einer Schüssel vermengen. Erkaltete Brokkolistückchen zufügen, unter die Käse-Ei-Masse mischen. Mit Salz, Pfeffer und Oregano würzen.

3 Eine flache ofenfeste Form mit Butter ausstreichen. Die Cannelloni mit der Brokkoli-Käse-Masse füllen und in die Form schichten. Den Backofen auf 200 Grad vorheizen.

4 Die Pizzatomaten mit Salz, Pfeffer, Rosmarin und Zucker abschmecken und über die Cannelloni gießen. Mozzarella und Gouda grob reiben und darüber streuen. Die Cannelloni im heißen Ofen auf der unteren Schiene etwa 40 Minuten garen.

**Rosmarin schmeckt frisch am besten.
Sie können 1 ganzen Zweig in die Tomatensoße
geben und mitkochen. Vor dem Essen dann
wieder aus der Soße entfernen.**

Tip

Orientalischer Nudelauflauf

Verwenden Sie für diesen Auflauf Makkaroni oder Penne.
Diese dürfen allerdings nur vier Minuten im Salzwasser vorgekocht werden,
denn im Auflauf garen sie nach und würden bei einer längeren
Kochzeit zu weich werden.

1 2 l Wasser in einem großen Topf zum Kochen bringen. Salzen und die Makkaroni oder Penne darin 4 Minuten kochen. Die Nudeln in ein Sieb schütten, wieder in den Topf zurückgeben und diesen mit kaltem Wasser auffüllen. Die kalten Teigwaren wieder ins Sieb schütten und gut abtropfen lassen.

2 Zwiebel schälen und in feine Würfel schneiden. Petersilie waschen und fein hacken.

3 Die Margarine in einem Topf erhitzen, das Rinderhackfleisch, die Zwiebelwürfel sowie die gehackte Petersilie dazugeben und alles 5 Minuten schmoren.

4 Rosinen, Mandelblättchen und Pizzatomaten zufügen. Soße kurz aufkochen und mit Salz, Pfeffer und Oregano abschmecken. Den Ofen auf 200 Grad vorheizen.

5 Eine flache Auflaufform gleichmäßig mit Margarine ausfetten. Die kalten Nudeln hinein schichten, die Hackfleischsoße darüber gießen und leicht untermischen.

6 Den Käse grob reiben und den Auflauf damit bestreuen. Die Form in den heißen Ofen schieben und 20 Minuten backen.

Klassisches Rezept 8
PfundsKur Rezept 4
Läßt sich vorbereiten

| Vorbereiten: | 20 Min. |
| Garen: | 20 Min. |

300 g	Makkaroni oder Penne
	Salz
1	Zwiebel
1 Bund	Petersilie
10 g	Margarine
200 g	Rinderhack
2 EL	Rosinen
2 EL	Mandelblättchen
1 Dose	Pizzatomaten
	Salz, Pfeffer
	Oregano
50 g	Gouda

Außerdem:
| 5 g | Margarine für die Form |

Tip: Bestreuen Sie den Auflauf vor dem Servieren mit gerösteten Pinienkernen. Allerdings: 1 TL Pinienkerne enthält 3 Fettaugen.

Reis

Reis ist eine der ältesten Kulturpflanzen, die wir kennen.
Grob unterscheidet man zwischen drei Reisgruppen: dem
Lang-, Mittel- und Rundkornreis. Wählen Sie für Reis als
Beilage einen Langkornreis, für Risotto eine Mittelkorn-
sorte und für Süßspeisen den stärkehaltigen Rundkornreis. Reis ist ein hochwertiges Lebensmittel, das als
Natur- oder Vollreis wichtige Vitamine,
Mineralstoffe und Ballaststoffe enthält. Ungeschälter Reis benötigt
zwar eine etwas längere Garzeit,
schmeckt aber aromatischer als
der geschälte. Eine gute
Alternative dazu ist der
Parboiled-Reis. Er
wird zwar ge-
schält, doch vor
dem Schälvor-
gang werden
die Vitamine
und Mineral-
stoffe durch ein
besonderes
Verfahren in
den Kern
hineingepreßt.

Daniels Lieblingsessen

Dieser bunte Reis mit Zitronensoße ist bei Kindern sehr beliebt.
Daniel mag dazu am liebsten mit Cornflakes panierte Hähnchenschnitzel,
die Sie nach dem Rezept Schnitzel „Wiener Art" (s. Seite 145) zubereiten
können. Ersezen Sie Semmelbrösel durch Cornflakes.

| Klassisches Rezept | 7 |
| PfundsKur Rezept | 4 |

Einfach und preiswert

| Vorbereiten: | 15 Min. |
| Garen: | 20 Min. |

100 g	Karotten
300 g	Langkornreis
0,7 l	Gemüsebrühe
1	Lorbeerblatt
2	Nelken
1/2	Zwiebel, Salz
100 g	TK-Erbsen
Zitronensoße:	
	Estragonblättchen
	Zitronenmelisse
1/2 l	Gemüsebrühe
30 g	Mehl
1/2	Zitrone
1/2 TL	Currypulver
1/2 TL	Kurkuma
Sojasoße, Muskat, Paprikapulver, edelsüß, Pfeffer, Zucker	
100 g	Sahne
10 g	Butter

1 Karotten putzen, waschen, schälen und in Scheiben schneiden. Den Reis, wie im Grundrezept (s. Seite 33) beschrieben, mit der Gemüsebrühe, der Zwiebel, dem Lorbeerblatt, den Nelken und Salz zubereiten. Bevor der Reis im Topf zum Austrocknen in den Backofen gestellt wird, die Erbsen und die Karottenscheiben untermischen.

2 Für die Soße die Blättchen von der Zitronenmelisse zupfen und zusammen mit dem Estragon waschen und hacken. 0,4 l Gemüsebrühe in einem Topf zum Kochen bringen. In der restlichen kalten Gemüsebrühe das Mehl anrühren. In die kochende Brühe gießen, um sie damit zu binden und mit dem Schneebesen glattrühren.

3 Zitrone auspressen. Zitronensaft und alle Gewürze in die Soße rühren, abschmecken und 5 Minuten leicht köcheln lassen. Immer wieder mit dem Holzlöffel umrühren, damit nichts am Topfboden ansetzt.

4 Mit dem Schneebesen die Sahne und die Butter in kleinen Stückchen kräftig unter die Zitronensoße schlagen. Den körnig gegarten Reis mit der Soße mischen, das Ganze mit Kräutern bestreuen und servieren.

Das Auge ißt mit! Wenn Sie die geschälten Karotten mit einem kleinen spitzen Messer 5mal der Länge nach einkerben, und dann in Scheiben schneiden, entstehen kleine Blüten.

Tip

Reisgericht, indische Art

*Das wichtigste Gewürz bei diesem Gericht ist Curry.
Informieren Sie sich bei einem Gewürzstand darüber.
Curry besteht aus mehreren Gewürzen und die jeweilige Menge
der einzelnen Gewürze bestimmt seine Schärfe.*

1 Den Reis mit 0,7 l Brühe, Lorbeerblatt, Nelken und Salz, wie im Grundrezept (s. Seite 33) beschreiben, zubereiten. Bevor der Reis zum Austrocknen in den Backofen gestellt wird, das Currypulver untermischen.

2 In der Zwischenzeit die Zwiebeln schälen und fein würfeln. Die Schinkenscheiben in 1 cm große Würfel schneiden. Die Petersilie waschen und fein hacken. Die Äpfel und Bananen schälen und in kleine Würfel schneiden.

3 Die Butter in einer großen Pfanne erhitzen und die gewürfelten Zwiebeln 5 Minuten darin glasig dünsten. Die Apfel- und Bananenwürfel dazugeben und alles zusammen weitere 5 Minuten dünsten.

4 Zum Schluß die Schinkenwürfel zur Obst-Zwiebel-Mischung geben und alles mit der restlichen Gemüsebrühe aufgießen.

5 Die Pfanne vom Herd nehmen und den gegarten Reis untermischen. Sofort mit der Petersilie bestreuen und servieren.

Klassisches Rezept	7
PfundsKur Rezept	4
Exotisch	

Vorbereiten:	**15 Min.**
Garen:	**30 Min.**

300 g	*Langkornreis*
0,8 l	*Gemüsebrühe*
1	*Lorbeerblatt*
2	*Nelken*
½	*Zwiebel*
	Salz
2 TL	*Currypulver*
2	*Zwiebeln*
6 Scheiben gekochter Schinken (á 50 g)	
½ Bund	*Petersilie*
2	*Äpfel*
2	*Bananen*
10 g	*Butter*
	Pfeffer

In Feinkostgeschäften erhalten Sie Mango-Chutney im Glas. Damit können Sie dieses Gericht vor dem Servieren noch verfeinern. Oder stellen Sie das Chutney auf den Tisch, so kann sich jeder sein Reisgericht individuell nachwürzen.

tip

217

Risotto mit Sonnenblumenkernen

*Ein preiswertes Reisgericht für das Langkornreis verwendet wird.
Normalerweise wird ein Risotto aus Rundkorn- oder italienischem
Risottoreis (Avorio) zubereitet. Den besonderen Geschmack
erhält diese Variante durch geröstete Sonnenblumenkerne.*

Klassisches Rezept	8
PfundsKur Rezept	4
Preiswert	

Vorbereiten:	**10 Min.**
Garen:	**35 Min.**

2	Knoblauchzehen
3	Zwiebeln
0,1 l	Weißwein
300 g	Langkornreis
1 l	Gemüsebrühe
2	grüne Paprikaschoten
400 g	Karotten
1 Dose	Pizzatomaten
80 g	Sonnenblumenkerne
	Salz, Pfeffer
	Petersilie

1 Die Knoblauchzehen und die Zwiebeln schälen und fein würfeln. Zusammen mit dem Weißwein in einen Topf geben und dann 4 Minuten leicht köcheln lassen.

2 Den Reis zufügen und mit 0,6 l Gemüsebrühe auffüllen. 10 Minuten ohne Deckel kochen lassen und dabei immer wieder umrühren. Inzwischen den Backofen auf 200 Grad vorheizen. Den Reis im heißen Backofen 15 Minuten trocknen lassen.

3 Die Paprikaschoten waschen, Samen und Trennwände entfernen und das Fruchtfleisch in Streifen schneiden. Die Karotten waschen, schälen und mit dem Messer oder auf dem Gurkenhobel in feine Scheiben schneiden.

4 Paprika und Karotten mit der restlichen Brühe in einen Topf geben und 5 Minuten garen. Die Pizzatomaten zufügen und mit Salz und Pfeffer abschmecken.

5 Die Sonnenblumenkerne ohne Fett in einer Pfanne rösten. Die Petersilie waschen und hacken. Gemüse und Sonnenblumenkerne unter den Reis mischen, mit der gehackten Petersilie bestreuen und servieren.

Den Reis immer in einen Topf mit feuerfesten Griffen geben, damit er problemlos im Backofen trocknen kann. *Tip*

Safran-Gemüse-Reis-Pfanne

Fisch, Fleisch und dazu ein bunter würziger Safranreis ergeben ein exotisches Gericht, das ein bißchen an die spanische Paella erinnert. Ein knackiger Salat im voraus serviert, macht daraus ein rundum gesundes, wohlschmeckendes Essen.

1 Den Reis mit Lorbeerblatt, Nelken und Salz, wie im Rezept Seite 33 beschrieben, zubereiten. Bevor der Reis zum Trocknen in den Backofen gestellt wird, den Safran untermischen.

2 Während der Reis im Ofen gart, die Zwiebeln schälen und fein würfeln. Die Karotten putzen, schälen und in dünne Scheiben schneiden. Die beiden Paprikaschoten waschen, von Samen und Trennwänden befreien und in Streifen schneiden.

3 Filet längs zur Faser in Scheiben, dann quer zur Faser in 1 cm breite Streifen schneiden. Mit Salz, Pfeffer und dem Olivenöl marinieren. Die Petersilie waschen und fein hacken.

4 In einer großen Pfanne die Butter erhitzen, die Zwiebeln, Karotten und Paprika hinzufügen und 5 Minuten darin bei mittlerer Hitze anschmoren. Die Pfanne dabei 2 Minuten lang zudecken, damit sich etwas Flüssigkeit bildet. Die Maiskörner und die Shrimps unter das Gemüse mischen. Alles in eine große Schüssel geben und beiseite stellen.

5 Die Pfanne wieder erhitzen, die marinierten Rinderfiletstreifen hineingeben und knapp 2 Minuten lang darin anbraten.

6 Reis, Fleisch und Gemüse mischen. Eventuell mit Pfeffer und Salz nachwürzen. Mit gehackter Petersilie bestreuen und servieren.

Klassisches Rezept 6
PfundsKur Rezept 3
Raffiniert

Vorbereiten:	15 Min.
Garen:	30 Min.

300 g	Langkornreis
0,7 l	Gemüsebrühe
1	Lorbeerblatt
2	Nelken
½	Zwiebel
	Salz
1 kleines Döschen Safran	
2	Zwiebeln
2	Karotten
1	rote Paprikaschote
1	grüne Paprikaschote
200 g	Rinderfilet
	Pfeffer
1 Bund	Petersilie
10 g	Butter
1 EL	Olivenöl
1 Dose	Mais
100 g	Shrimps
	Sojasoße

REIS

Reispfanne mit Pilzen

Dieses schnelle Gericht schmeckt natürlich mit frischen Pilzen am besten. Sie können aber auch tiefgefrorene Pilze oder Pilze aus dem Glas bzw. der Dose verwenden. Bereiten Sie die Pilze, Gemüse und Kräuter vor, während der Reis gart.

| Klassisches Rezept | 6 |
| PfundsKur Rezept | 3 |

Einfach und schnell

| Vorbereiten: | 25 Min. |
| Garen: | 10 Min. |

1	Zwiebel
1	Lorbeerblatt
2	Nelken
250 g	Langkornreis
0,6 l	Gemüsebrühe
30 g	Butter
200 g	Pfifferlinge
200 g	Champignons
200 g	Stockschwämmchen
1	rote Paprikaschote
1 Bund	Petersilie
	Salz, Pfeffer
	Kerbel

1 Die Zwiebel schälen und halbieren. Auf eine Hälfte das Lorbeerblatt legen und mit den Nelken feststecken. Den Reis mit der gespickten Zwiebelhälfte und der Gemüsebrühe, wie im Rezept auf Seite 33 beschrieben, zubereiten. Nur 10 g Butter verwenden.

2 Während der Reis gart, die Pilze putzen, kurz und gründlich in kaltem Wasser waschen und auf einem Sieb abtropfen lassen. Pilze niemals im Wasser liegenlassen, da sich sonst die Lamellen mit Wasser vollsaugen und das Gericht wäßrig schmecken würde.

3 Paprikaschote waschen, von Samen und Trennwänden befreien und in 1 cm große Würfel schneiden. Restliche Zwiebel fein würfeln. Petersilie waschen und hacken.

4 In einer großen Pfanne oder einem flachen Topf die Butter erhitzen. Darin zuerst die Zwiebelwürfel glasig dünsten. Dann Paprikawürfel und Pilze zufügen und mitdünsten. Bei starker Hitze 5 Minuten schmoren lassen, damit die Pilze nicht zuviel Wasser ziehen.

5 Mit Salz, Pfeffer und Kerbel würzen. Die Petersilie waschen und fein hacken. Zum Schluß den fertigen Reis untermischen und mit gehackter Petersilie bestreuen.

Tip: Keine Sorge: Sie dürfen Zuchtpilzsorten, wie zum Beispiel Champignons, Austernpilze, Pfifferlinge, Steinpilze, Stockschwämmchen jederzeit aufwärmen.

Käse-Reisauflauf

Dieser Auflauf ist eine wunderbare Möglichkeit, gekochten Reis vom Vortag und Hartkäsereste in ein köstliches Gericht zu verwandeln. Keiner kommt dabei auf die Idee, daß es sich um ein banales „Reste-Essen" handelt.

1 Zwiebeln schälen und halbieren. 3 Hälften in kleine Würfel schneiden. Auf die 4. Zwiebelhälfte das Lorbeerblatt legen und mit den Nelken feststecken.

2 Reis, Zwiebelwürfel und Gemüsebrühe in einen Topf ohne Plastikgriffe geben und ohne Deckel etwa 10 Minuten kochen lassen, bis ein flüssiger Reisbrei entsteht. Dabei ab und zu umrühren. Das Ganze mit Salz würzen und die gespickte Zwiebelhälfte hinzufügen. Den Backofen auf 200 Grad vorheizen. Den Reis zugedeckt im Backofen 15 Minuten quellen und trocknen lassen.

3 Während der Reis im Backofen gart, Eier und Milch verquirlen. Den Käse reiben und zur Eiermilch geben. Mit Salz, Pfeffer und Muskatnuß würzen.

4 Aus dem Reis die gespickte Zwiebel entfernen. Eine Auflaufform mit Butter auspinseln, den Reis hineinfüllen und den Weißwein darübergießen. Mit einer Gabel mischen.

5 Die Ei-Käse-Masse über dem Reis verteilen und im 180 Grad heißen Ofen auf der untersten Schiene etwa 20 Minuten backen.

Klassisches Rezept 10
PfundsKur Rezept 7
Raffiniert

Vorbereiten:	25 Min.
Garen:	30 Min.

2	Zwiebeln
1	Lorbeerblatt
2	Nelken
200 g	Langkornreis
½ l	Gemüsebrühe
	Salz
3	Eier
0,1 l	Milch
200 g	Bergkäse
	Salz, Pfeffer
	Muskat
5 g	Butter
0,1 l	Weißwein

Trennen Sie die Eier. Rühren Sie die Eigelbe unter die Ei-Käse-Masse, und schlagen Sie die Eiweiße steif. Wenn Sie den Eischnee zum Schluß unter den Auflauf ziehen, wird er schön locker und leicht. Tip

221

Reisbällchen in Basilikumsoße

Das ist genau die richtige vegetarische Alternative zu den allseits bekannten und beliebten Fleischklößchen mit Tomatensoße. Gekochter Reis, zu Bällchen geformt, kommt sogar bei Kindern gut an, die sonst nicht gern Reis mögen.

Klassisches Rezept 8
PfundsKur Rezept 5
Raffiniert

| Vorbereiten: | 35 Min. |
| Garen: | 15 Min. |

Reisbällchen:	
300 g	*Langkornreis*
0,6 l	*Wasser, Salz*
150 g	*Gouda*
½ Bund	*Frühlingszwiebeln*
1	*Ei*
5–6 EL	*Mehl*
Soße:	
2	*Zwiebeln*
2	*Knoblauchzehen*
1 EL	*Olivenöl*
250 g	*Champignons*
500 g	*Pizzatomaten*
½ Bund	*Frühlingszwiebeln*
1 Bund	*Basilikum*
	Salz, Pfeffer
1 Prise	*Zucker*

1 Den Reis in einem Topf mit Salzwasser 20 Minuten bei schwacher Hitze kochen lassen. Danach zum Abkühlen beiseite stellen.

2 Käse reiben. Frühlingszwiebeln putzen, waschen und in Röllchen schneiden. Den abgekühlten Reis mit allen Zutaten mischen und abschmecken. In einem Topf Salzwasser oder Gemüsebrühe zum Kochen bringen.

3 Aus der Reismasse mit nassen Händen 8 Knödel formen, in das kochende Salzwasser oder die kochende Gemüsebrühe legen und 15 Minuten darin ziehen lassen.

4 In der Zwischenzeit für die Soße die Zwiebeln und den Knoblauch schälen und fein würfeln. Die Champignons putzen, kurz waschen und würfeln. Die Frühlingszwiebeln waschen, putzen und in feine Ringe schneiden. Basilikum von den Stengeln zupfen und die Blättchen in Streifen schneiden.

5 In einem Topf das Öl erhitzen. Zwiebel- und Knoblauchwürfel darin andünsten. Champignons und Frühlingszwiebeln dazugeben und 5 Minuten mitdünsten. Tomatenwürfel zum Gemüse geben. Die Hälfte des Basilikums in die Soße streuen. Mit Salz, Pfeffer, Zucker abschmecken. 5 Minuten kochen lassen.

6 Die Soße in eine flache Schale gießen, die Reisknödel darauf legen und mit dem restlichen Basilikum bestreuen.

Reis-Lauch-Auflauf

*Ein Auflauf für alle Tage und dennoch ist er nicht alltäglich!
Die Kombination von Reis und Gemüse erhält durch die Tomaten eine
fruchtige Note, weshalb das Gericht vor allem Kindern schmeckt.
Anstelle des Schmelzkäses schmeckt auch geriebener Hartkäse.*

1 Den Ofen auf 200 Grad vorheizen. Den Reis, wie im Grundrezept auf Seite 33 beschrieben, mit 1/2 l Gemüsebrühe, der Zwiebel, dem Lorbeerblatt, den Nelken und Salz zubereiten.

2 Während der Reis im Ofen gart, den Lauch waschen, putzen und in Ringe schneiden. Mit der restlichen Gemüsebrühe, Salz und Pfeffer in einen kleinen Topf geben und zugedeckt 1 Minute dünsten. Danach beiseite stellen.

3 Den Schinken würfeln. Diesen mit Quark, Eiern, Milch und Lauch in einer Schüssel mischen. Mit Salz und Pfeffer abschmecken.

4 Aus dem gegarten Reis die gespickte Zwiebel entfernen. Die Tomaten in ein Sieb schütten und abtropfen lassen. Eine Auflaufform mit Butter auspinseln, den Reis mit den Tomaten mischen und einfüllen.

5 Zum Schluß die Quark-Schinken-Masse über dem Reis verteilen. Mit den Käsescheiben belegen und im 180 Grad heißen Backofen auf der untersten Schiene 30 Minuten lang garen.

Klassisches Rezept	14
PfundsKur Rezept	6

Läßt sich vorbereiten

Vorbereiten:	35 Min.
Garen:	30 Min.

200 g	Langkornreis
1/2	Zwiebel
1	Lorbeerblatt
2	Nelken
	Salz
0,6 l	Gemüsebrühe
1	Lauchstange
	Pfeffer
200 g	gekochter, magerer Schinken
500 g	Magerquark
3	Eier
0,1 l	Milch
1 Dose	Pizzatomaten
6 Scheiben Schmelzkäse (45% F.i.T.)	

Außerdem:
5 g Butter für die Form

Tip
Garen Sie den Reis bereits am Vortag, dann ist dieser Auflauf eine schnell zubereitete Mahlzeit.

Desserts

Geliebte Desserts! Sie sind das leuchtende Finale eines Menüs, und sie krönen ein ganz alltägliches Mittagessen. Doch wie oft konzentriert man sich nur auf das Hauptgericht, und der letzte süße Gang kommt deswegen zu kurz. Das ist schade, denn gerade der Abschluß eines Essens ist ein günstiger Moment für Sie, Können und Freude am Kochen wirkungsvoll zu präsentieren. Desserts werden, mehr noch als andere Gerichte, fürs Auge serviert und erwecken wohlig müde Gäste wieder zum Leben.

Daß Nachspeisen nicht viele oder gar keine Fettaugen enthalten müssen und vor allem auch eine gute Möglichkeit sind, Obst und Milchprodukte in den Speiseplan einzubauen, beweisen die Rezepte in diesem Kapitel. So ist für „fettaugenbewußte" Schleckermäuler der Weg zum süßen Finale frei! Damit sind übrigens vor allem Männer und Kinder gemeint, denn ihnen scheint die Lust auf Süßes besonders in die Wiege gelegt worden zu sein! So behaupten jedenfalls viele Köche.

DESSERTS

Rote Grütze

*Ein wunderbar erfrischendes Dessert, das schnell zubereitet ist.
Sie können frische oder tiefgekühlte Himbeeren, Brombeeren, Erdbeeren,
rote Johannisbeeren, Heidelbeeren und vor allem Kirschen für die
rote Grütze verwenden.*

Klassisches Rezept 0

PfundsKur Rezept 0

Klassisch

Vorbereiten:	25 Min.
Kühlen:	4 Std.

600 g	rote Früchte
1/8 l	Orangensaft
50 g	Zucker
	Zitronenschale
30 g	Speisestärke
1/8 l	Rotwein

Außerdem:
  Milch

1 Frische Früchte in kaltem Wasser waschen, gut abtropfen lassen und putzen. Kirschen entsteinen. Große Früchte etwas zerkleinern.

2 Den Orangensaft mit dem Zucker und der abgeriebenen Zitronenschale in einen Topf füllen und zum Kochen bringen. Die Speisestärke im Rotwein auflösen.

3 Die angerührte Speisestärke in den kochenden Orangensaft rühren und alles bei schwacher Hitze 1 Minute köcheln lassen.

4 Die gut abgetropften oder gefrorenen Beeren in die kochende Flüssigkeit geben und nur einmal aufkochen lassen. Die Grütze entweder in eine große Schüssel füllen oder in Schälchen portionieren und mindestens 4 Stunden in den Kühlschrank stellen.

5 Mit kalter Milch servieren. Wer lieber Sahne nimmt: 10 g enthalten 1 Fettauge.

Sie können nach diesem Rezept auch eine reine Sauerkirschgrütze zubereiten. Allerdings benötigen Sie in diesem Fall mehr Zucker!

Rühren Sie anstelle der Stärke den Inhalt von 1 Päckchen Vanillepuddingpulver in den Rotwein, und binden Sie die Grütze damit.

Tip

Apfelgrütze mit Zimtjoghurt

*Ein fruchtiger Nachtisch, der sich gut vorbereiten läßt.
Verwenden Sie dafür am besten einheimische Äpfel mit rötlicher
Schale (z.B. Sternreinetten). Sie wirken optisch besonders schön
und schmecken aromatischer.*

1 Die Äpfel waschen, vierteln und vom Kerngehäuse befreien. Apfelviertel in Spalten schneiden. Die halbe Zitrone auspressen.

2 Die Apfelspalten mit dem Zitronensaft und dem Apfelsaft sowie Zucker, Vanillezucker und Zimt in einen Topf geben, aufkochen und bißfest garen.

3 Die Speisestärke mit wenig Wasser anrühren, in die kochende Apfelmasse rühren und einmal aufkochen. Die Apfelgrütze in 4 Glasschälchen portionieren und mindestens 30 Minuten kalt stellen.

4 Die halbe Zitrone auspressen. Joghurt, Zimt und Zucker in eine Schüssel geben, Zitronensaft zufügen und schaumig rühren.

5 Zimtjoghurt auf der Grütze verteilen und mit je 1 Melissenblättchen garnieren.

Klassisches Rezept	3
PfundsKur Rezept	1
Läßt sich vorbereiten	

Vorbereiten:	**25 Min.**
Kühlen:	**30 Min.**

Grütze:

700 g	Äpfel
1/2	Zitrone
0,2 l	naturtrüber Apfelsaft
20 g	Zucker
1 Päckchen Vanillezucker	
1 TL	Zimt
10 g	Speisestärke

Zimtjoghurt:

1/2	Zitrone
200 g	Joghurt (1,5 % Fett)
1 TL	Zimt
10 g	Zucker
4 Blättchen Zitronenmelisse	

Zitronen geben mehr Saft, wenn man sie 10 Minuten in heißes Wasser legt.
Verwenden Sie nur ungespritzte Früchte, denn die Konservierungsstoffe der Schale dringen ins Innere der Frucht.

Für diesen Nachtisch können Sie statt Apfelsaft auch Weißwein verwenden.

DESSERTS

Birnengrütze

*Hier ist eine Abwandlung der beliebten roten Grütze.
Der frische Birnengeschmack verleiht diesem Nachtisch sein
unverwechselbares Aroma. Verwenden Sie möglichst Williams-Christ-
Birnen, und stellen Sie die Grütze mindestens vier Stunden kalt.*

Klassisches Rezept	0
PfundsKur Rezept	0
Einfach	

Vorbereiten:	35 Min.
Kühlen:	4 Std.

2	Birnen
1	Zitrone
6 Blatt	Gelatine
60 g	Zucker
1	Zimtstange
0,3 l	Weißwein
1 EL	Birnenschnaps
1 Bund	Minze
200 g	Joghurt (1,5 % Fett)
1 TL	Puderzucker

1 Die Birnen schälen, vierteln, vom Kerngehäuse befreien, in 1/2 cm große Würfel schneiden und in eine Schüssel füllen. Die Zitrone halbieren, auspressen und die Birnenwürfel mit dem Zitronensaft beträufeln. Dann zugedeckt ziehen lassen.

2 Die Gelatineblätter einzeln in kaltes Wasser legen und einweichen. Birnenschalen und Kerngehäuse mit dem Wein in einen Topf geben und aufkochen. Zucker und Zimtstange zufügen und alles 5 Minuten leicht köcheln lassen. Dann in ein Sieb schütten und den Birnensud dabei in einem Topf auffangen.

3 Die Birnenwürfel in den Sud geben, aufkochen und etwa 5 Minuten garen. Die Birnen sollen weich, aber nicht musig sein!

4 Die Birnenstücke mit einem Schaumlöffel aus dem Sud nehmen, in ein flaches Gefäß füllen und in den Kühlschrank stellen.

5 Die eingeweichte Blattgelatine aus dem Wasser nehmen, ausdrücken und in dem heißen Sud auflösen. Den Birnenschnaps zufügen. Jeweils 3 EL von dieser Flüssigkeit in 4 Portionsförmchen geben und kalt stellen.

6 Inzwischen die Minze waschen und die Blättchen von den Stengeln zupfen. 4 Minzeblättchen beiseite legen. Die restliche Minze hacken und etwa 1 EL davon mit den Birnenstückchen mischen.

7 Wenn die Flüssigkeit in den Förmchen erstarrt ist, je 1 Blatt Minze darauf legen und die Birnenwürfel darüber geben. Nun den restlichen lauwarmen Sud darüber gießen und im Kühlschrank erstarren lassen.

8 Den Joghurt mit dem Puderzucker verrühren. Auf 4 Teller verteilen und die vollständig gekühlte Grütze darauf stürzen.

Tip

Eine Grütze läßt sich am besten stürzen, wenn Sie jedes Förmchen kurz in heißes Wasser halten und den Rand mit dem Messer lösen. Wenn Sie keine Portionsförmchen haben, nehmen Sie einfach Kaffeetassen.

229

DESSERTS

Erdbeersülze

In der Erdbeerzeit ist dies ein herrlich erfrischender Nachtisch, ganz ohne Fettaugen. Statt der angegebenen Menge von 18 g Gelatinepulver können Sie auch 12 Blatt Gelatine nehmen. Diese müssen Sie aber vorher in kaltem Wasser einweichen.

Klassisches Rezept 0
PfundsKur Rezept 0

Frühsommerlich

Vorbereiten:	20 Min.
Kühlen:	3 Std.

300 g	Erdbeeren
0,2 l	Apfelsaft
0,2 l	Orangensaft
18 g	Gelatinepulver

1 4 hohe Förmchen oder Kaffeetassen in den Kühlschrank stellen. Erdbeeren waschen und putzen. 1 Drittel der Früchte halbieren.

2 Das Gelatinepulver mit der Hälfte des Apfelsafts in einer Schüssel anrühren und etwa 10 Minuten quellen lassen.

3 Den restlichen Apfelsaft mit dem Orangensaft in einem kleinen Topf erhitzen. Zu der angerührten Gelatine geben und gut verrühren, damit sich die Gelatine auflöst.

4 Die kalten Förmchen mit etwas Geliermasse ausschwenken und wieder kurz in den Kühlschrank stellen. Dann die Gelierflüssigkeit etwa 1/2 cm hoch in jedes Förmchen füllen und nochmals kalt stellen.

5 Sobald die Flüssigkeit in den Förmchen vollständig geliert ist, die halbierten Erdbeeren mit der Schnittfläche nach unten auf den Boden und an den Rand legen. Dann die ganzen Beeren in die Mitte legen.

6 Die Förmchen mit der etwas abgekühlten Gelierflüssigkeit auffüllen, in den Kühlschrank stellen und in mindestens 3 Stunden vollständig erstarren lassen.

7 Die Gelees aus den Förmchen stürzen. Dazu am besten mit einem spitzen Messer am oberen Rand entlangfahren und die Förmchen kurz in ein heißes Wasserbad halten.

Apfelschnee

Ein locker-luftiges Dessert, das sehr schnell zubereitet ist,
aber mindestens eine Stunde kalt gestellt werden muß.
Verwenden Sie Äpfel mit relativ viel Säure,
dann schmeckt der Apfelschnee noch fruchtiger.

1 Die Äpfel waschen, schälen, vom Kerngehäuse befreien, in Stücke schneiden und in einen Topf geben. Die halbe Zitrone auspressen und die Apfelstückchen mit dem Zitronensaft beträufeln.

2 Die Blattgelatine in kaltem Wasser einweichen. Die Äpfel mit etwas Wasser zum Kochen bringen und weich kochen.

3 Kochwasser abschütten, die weichgekochten Äpfel in ein Haarsieb geben und mit Hilfe eines Löffels durch das Haarsieb streichen. Gelatine ausdrücken und in den heißen Apfelbrei rühren. Den Apfelbrei mit Zucker und Zimt abschmecken. Die Äpfel können auch mit einem Mixstab püriert werden.

4 Kurz bevor die Apfelmasse ganz kalt ist, aber noch nicht zu gelieren beginnt, die Sahne steif schlagen und vorsichtig unter die Apfelmasse ziehen. Achtung: Die Apfelmasse darf nicht mehr warm sein, aber auch noch nicht so kalt, daß sie zu gelieren beginnt.

5 In Schälchen füllen und mindestens 1 Stunde kalt stellen. Die Kiwi schälen und in Scheiben schneiden, Sahne steif schlagen und die Apfelspeise damit garnieren.

Klassisches Rezept	4
PfundsKur Rezept	3
Raffiniert	

Vorbereiten:	25 Min.
Kühlen:	1 Std.

500 g	Äpfel
1/2	Zitrone
2 Blatt	Gelatine
20 g	Zucker
1/2 TL	Zimt
100 g	Sahne

Außerdem:

1	Kiwi
30 g	Sahne

Wenn Sie eine Zitrone vor dem Auspressen kräftig auf dem Tisch rollen, läßt sie sich besser ausdrücken und ist ergiebiger.

Kiwi-Champagner-Sorbet

Kiwis und Champagner, wem läuft da nicht das Wasser im Mund zusammen?! Es muß aber nicht unbedingt Champagner sein, ein guter Deutscher Markensekt ist genauso geeignet. Die Sorbetmasse ist zwar schnell zubereitet, doch muß sie mindestens zwei Stunden kühlen!

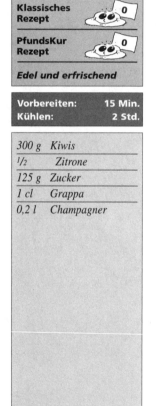

Klassisches Rezept 0

PfundsKur Rezept 0

Edel und erfrischend

Vorbereiten:	15 Min.
Kühlen:	2 Std.

300 g	Kiwis
½	Zitrone
125 g	Zucker
1 cl	Grappa
0,2 l	Champagner

1 Die Kiwis schälen. Von 1 Kiwi 4 Scheiben für die Garnitur abschneiden und beiseite legen. Die übrigen in Stücke schneiden und kühl stellen. Die Zitronenhälfte auspressen.

2 Die Kiwistücke im Mixer oder in einem hohen Gefäß mit dem Mixstab zerkleinern. Dabei soll die Frucht nicht ganz püriert, sondern wirklich nur zerkleinert sein: Mit Zucker, Zitronensaft und Grappa würzen.

3 Den Champagner vorsichtig zugießen und rasch unter die Kiwimasse mischen, damit möglichst wenig Kohlensäure ausperlt.

4 Die Schüssel mit der Sorbetmasse für etwa 2 Stunden ins Tiefkühlgerät stellen. Dann alle 15 Minuten die angefrorene Masse mit einem Schneebesen vom Rand lösen und kräftig durchrühren, bis sich ein schönes cremiges Sorbet gebildet hat.

5 Mit einem Löffel oder einem Eisportionierer Kugeln abstechen. Auf Schälchen verteilen und mit den Kiwischeiben garnieren.

Tip: Sie können die Sorbet-Masse auch in einen Spritzbeutel füllen und auf eine Platte spritzen. Dann wieder tiefkühlen und portionsweise entnehmen.

Kalte Traubensuppe

Dieser Nachtisch ist zwar typisch für den Herbst, kann jedoch das ganze Jahr über zubereitet werden. Wenn Kinder davon mitessen, verwenden Sie anstelle von Wein und Sekt 1/2 l Traubensaft und schmecken Sie die Suppe mit etwas Zitronensaft ab.

1 Die Gelatineblätter in kaltem Wasser etwa 10 Minuten einweichen. Legen Sie jedes Blatt einzeln in das kalte Wasser, damit die Blätter nicht zusammenkleben.

2 Traubensaft, Wein und Zucker in einem Topf erhitzen. Nicht kochen lassen! Die eingeweichte Gelatine ausdrücken und in der heißen Flüssigkeit auflösen.

3 Die Flüssigkeit in eine Schüssel füllen und ins Tiefkühlgerät stellen. Alle 15 Minuten mit einem Schneebesen umrühren, bis die Traubensuppe leicht zu gelieren beginnt und und eine cremige Konsistenz erhält.

4 Bis zum Servieren in den Kühlschrank stellen. Inzwischen die Trauben waschen, eventuell halbieren und entkernen. Den Sekt unter die Traubensuppe rühren, auf 4 kalte Teller verteilen und die Suppe sofort servieren.

Klassisches Rezept	0
PfundsKur Rezept	0

Einfach lecker

Vorbereiten:	**15 Min.**
Kühlen:	**1 Std.**

2 Blatt	Gelatine
0,2 l	weißer Traubensaft
0,2 l	Weißwein
50 g	Zucker
0,1 l	Sekt
200 g	weiße Trauben

Diese Suppe können Sie nach demselben Rezept mit rotem Traubensaft und roten Trauben zubereiten.

In Ausbackteig fritierte Früchte, z.B. Erdbeeren, Apfelringe und Himbeeren, sind eine wunderbare Einlage für diese Suppe.

Tip

DESSERTS

Pflaumensorbet

*Am besten gelingt das Sorbet in einer Sorbet- oder Eismaschine.
Es klappt aber auch im Tiefkühlgerät. Rühren Sie dann aber die
Sorbetmasse alle 15 Minuten gut durch, bis sie gefroren ist.
Die Zutaten gelten für sechs Personen.*

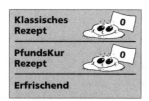

Klassisches Rezept

PfundsKur Rezept

Erfrischend

Vorbereiten:	20 Min.
Kühlen:	2 Std.

600 g	Pflaumen
1/4 l	Wasser
4 cl	Rotwein
250 g	Zucker
1/4	Zimtstange
etwas	Zitronensaft
1	Eiweiß

1 Die Pflaumen waschen, entkernen und in Stückchen schneiden. Mit dem Wasser, dem Rotwein, dem Zucker, der Zimtstange und etwas Zitronensaft in einen Topf geben und alles zum Kochen bringen. Diese Mischung 2 Minuten kochen lassen.

2 Die Zimtstange aus dem Pflaumenkompott entfernen. Die Masse in ein Haarsieb schütten, durch das Sieb streichen und erkalten lassen.

3 Das kalte Pflaumenmus in eine Eismaschine füllen und gefrieren lassen. Oder aber das Ganze in eine Schüssel geben, diese ins Tiefkühlgerät stellen und die Masse alle 15 Minuten mit einem Schneebesen durchrühren, bis sich ein schönes cremiges Sorbet gebildet hat. Die Sorbetmasse dabei immer gründlich vom Rand lösen.

4 Kurz bevor das Sorbet ganz gefroren ist, das Eiweiß zu Schnee schlagen und unterrühren. Dadurch wird das Sorbet cremig und locker. Mit einem Löffel oder einem Eisportionierer Nocken oder Kugeln abstechen.

Das fertige Sorbet können Sie im Tiefkühler 2 Tage aufbewahren. Verschließen Sie das Gefäß mit Klarsichtfolie und nehmen Sie das Sorbet etwa 5 Minuten vor dem Servieren aus dem Tiefkühlgerät.

Kirsch- und Erdbeerkaltschale

Für Fruchtkaltschalen werden die Früchte gekocht und mit Sago oder Stärke gebunden. Oder die Früchte werden lediglich püriert und kalt gestellt. Die Kirschkaltschale ist eine kalt gerührte Fruchtkaltschale, die Erdbeerkaltschale eine gekochte.

1 Für die Kirschkaltschale die Kirschen waschen und entsteinen. Zitrone auspressen.

2 Anschließend die Kirschen mit dem Zucker, dem Weißwein, dem Zitronensaft und Maraschino in ein hohes Gefäß geben. Alles mit dem Mixstab pürieren. Dann durch ein feines Haarsieb streichen und mindestens 1 Stunde in den Kühlschrank stellen.

3 Für die Erdbeerkaltschale die Erdbeeren waschen und die Blütenkelche abzupfen. Die Zitronenhälfte auspressen. Die Früchte mit 2/3 des Wassers, dem Zucker und dem Zitronensaft kurz aufkochen. Durch ein Haarsieb streichen und beiseite stellen.

4 Mit dem restlichen Wasser den Sago so lange kochen, bis er glasig wird. Das dauert etwa 10-12 Minuten. Danach den Sago zu den passierten Erdbeeren geben. Oder die Speisestärke mit dem restlichen Wasser anrühren, zu den kochenden Erdbeeren geben und einmal aufkochen lassen.

5 Die Erdbeerkaltschale mindestens 1 Stunde in den Kühlschrank stellen. Dabei immer wieder umrühren. Bei Bedarf die Fruchtkaltschale vor dem Servieren mit eiskaltem Mineralwasser verdünnen, das ergibt einen besonders prickelnden Geschmack.

Klassisches Rezept	0
PfundsKur Rezept	0
Erfrischend	

Vorbereiten:	**20 Min.**
Kühlen:	**1 Std.**

Kirschkaltschale:

1 kg	schwarze Kirschen
1/2	Zitrone
100 g	Zucker
0,1 l	Weißwein
2 cl	Maraschino

Erdbeerkaltschale:

500 g	Erdbeeren
1/2	Zitrone
1/2 l	Wasser
70 g	Zucker
10 g	Sago oder Speisestärke

DESSERTS

Sauerkirschen mit Quark

Sauerkirschen aus dem Glas sollten Sie immer auf Vorrat im Haus haben. Dann können Sie diesen erfrischenden Nachtisch jederzeit schnell zubereiten. Zum Beispiel, wenn unerwartet Gäste kommen. Die Sauerkirschen schmecken auch gut zu Vanilleeis.

Klassisches Rezept 3
PfundsKur Rezept 1
Ganz einfach

Vorbereiten:	10 Min.
Kühlen:	25 Min.

Kirschen:

1 Glas	Sauerkirschen
(350 g	Abtropfgewicht)
10 g	Speisestärke
15 g	Zucker
1 EL	Kirschwasser

Quark:

250 g	Magerquark
5 EL	Milch
20 g	Zucker
1 Päckchen	Vanillezucker

Außerdem:
Schokoladenraspel

1 Die Sauerkirschen aus dem Glas auf einem Sieb abtropfen lassen, den Saft dabei auffangen und 0,15 l davon abmessen.

2 Den Kirschsaft in einen Topf schütten und 4 EL davon abnehmen. Den restlichen Saft zum Kochen bringen.

3 Die Speisestärke und den Zucker in 4 EL Kirschsaft auflösen. In den kochenden Saft rühren. Das Kirschwasser und die Kirschen zufügen und das Ganze abkühlen lassen.

4 Inzwischen den Magerquark mit der Milch, dem Zucker und dem Vanillezucker in eine Schüssel geben und zu einer schaumigen Masse verrühren. Die Quarkmasse in Dessertschälchen füllen. In die Mitte die erkaltete Kirschmasse dekorieren. Diese sinkt dabei etwas ein. Das Ganze mit Raspelschokolade bestreuen und servieren.

Tip

Verrühren Sie Magerquark kräftig mit etwas Mineralwasser, so erhalten Sie eine lockere sahnige Creme ganz ohne Fett.

Rhabarber-Joghurtcreme

Rhabarber ist reich an Vitaminen und Mineralstoffen und enthält, je nach Sorte, vor allem Apfel- und Zitronensäure. Wem Rhabarber zu sauer ist, der kann die Säure mit Ingwer, Zimt, Orangensaft und -schale mildern.

1 Die Gelatineblätter einzeln in kaltem Wasser einweichen. Den Rhabarber putzen und die dünne Haut abziehen. Die Stangen in kleine Stücke schneiden. Die Zitronen- und Orangenhälfte auspressen.

2 Den Zitronen- und Orangensaft, sowie Zucker und Zimt zusammen mit den Rhabarberstückchen in einen Topf geben und in etwa 5 Minuten weichkochen. Mit dem Mixstab pürieren und die ausgedrückten Gelatineblätter in dem warmen Rhabarberpüree auflösen. Alles erkalten lassen.

3 Wenn das Püree vollständig erkaltet ist, den Joghurt darunterrühren. Die Sahne steif schlagen und vorsichtig unter die Masse heben. In 4 Förmchen füllen und mindestens 2 Stunden in den Kühlschrank stellen.

4 Vor dem Servieren die Creme oben am Förmchenrand mit einem Messer lösen, dann die Förmchen in heißes Wasser tauchen und jeweils 1 Creme auf einen Teller stürzen. Zum Schluß mit frischen Früchten der Saison und den Melisseblättchen garnieren.

Klassisches Rezept	**7**
PfundsKur Rezept	**4**

Läßt sich vorbereiten

Vorbereiten:	**15 Min.**
Kühlen:	**2 Std.**

3 Blatt	Gelatine
200 g	Rhabarber
1/2	Zitrone
1/2	Orange
75 g	Zucker
1/2 TL	Zimt
150 g	Joghurt
125 g	Sahne
	einige Blättchen Zitronenmelisse

Außerdem:
Früchte der Saison

tip: Wenn Sie keine speziellen Portionsförmchen haben, nehmen Sie einfach Kaffeetassen mit einer konischen Form.

DESSERTS

Orangencreme

Diese Creme rundet ein vorweihnachtliches oder weihnachtliches Menü gebührend ab. Orangen werden von Erwachsenen und Kindern gleichermaßen geliebt, weshalb Sie mit diesem Dessert garantiert auf Begeisterung stoßen werden.

Klassisches Rezept 6

PfundsKur Rezept 4

Weihnachtlich

Vorbereiten:	15 Min.
Kühlen:	1 Std.

3 Blatt	Gelatine
2	Orangen
60 g	Honig
0,15 l	Milch
2	Eigelb
100 g	Sahne

1 Die Blattgelatine in kaltem Wasser einzeln einweichen. Die Schale von den Orangen reiben. Die Früchte halbieren und auspressen. Den Orangensaft in einem Topf zum Kochen bringen und auf 1 Drittel einkochen lassen. Die Orangenschale und den Honig zufügen und den Topf vom Herd nehmen.

2 Die Milch in einem Töpfchen erhitzen und zu dem Orangensaft rühren. Die Eigelbe unter kräftigem Rühren mit dem Schneebesen darunterschlagen, bis eine Creme entsteht.

3 Die entstandene Creme ganz vorsichtig erhitzen. Sie darf auf keinen Fall kochen! Den Topf vom Herd nehmen und die ausgedrückten Gelatineblätter unter die Orangencreme rühren und darin auflösen.

4 Die Orangencreme beiseite stellen und immer wieder rühren, bis die Masse kalt wird. Schneller geht das, wenn der Topf mit der Creme in ein Eiswürfelbad oder in den Kühlschrank gestellt wird.

5 Bevor die Creme ganz erkaltet ist, die Sahne steif schlagen und vorsichtig darunterheben. In 4 Förmchen oder eine Schüssel füllen und bis zum Servieren kalt stellen.

Verwenden Sie unbedingt unbehandelte Orangen, wenn die Orangenschale abgerieben und im Dessert verarbeitet wird.

tip

Joghurt-Pfirsich-Creme

Ein leichtes erfrischendes Sommerdessert. Wenn Sie es außerhalb der Pfirsichsaison zubereiten, können Sie auch Pfirsiche aus der Dose verwenden. Nehmen Sie dann aber nur die Hälfte der angegebenen Zuckermenge.

1 Die Blattgelatine in kaltem Wasser einweichen. Die Blätter einzeln hineinlegen, damit sie nicht zusammenkleben.

2 Die Pfirsiche auf einem Drahtlöffel so lange in kochendes Wasser halten, bis sich die Haut löst und leicht abziehen läßt.

3 Früchte halbieren und entsteinen. 4 Hälften für die Garnitur beiseite legen. Die übrigen 4 zerkleinern, in ein hohes Gefäß geben und mit dem Mixstab pürieren. Joghurt und Puderzucker zufügen und verrühren.

4 Die Zitrone und Orange auspressen. Den Saft in einen kleinen Topf gießen und erwärmen. Die ausgedrückten Gelatineblätter darin auflösen. Die noch warme Flüssigkeit in die Pfirsichmasse rühren.

5 Die Sahne steif schlagen und vorsichtig unter die Pfirsichcreme ziehen. In 4 Gläser füllen und mindestens 2 Stunden kalt stellen.

6 Die übrigen Pfirsichhälften in Scheiben schneiden und die Creme kurz vor dem Servieren damit garnieren.

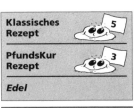

Klassisches Rezept 5
PfundsKur Rezept 3
Edel

Vorbereiten:	**20 Min.**
Kühlen:	**2 Std.**

3 Blatt	Gelatine
4 kleine	Pfirsiche
175 g	Joghurt
50 g	Puderzucker
1/2	Zitrone
1/2	Orange
100 g	Sahne

Tip
Schlagsahne gelingt am besten mit gut durchgekühlter Sahne sowie mit gekühlten Arbeitsgeräten (Rührschüssel und Schneebesen). Vor allem im Sommer sollten Sie darauf achten!

239

DESSERTS

Hirsecreme mit Backpflaumen

*Weichen Sie Trockenfrüchte möglichst immer 12 Stunden ein.
Wenn es mal ganz schnell gehen muß, können Sie die
Trockenfrüchte auch in heißem Wasser einweichen, dann genügen
etwa zwei Stunden. Allerdings leidet der Geschmack darunter.*

Klassisches Rezept

PfundsKur Rezept

Winterlich

Vorbereiten: 10 Min.
Kühlen: 1 Std.

80 g	Backpflaumen ohne Stein
½ l	Wasser
40 g	Hirseschrot
	Zimt
320 g	Dickmilch
1	Zitrone
1 EL	Honig

1 Die Backpflaumen über Nacht oder etwa 12 Stunden im kaltem Wasser einweichen. Gut ausdrücken und fein würfeln.

2 Das Einweichwasser in einen Topf geben, den Hirseschrot dazurühren und mit Zimt würzen. Das Ganze aufkochen und 2 Minuten leicht köcheln lassen. Beiseite stellen und bis zum Abkühlen ausquellen lassen.

3 Wenn die Hirsemasse abgekühlt ist, die Dickmilch, den Honig und die Pflaumenwürfel unterrühren. Die Zitrone auspressen und die Hirsecreme zum Schluß mit dem Zitronensaft abschmecken.

4 Die Creme in 4 Kelchgläser füllen und mindestens 1 Stunde kühl stellen.

Statt Dickmilch können Sie auch Joghurt verwenden. Probieren Sie diesen Nachtisch auch mal mit Grünkern- oder Weizenschrot.

Gebrannte Creme

Dieses Rezept aus der Schweizer Küche schmeckt wunderbar nach Karamel! Sie können es schon einen Tag im voraus zubereiten und, wenn Sie möchten, Ihren Gästen auch als „Schnelle Karamelcreme" anbieten.

1 Die beiden Eigelbe und 30 g Zucker in eine Schüssel geben und mit dem elektrischen Handrührgerät schaumig schlagen. Die Speisestärke mit etwas Milch glattrühren.

2 70 g Zucker in einen nicht zu kleinen Topf füllen und so lange erhitzen, bis er schmilzt und hellbraun wird, also karamelisiert. Dabei ständig mit einem Holzlöffel rühren. Das Wasser und die restliche Milch bereitstellen.

3 Wenn der Zucker dunkelbraun gefärbt ist, muß alles schnell gehen: Zuerst das Wasser und dann die restliche Milch zugießen und umrühren. Alles kochen lassen, bis sich der Zucker gelöst hat. 1 Prise Salz zufügen.

4 Das Ganze nun mit der angerührten Speisestärke binden und kurz aufkochen lassen. Die heiße Karamelmilch unter ständigem Rühren mit einem Schneebesen zu der Ei-Zucker-Masse gießen.

5 Alles zurück in den Topf schütten und die Creme unter Rühren bis auf den Siedepunkt erhitzen. Den Topf vom Herd nehmen, die Karamelcreme in eine Schüssel gießen, abkühlen lassen, anschließend in den Kühlschrank stellen und erkalten lassen.

Klassisches Rezept	7
PfundsKur Rezept	4

Raffinierte Delikatesse

Vorbereiten:	25 Min.
Kühlen:	1 Std. 30 Min.

2	*Eigelb*
100 g	*Zucker*
20 g	*Speisestärke*
½ l	*Milch*
1 EL	*Wasser*
etwas	*Salz*
50 g	*Sahne*

Tip
Wenn angerührte Speisestärke eine Weile steht, setzt sie sich am Boden ab und wird fest. Sie läßt sich aber leicht mit einem Löffel wieder lösen und glattrühren.

DESSERTS

Buttermilchcreme mit Früchten

Erfrischende Buttermilch und Früchte der Saison sind die Basis für diesen köstlichen Sommernachtisch. Die Creme ist ganz leicht und schnell zubereitet, muß aber unbedingt zwei Stunden im Kühlschrank ruhen, damit sie vollständig geliert

Klassisches Rezept	3
PfundsKur Rezept	1
Erfrischend	

Vorbereiten:	15 Min.
Kühlen:	2 Std.

3 Blatt	Gelatine
400 g	Erdbeeren
1 Bund	Minze
½	Zitrone
40 g	Zucker
0,6 l	Buttermilch
2 TL	Mandelblättchen

1 Die Blattgelatine in kaltem Wasser einzeln einweichen. Die Erdbeeren waschen, entkelchen und kleinschneiden. Die Minze waschen und die Blättchen von den Stengeln zupfen. 4 Blättchen beiseite legen. Die übrigen hacken und mit den Erdbeeren mischen.

2 Die halbe Zitrone auspressen. Zucker, Zitronensaft und 5 EL Buttermilch in einen kleinen Topf geben und erwärmen. Die Gelatineblätter ausdrücken und in der Buttermilchmischung auflösen.

3 Die restliche Buttermilch in eine Schüssel gießen und die lauwarme Buttermilchmischung schnell darunterrühren.

4 Die Erdbeerstückchen in 4 Dessertgläser füllen und die Buttermilch darüber gießen. Die Buttermilchspeise mindestens 2 Stunden in den Kühlschrank stellen. Mit Mandelblättchen und jeweils 1 Minzeblättchen garnieren.

Tip: Wenn Sie Blattgelatine verwenden, müssen Sie unbedingt Blatt für Blatt einzeln in kaltes Wasser legen. Die weichen Blätter lassen sich dann problemlos in einer warmen Flüssigkeit auflösen.

Mohnmousse auf Rhabarbersoße

Mohn mit Quark, welch erfrischendes Dessert! Wenn Sie keine Mohnmühle besitzen, so kaufen Sie fertig gemahlenen Mohn in der Vakuumpackung. Sie können aber auch frisch gemahlenen Mohn bei Ihrem Bäcker erhalten, wenn Sie ihn darum bitten.

1 Die Blattgelatine einzeln in kaltes Wasser legen und einweichen. Die Vanilleschote der Länge nach aufschlitzen und das Mark mit einem Messer herauskratzen.

2 Die Milch mit Mohn und Vanillemark in einen Topf geben und bei schwacher Hitze 10 Minuten leicht köcheln lassen. Danach den Zucker und die ausgedrückten Gelatineblätter zufügen und unterrühren. In eine Schüssel füllen und abkühlen lassen.

3 Wenn die Milch-Mohn-Mischung erkaltet ist, den Joghurt und den Magerquark darunterrühren. Die Sahne steif schlagen und ebenfalls vorsichtig unter die Mohnmasse heben. Die Mohnmousse mindestens 2 Stunden in den Kühlschrank stellen.

4 Für die Soße den Rhabarber schälen und zusammen mit dem Rotwein, Honig, Zitronensaft und Vanillezucker 5 Minuten kochen. Beiseite stellen und abkühlen lassen.

5 Die Rhabarbersoße auf 4 Teller verteilen. Aus der Mohnmousse mit einem Eßlöffel Nocken abstechen. Jeweils 2 Nocken auf der Fruchtsoße anrichten und servieren.

Klassisches Rezept 6
PfundsKur Rezept 4

Läßt sich vorbereiten

Vorbereiten: 15 Min.
Kühlen: 2 Std.

Mohnmousse:

4 Blatt	Gelatine
1	Vanilleschote
30 g	gemahlener Mohn
0,1 l	Milch
60 g	Zucker
100 g	Joghurt
200 g	Magerquark
100 g	Sahne

Rhabarbersoße:

200 g	Rhabarber
1/4 l	Rotwein
1 EL	Honig
1/2	Zitrone
10 g	Vanillezucker

Tip: Geben Sie in ein hohes Gefäß heißes Wasser und zwei Eßlöffel. Mit diesen warmen Löffeln können Sie dann von der Mousse immer abwechselnd schöne Nocken abstechen.

DESSERTS

Joghurtmousse

Lieben Sie klassische Schokoladenmousse? Leider hat eine Portion sehr viele Fettaugen! Die Joghurtmousse ist eine echte Alternative dazu. Und sie ist leicht, fruchtig und fettarm. Dieses Dessert können Sie schon am Vortag zubereiten.

Klassisches Rezept 7
PfundsKur Rezept 3

Raffiniert

| Vorbereiten: | 20 Min. |
| Kühlen: | 1 Std. |

3 Blatt	Gelatine
1	Vanilleschote
300 g	Joghurt (1,5 % Fett)
3 EL	Zitronensaft
90 g	Puderzucker
2 EL	Orangenlikör
100 g	Sahne
2	Eiweiß

1 Die 3 Gelatineblätter einzeln in kaltem Wasser einweichen. Die Vanilleschote aufschlitzen und das Mark herauskratzen.

2 Den Joghurt in eine Schüssel geben und mit Zitronensaft, Vanillemark und Puderzucker glatt verrühren.

3 Den Orangenlikör in einem kleinen Topf bei milder Hitze erwärmen und die ausgedrückten Gelatineblätter darin auflösen.

4 Den Likör mit der aufgelösten Gelatine schnell unter die Joghurtmasse rühren.

5 Sahne und Eiweiß getrennt steif schlagen. Zuerst die Sahne kräftig unter die Joghurtcreme rühren. Zum Schluß den Eischnee darunterheben und die Joghurtmousse mindestens 1 Stunde kalt stellen.

Tip: Schlagsahne bleibt länger steif und setzt sich nicht ab, wenn Sie zum Süßen statt feinem Raffinade-Zucker, Puderzucker verwenden.

Himbeerquark-Mousse

Himbeeren sind wundervoll aromatisch. Für diese Nachspeise können Sie frische oder tiefgekühlte Beeren verwenden. Anstelle von Himbeeren schmecken auch andere Früchte. Wenn Sie sehr saftige Sorten verwenden, benötigen Sie ein Blatt Gelatine mehr.

1 Die Blattgelatine in kaltem Wasser einweichen. Die Blätter einzeln in das Wasser legen, damit sie nicht zusammenkleben.

2 Den Quark in eine Schüssel geben und mit dem Mineralwasser zu einer cremigen Masse verrühren. Die halbe Zitrone auspressen. Die Quarkcreme mit dem Saft, dem Zucker und 1 Prise Salz verrühren.

3 Die Milch erwärmen und die eingeweichte und ausgedrückte Gelatine darin auflösen. Diese Gelierflüssigkeit zügig unter die vorbereitete Quarkcreme rühren.

4 Die Sahne steif schlagen. Zuerst die Himbeeren unter den Quark mischen, danach vorsichtig die Sahne unterheben. Einige schöne Früchte als Garnitur beiseite legen.

5 Zum Anrichten einen Eßlöffel in heißes Wasser tauchen und damit Nocken von der Quarkcreme abstechen. Mit Himbeeren und Minzeblättern garnieren.

Klassisches Rezept	4
PfundsKur Rezept	2
Köstlich	

Vorbereiten:	**15 Min.**
Kühlen:	**45 Min.**

3 Blatt	Gelatine
250 g	Magerquark
5 EL	Mineralwasser
1/2	Zitrone
1 Prise	Salz
3 EL	Milch
80 g	Sahne
250 g	Himbeeren
4	Minzeblättchen
2 EL	Zucker

Wenn Sie tiefgekühlte Himbeeren verwenden, dann mischen Sie die noch gefrorenen Beeren unter die Quarkcreme!

DESSERTS

Tiramisu

*Das ist der Klassiker aus Italien! Doch leider enthält er
normalerweise viele Fettaugen durch den Mascarpone-Käse.
Wer während der PfundsKur auf diese Nachspeise nicht verzichten möchte,
sollte unbedingt diese fettarme Variante testen.*

Klassisches Rezept 15
PfundsKur Rezept 4

Läßt sich vorbereiten

| Vorbereiten: | 25 Min. |
| Kühlen: | 1 Std. |

1 Päckchen	Vanille-Puddingpulver
40 g	Zucker
1/4 l	Milch
2 Tassen	Mokka oder Espresso
200 g	Magerquark
80 g	Zucker
2 cl	Cognac
100 g	Sahne
24	Löffelbisquits
	Kakaopulver

1 Den Vanillepudding nach Vorschrift, allerdings nur mit 1/4 l Milch und 40 g Zucker, zubereiten. Das ergibt einen ganz dicken Pudding. Im Kühlschrank kalt stellen. Immer wieder umrühren, damit sich keine Haut bildet. Die 2 kleinen Tassen mit Mokka oder Espresso ebenfalls kalt stellen.

2 Magerquark, Zucker und Cognac in eine Schüssel geben und mit dem Handrührgerät 5 Minuten lang kräftig schlagen. Nach und nach den kalten Pudding unterrühren.

3 Die Sahne steif schlagen und vorsichtig unter die Quark-Pudding-Masse rühren. Damit ist die fettarme Creme bereits fertig.

4 Die Löffelbisquits ganz kurz in den Mokka tauchen. Besser ist es, sie auf eine Platte zu legen und mit dem Mokka zu beträufeln. Nun abwechselnd die Creme und die eingeweichten Bisquits in eine Form schichten. Die letzte Schicht soll Creme sein. Diese dick mit Kakaopulver bestreuen und mindestens für 1 Stunde im Kühlschrank ruhen lassen.

Bereiten Sie diesen köstlichen Nachtisch bereits am Vortag zu. Er zieht dann schön durch und schmeckt noch viel besser. Wer es sich leisten kann, verwendet statt 200 g Magerquark nur 100 g und 100 g Mascarpone. Das sind 5 Fettaugen pro Portion mehr.

Ofenschlupfer

Ofenschlupfer sind eine einfache, sehr beliebte Süßspeise aus dem Schwabenland. Die in diesem Rezept angegebenen Mengen gelten für ein Hauptgericht. Wenn Sie die Ofenschlupfer als Nachtisch reichen, nehmen Sie einfach die Hälfte von allen Zutaten.

1 Die Milchbrötchen halbieren und in Scheiben schneiden. Mit der Hälfte der Milch, dem Zucker und den Rosinen in eine große Schüssel geben, mischen und ziehen lassen.

2 Inzwischen die Äpfel schälen, vom Kerngehäuse befreien, die Früchte vierteln und in Scheiben schneiden. Die restliche Milch mit den Eiern verrühren.

3 In eine Auflaufform zuerst eine Schicht Brötchen und dann eine Schicht Apfelscheiben geben. Mit Zimt und Mandelblättchen bestreuen, dann wieder eine Schicht Brötchen und Äpfel darauf schichten. Die letzte Schicht bilden die Brötchen. Den Ofen auf 160 Grad vorheizen.

4 Zum Schluß die Eiermilch vorsichtig über den Auflauf gießen und im heißen Backofen auf der unteren Schiene 35 Minuten backen. Dann die Ofentür öffnen, den Herd abschalten und den Ofenschlupfer 10 Minuten „entspannen" lassen.

5 In der Zwischenzeit die Vanillesoße aus Milch, Vanillesoßenpulver und Zucker nach Packungsangabe zubereiten.

Wenn Sie fettarme Milch verwenden, können Sie 1 Fettauge einsparen.

Zu Ofenschlupfern schmeckt eine Kugel Vanilleeis vorzüglich (1 Fettauge pro Kugel). **Tip**

Klassisches Rezept	8
PfundsKur Rezept	6

Schwäbischer Klassiker

Vorbereiten:	**10 Min.**
Kühlen:	**45 Min.**

6	*Milchbrötchen vom Vortag*
0,4 l	*Milch*
60 g	*Zucker*
60 g	*Rosinen*
6	*Äpfel*
3	*Eier*
40 g	*Mandelblättchen*
	Zimt

Soße:

½ l	*Milch*
	1 Päckchen Vanillesoße
2 EL	*Zucker*

247

DESSERTS

Süßer Reisauflauf mit Tomatensoße

Probieren Sie einmal dieses uralte, ungewöhnliche Rezept, das früher häufig zubereitet wurde. Es ist genau das richtige für die Sommerzeit, wenn die Tomaten ganz reif sind und schön süßlich schmecken.

Klassisches Rezept 8
PfundsKur Rezept 5

Aus Großmutters Küche

| Vorbereiten: | 30 Min. |
| Kühlen: | 20 Min. |

Auflauf:	
200 g	Rundkornreis
0,6 l	Milch
½	Zitrone
100 g	Zucker
2	Eigelb
50 g	Rosinen
1 Prise	Salz
30 g	Butter
4	Eiweiß

Soße:	
500 g	Tomaten
0,2 l	Weißwein
70 g	Zucker
½	Zimtstange
1 Prise	Salz
½	Zitrone
15 g	Mehl

1 Den Reis mit der Milch in einen Topf geben. In 20 Minuten den Reis ohne Deckel weich kochen und auskühlen lassen.

2 Von der Zitrone zuerst die Schale abreiben und dann die Frucht auspressen. Eine Backform mit Butter auspinseln.

3 Die Zitronenschale und den Saft der ½ Zitrone zum kalten Reis geben. Zucker, Eigelbe, Rosinen, 1 Prise Salz und die Butter zufügen und alles gut unter den Reis rühren. Eiweiße zu steifem Schnee schlagen und vorsichtig unter die Reismasse heben.

4 Den Ofen auf 180 Grad vorheizen. Die gebutterte Backform mit Semmelbröseln ausstreuen und die Reismasse hineinfüllen. Im heißen Backofen auf der unteren Schiene 20 Minuten backen.

5 Für die Tomatensoße die Tomaten waschen und den Strunk herausschneiden. Die Tomaten grob würfeln und in einen Topf geben. Knapp mit Wasser bedecken und garen.

6 Die weich gekochten Tomatenwürfel durch ein Haarsieb streichen und mit Wein, Zucker, Zimtstange, 1 Prise Salz, Zitronensaft und -schale wieder aufkochen.

7 Das Mehl mit etwas kaltem Wasser anrühren und die Tomatensoße damit binden. Die Soße mit dem Schneebesen glattrühren und vorsichtig 5 Minuten köcheln lassen.

8 Den Reisauflauf portionsweise mit einem Löffel abstechen, auf Teller verteilen und mit der süßen Tomatensoße servieren.

Außerdem:	
5 g	*Butter für die Form*
20 g	*Semmelbrösel*

Tip: Die süße Tomatensoße schmeckt heiß oder kalt zum Auflauf.

249

DESSERTS

Vanillesoufflé mit Birnen

Ein lockeres, herrliches Soufflé, das Sie allerdings nicht vorbereiten können. Wenn es fertig ist, müssen Sie es sofort servieren, da es sonst schnell zusammenfällt und mit der Zeit seine Luftigkeit verliert.

| Klassisches Rezept | 9 |
| Pfundskur Rezept | 6 |

Edel

| Vorbereiten: | 20 Min. |
| Garen: | 40 Min. |

1/2	Zitrone
2	Vanillestangen
0,3 l	Milch
50 g	Zucker
50 g	Weizenvollkornmehl
2–3	feste Birnen
50 g	Walnußkerne
4	Eier
1 Prise	Salz

Außerdem:
2 Scheiben Zwieback
10 g Butter für die Form

1 Zitronenschale abreiben. Die Zitrone auspressen. Vanilleschoten der Länge nach halbieren und das Mark mit einem Messer herauskratzen.

2 In einem Topf Milch, Zucker, Vanillemark, Zitronenschale und Mehl mit einem Schneebesen verrühren. Unter ständigem Rühren langsam erhitzen, einmal aufkochen lassen.

3 Den Topf mit der Milch in eine Schüssel mit kaltem Wasser und einigen Eiswürfeln stellen. Die Masse unter häufigem Rühren erkalten lassen. Den Zwieback reiben. Den Boden einer Soufflé-Form mit einem Fassungsvermögen von 2 l mit Butter auspinseln und mit den Zwiebackbröseln ausstreuen. Die Birnen schälen, vom Kerngehäuse befreien und in dünne Schnitze schneiden.

4 Den Boden der Form schuppenförmig mit Birnenschnitzen auslegen, den Zitronensaft darüber träufeln. Den Backofen auf 175 Grad vorheizen. Die Walnüsse hacken.

5 Die Eier trennen. Die Eigelbe nacheinander unter die abgekühlte Vanillecreme rühren. Die Eiweiße mit 1 Prise Salz sehr steif schlagen. Den Schnee unter die Creme heben, die Walnüsse darüber streuen und alles mit dem Schneebesen vorsichtig mischen. Die fertige Creme über die Birnen in die Form gießen. Auf der mittleren Schiene im heißen Ofen 40 Minuten backen. Sofort servieren.

Quarksoufflé mit Pflaumenragout

Das Pflaumenragout können Sie auch aus tiefgekühlten Früchten zubereiten. Das Soufflé ist genau die richtige Nachspeise zu einem leichten Hauptgericht. Sie können auch die doppelte Menge als Hauptgang reichen.

1 Den Quark mit Hilfe eines Tuches ausdrücken. In eine Schüssel geben. Die Eier trennen. Die Zitrone abreiben. Eigelbe, Zitronenschale und Speisestärke zum Quark geben und cremig verrühren.

2 Eiweiße mit der Hälfte des Zuckers in einem hohen Gefäß steif schlagen und vorsichtig unter die Quarkmasse heben. Backofen auf 220 Grad vorheizen.

3 Auflaufförmchen mit einem Pinsel ausbuttern und mit dem Grieß ausstreuen und zur Hälfte mit der Quarkmasse füllen.

4 In einen flachen Topf heißes Wasser geben und die Auflaufförmchen hineinsetzen. Im heißen Ofen auf der untersten Schiene möglichst bei Unterhitze 40 Minuten backen.

5 Inzwischen den restlichen Zucker in einem Topf bei starker Hitze karamelisieren. Dabei mit einem flachen Holzlöffel umrühren. Wenn die Zuckermasse hellbraun ist, das Ganze mit Rotwein ablöschen. Kurz kochen lassen, bis der Zucker aufgelöst ist.

6 Die Pflaumen vierteln, zufügen und mit Zimt würzen. Pflaumen weich kochen, den Topf vom Herd nehmen und mit dem Rum aromatisieren. Das Ragout, warm oder kalt, auf einen Teller geben und auf jeden Teller ein Soufflé stürzen. Mit Puderzucker bestäuben und sofort servieren.

Klassisches Rezept	6
PfundsKur Rezept	4

Süße Verführung

Vorbereiten:	20 Min.
Garen:	40 Min.

200 g	*Quark (40 % Fett)*
3	*Eier*
1	*Zitrone*
2 EL	*Speisestärke*
150 g	*Zucker*
1/8 l	*Rotwein*
500 g	*Pflaumen ohne Stein*
1/2 TL	*Zimt*
4 cl	*Rum*
1 EL	*Puderzucker*

Außerdem:
etwas Butter und Grieß für die Förmchen

Rezeptregister nach Sachgruppen

Grundrezepte 24-35
Bratensoße 28
Fleischbrühe 26
Gemüsebrühe 27
Gemüsesoße 29
Kartoffelpüree 35
Mais- und Bohnensoße 30
Reis 33
Salatsoßen 32
Salz- und Pellkartoffeln 34
Weiße Soße 31

Salate 36-51
Chicoréesalat mit Mandarinen 46
Dip-Variationen 38
Griechischer Salat 41
Karottensalat mit Ananas 45
Kohlrabisalat 44
Lauch-Rohkost 43
Nudelsalat 51
Rotkrautsalat mit Austernpilzen 47
Salat „Nizza" 49
Schwäbischer Kartoffelsalat 50
Spargel in Vinaigrette 40
Tzatziki 42
Weißkrautsalat 48

Suppen und Eintöpfe 52-78
Avocadorahmsuppe 55
Brokkolicremesuppe 58
Champignonrahmsuppe 54
Erbseneintopf 77
Forellenrahmsüppchen 56
Fränkische Kartoffelsuppe 61
Gaisburger Marsch 78
Gazpacho 73
Gemüseeintopf mit Brätklößchen 76
Geröstete Grießsuppe 68
Grünkernsuppe mit Walnüssen 69
Hühnersuppe mit Gemüse 74
Hühnersuppe
mit Schinkenklößchen 66
Karottenpüreesuppe 63

Klare Tomatensuppe 64
Kräutersuppe 62
Maissuppe 72
Minestrone „Classico" 75
Selleriesuppe mit Quarkklößchen 70
Spargelcremesuppe mit Eierstich 57
Spinatsuppe mit Shrimps 59
Tomatencremesuppe 65
Zucchinisuppe mit Paprika 60

Gemüse 80-106
Bayerisch Kraut 93
Blumenkohl-Brokkoli-Auflauf 97
Bohnen-Käse-Pfännle 84
Gefüllte Champignons
auf Zucchini 82
Gemüse-Pfannkuchen 100
Gemüseauflauf
„Südländische Art" 96
Gemüsekuchen 106
Gemüsepizza 104
Karottenpuffer
mit Quarkremoulade 83
Krautgulasch ohne Fleisch 91
Lauchgemüse mit Weizen 87
Linsencurry mit Krabben 89
Linsengemüse 88
Maultaschen mit Gemüsefüllung 102
Rahmspinat 86
Ratatouille 105
Rosenkohl mit Schinken 90
Rotkraut 94
Sauerkraut 92
Tomatenbraten 85
Vegetarische Moussaka 98
Zucchinigratin 99

Fleisch 108-161
Fleischklößchen mit Tomatensoße 142
Gänsebraten „Tante Anni" 156
Geflügelbrust auf Paprikapüree 148
Gefüllte Kohlrabi mit Kräutersoße 140
Gefüllte Paprikaschoten 139

Gemüse-Brät-Maultaschen 132
Geschnetzeltes Schweinefilet 135
Hähnchen in Weißwein 152
Hirschkalbsragout 158
Hühnerfrikassee 150
Kalbshaxe „Osso buco" 128
Kalbsleber „Venezianische Art" 130
Kalbsrouladen
mit Weißweinsoße 127
Kalbsschnitzel alla romana 126
Kasseler mit Maronen 138
Krautwickel 141
Lammkeule „Südländische Art" 143
Lammscheiben mit Gemüse 144
Marinierter Geflügelspieß 154
Marinierter Kalbsbraten 124
Ochsenschwanzragout 118
Pikante Kalbsschnitzel 125
Putenbrust mit Käse 149
Putenstreifen mit Currysoße 151
Putenzöpfe in Weißweinsoße 146
Rehbraten in Cognacrahm 155
Rehrücken mit Wacholderrahm 160
Rinderfilet „Stroganow" 112
Rinderfilet in Morchelsahne 111
Rinderrouladen „Engadiner Art" 114
Rinderrouladen 116
Rindfleischpfanne mit Gemüse 117
Rostbraten mit Tomaten 113
Schnitzel „Wiener Art" 145
Schwäbische Leberknödel 123
Schwäbische Maultaschen 122
Schwäbischer Sauerbraten 110
Schweinebraten 133
Schweinefilet mit Currynudeln 137
Schweinefleisch mit Weißkraut 136
Schweinsrouladen 134
Tafelspitz mit Meerrettichsoße 121
Ungarisches Gulasch 120
Wirsingroulade 131

Fisch 162-185
Bodenseefelchen auf Blattspinat 185
Bunte Seelachspfanne 176
Fisch im Gemüsebett 173

Fischcurry 180
Fischfilet mit Tomaten 172
Fischragout „Espagnol" 181
Forelle mit Champignonfüllung 182
Goldbarsch „Peking Art" 178
Goldbarsch-Schaschlik 177
Hechtfilet im Teig 183
Kabeljau in Mandelsoße 168
Kabeljau mit Speck 169
Lachs mit Kohlrabi 166
Lachsfilet im Gemüsemantel 164
Lachsfilets mit Gurkengemüse 167
Lachsforellenfilet in Senfsoße 165
Schollenröllchen mit Dillsoße 174
Seelachsfilet im Kartoffelmantel 170
Steinbutt mit Karottencreme 175
überbackenes Seelachsfilet 171
Zander mit Rieslingsoße 184

Kartoffeln 186-199
Bäckerinkartoffeln 190
Kartoffel-Gemüse-Auflauf 192
Kartoffel-Gemüse-Puffer 193
Kartoffelauflauf mit Kruste 199
Kartoffelgratin mit Tomatensoße 188
Kartoffeln mit Austernpilzen 196
Kartoffelpfanne mit Pilzen 198
Kartoffelpizza 189
Rösti 197
Saure Kartoffelrädle 191
Wirsingtaschen mit Käsesoße 194

Nudeln 200-213
Bandnudeln mit Lachs 205
Cannelloni mit Brokkoli 212
Gemüselasagne 211
Gemüsenudeln 206
Hörnle mit Rinderhackfleisch 209
Krautnudeln 207
Lasagne 210
Makkaroni mit Zucchini 204
Orientalischer Nudelauflauf 213
Schlemmernudeln 208
Spaghetti „Gemüsebolognese" 202
Spaghetti al Pesto 203

REGISTER

Reis 214-223
Daniels Lieblingsessen 216
Käse-Reisauflauf 221
Reis-Lauch-Auflauf 223
Reisbällchen in Basilikumsoße 222
Reisgericht Indische Art 217
Reispfanne mit Pilzen 220
Risotto mit Sonnen-
blumenkernen 218
Safran-Gemüse-Reis-Pfanne 219

Desserts 224-251
Apfelgrütze mit Zimtjoghurt 227
Apfelschnee 231
Birnengrütze 228
Buttermilchcreme mit Früchten 242
Erdbeersülze 230
Gebrannte Creme 241
Himbeerquark-Mousse 245
Hirsecreme mit Backpflaumen 240

Joghurt-Pfirsich-Creme 239
Joghurtmousse 244
Kalte Traubensuppe 233
Kirsch- und Erdbeerkaltschale 235
Kiwi-Champagner-Sorbet 232
Mohnmousse
auf Rhabarbersoße 243
Ofenschlupfer 247
Orangencreme 238
Pflaumensorbet 234
Quarksoufflé
mit Pflaumenragout 251
Rhabarber-Joghurtcreme 237
Rote Grütze 226
Sauerkrischen mit Quark 236
Süßer Reisauflauf
mit Tomatensoße 248
Tiramisu 246
Vanillesoufflé mit Birnen 250

Rezeptregister von A–Z

Apfelgrütze mit Zimtjoghurt 227
Apfelschnee 231
Avocadorahmsuppe 55
Bäckerinkartoffeln 190
Bandnudeln mit Lachs 205
Bayerisch Kraut 93
Birnengrütze 228
Blumenkohl-Brokkoli-Auflauf 97
Bodenseefelchen auf Blattspinat 185
Bohnen-Käse-Pfännle 84
Bratensoße 28
Brokkolicremesuppe 58
Bunte Seelachspfanne 176
Buttermilchcreme mit Früchten 242
Cannelloni mit Brokkoli 212
Champignonrahmsuppe 54
Chicoréesalat mit Mandarinen 46
Daniels Lieblingsessen 216
Dip-Variationen 38
Erbseneintopf 77
Erdbeersülze 230

Fisch im Gemüsebett 173
Fischcurry 180
Fischfilet mit Tomaten 172
Fischragout „Espagnol" 181
Fleischbrühe 26
Fleischklößchen mit Tomatensoße 142
Forelle mit Champignonfüllung 182
Forellenrahmsüppchen 56
Fränkische Kartoffelsuppe 61
Gaisburger Marsch 78
Gänsebraten „Tante Anni" 156
Gazpacho 73
Gebrannte Creme 241
Geflügelbrust auf Paprikapüree 148
Gefüllte Champignons auf Zucchini 82
Gefüllte Kohlrabi mit Kräutersoße 140
Gefüllte Paprikaschoten 139
Gemüse-Brät-Maultaschen 132
Gemüse-Pfannkuchen 100
Gemüseauflauf „Südländische Art" 96
Gemüsebrühe 27

254

Gemüseeintopf mit Brätklößchen 76
Gemüsekuchen 106
Gemüselasagne 211
Gemüsenudeln 206
Gemüsepizza 104
Gemüsesoße 29
Geröstete Grießsuppe 68
Geschnetzeltes Schweinefilet 135
Goldbarsch „Peking Art" 178
Goldbarsch-Schaschlik 177
Griechischer Salat 41
Grünkernsuppe mit Walnüssen 69
Hähnchen in Weißwein 152
Hechtfilet im Teig 183
Himbeerquark-Mousse 245
Hirschkalbsragout 158
Hirsecreme mit Backpflaumen 240
Hörnle mit Rinderhackfleisch 209
Hühnerfrikassee 150
Hühnersuppe mit Gemüse 74
Hühnersuppe mit
    Schinkenklößchen 66
Joghurt-Pfirsich-Creme 239
Joghurtmousse 244
Kabeljau in Mandelsoße 168
Kabeljau mit Speck 169
Kalbshaxe „Osso buco" 128
Kalbsleber „Venezianische Art" 130
Kalbsrouladen mit Weißweinsoße 127
Kalbsschnitzel alla romana 126
Kalte Traubensuppe 233
Karottenpuffer
    mit Quarkremoulade 83
Karottenpüreesuppe 63
Karottensalat mit Ananas 45
Kartoffel-Gemüse-Auflauf 192
Kartoffel-Gemüse-Puffer 193
Kartoffelauflauf mit Kruste 199
Kartoffelgratin mit Tomatensoße 188
Kartoffeln mit Austernpilzen 196
Kartoffelpfanne mit Pilzen 198
Kartoffelpizza 189
Kartoffelpüree 35
Käse-Reisauflauf 221
Kasseler mit Maronen 138

Kirsch- und Erdbeerkaltschale 235
Kiwi-Champagner-Sorbet 232
Klare Tomatensuppe 64
Kohlrabisalat 44
Kräutersuppe 62
Krautgulasch ohne Fleisch 91
Krautnudeln 207
Krautwickel 141
Lachs mit Kohlrabi 166
Lachsfilet im Gemüsemantel 164
Lachsfilets mit Gurkengemüse 167
Lachsforellenfilet in Senfsoße 165
Lammkeule „Südländische Art" 143
Lammscheiben mit Gemüse 144
Lasagne 210
Lauch-Rohkost 43
Lauchgemüse mit Weizen 87
Linsencurry mit Krabben 89
Linsengemüse 88
Mais- und Bohnensoße 30
Maissuppe 72
Makkaroni mit Zucchini 204
Marinierter Geflügelspieß 154
Marinierter Kalbsbraten 124
Maultaschen mit Gemüsefüllung 102
Minestrone „Classico" 75
Mohnmousse auf Rhabarbersoße 243
Nudelsalat 51
Ochsenschwanzragout 118
Ofenschlupfer 247
Orangencreme 238
Orientalischer Nudelauflauf 213
Pflaumensorbet 234
Pikante Kalbsschnitzel 125
Putenbrust mit Käse 149
Putenstreifen mit Currysoße 151
Putenzöpfe in Weißweinsoße 146
Quarksoufflé
    mit Pflaumenragout 251
Rahmspinat 86
Ratatouille 105
Rehbraten in Cognacrahm 155
Rehrücken mit Wacholderrahm 160
Reis, Grundrezept 33
Reis-Lauch-Auflauf 223

255

REGISTER

Reisbällchen in Basilikumsoße 222
Reisgericht, indische Art 217
Reispfanne mit Pilzen 220
Rhabarber-Joghurtcreme 237
Rinderfilet „Stroganow" 112
Rinderfilet in Morchelsahne 111
Rinderrouladen „Engadiner Art" 114
Rinderrouladen 116
Rindfleischpfanne mit Gemüse 117
Risotto mit Sonnen-
    blumenkernen 218
Rosenkohl mit Schinken 90
Rostbraten mit Tomaten 113
Rösti 197
Rote Grütze 226
Rotkraut 94
Rotkrautsalat mit Austernpilzen 47
Safran-Gemüse-Reis-Pfanne 219
Salat „Nizza" 49
Salatsoßen 32
Salz- und Pellkartoffeln,
    Grundrezept 34
Sauerkirschen mit Quark 236
Sauerkraut 92
Saure Kartoffelrädle 191
Schlemmernudeln 208
Schnitzel „Wiener Art" 145
Schollenröllchen mit Dillsoße 174
Schwäbische Leberknödel 123
Schwäbische Maultaschen 122
Schwäbischer Kartoffelsalat 50
Schwäbischer Sauerbraten 110

Schweinebraten 133
Schweinefilet mit Currynudeln 137
Schweinefleisch mit Weißkraut 136
Schweinsrouladen 134
Seelachsfilet
    im Kartoffelmantel 170
Selleriesuppe mit Quarkklößchen 70
Spaghetti „Gemüsebolognese" 202
Spaghetti al Pesto 203
Spargel in Vinaigrette 40
Spargelcremesuppe mit Eierstich 57
Spinatsuppe mit Shrimps 59
Steinbutt mit Karottencreme 175
Suppen und Eintöpfe 52
Süßer Reisauflauf
    mit Tomatensoße 248
Tafelspitz mit Meerrettichsoße 121
Tiramisu 246
Tomatenbraten 85
Tomatencremesuppe 65
Tzatziki 42
Überbackenes Seelachsfilet 171
Ungarisches Gulasch 120
Vanillesoufflé mit Birnen 250
Vegetarische Moussaka 98
Weiße Soße 31
Weißkrautsalat 48
Wirsingroulade 131
Wirsingtaschen mit Käsesoße 194
Zander mit Rieslingsoße 184
Zucchinigratin 99
Zucchinisuppe mit Paprika 60

256